KEINE ANGST VOR KLAMOTTE

CASUAL BUSINESS OUTFIT *nähen*

einfach nähen

KEINE ANGST VOR KLAMOTTE

CASUAL BUSINESS OUTFIT *nähen*

KLEIDUNG NÄHEN
IN DEN **GRÖSSEN 34–58**

MIT GRUNDLAGEN, NÄHVIDEOS,
SCHNITTANPASSUNG UND DESIGNIDEEN

einfach nähen

EMF

EIN BUCH DER
EDITION MICHAEL FISCHER

VORWORT

Seit meiner Jugend nähe ich mir Kleidung selbst. 2015 habe ich mein Hobby zum Beruf gemacht und teile seitdem mein Wissen mit anderen Nähbegeisterten auf Youtube, Instagram und meiner Website.

Mit meinem Buch möchte ich dir Mut machen, deine Näh-Ängste zu überwinden und dir ein lässiges Business-Outfit nach deinen persönlichen Vorstellungen selbst zu nähen. Ich zeige dir nicht nur, wie der jeweilige Schnitt genäht wird, sondern auch, wie du ihn an deinen Körper und deinen persönlichen Geschmack anpassen kannst.

KEINE ANGST VOR KLAMOTTE

Wie oft habe ich in den Jahren gehört: „Ich nähe schon lange für die Kinder oder auch gerne Taschen oder Quilts, aber Kleidung für mich selbst? Das traue ich mich nicht." Die größte Angst ist immer, dass es später nicht passt und die ganze Arbeit umsonst war.

Deswegen habe ich mir das Motto „Keine Angst vor Klamotte" auf die Fahne geschrieben. Gut sitzende Kleidung zu nähen, ist nicht schwer, wenn du weißt, wie es geht! Zum Erfolg gehören nicht nur ein gutes Schnittmuster und allgemeine Nähkenntnisse. Mindestens genauso wichtig ist auch das Wissen über die Faktoren, die die Passform eines Kleidungsstücks beeinflussen: Material, Schnittführung und Körperform.

KOMBINIERE DIR IMMER WIEDER EIN NEUES BUSINESS-OUTFIT

Die drei Schnittmuster in diesem Buch sind so gewählt, dass sich daraus ein komplettes Business-Outfit nähen lässt, das du immer wieder neu kombinieren kannst. Sie sind lässig geschnitten, ohne oversize zu sein und durch die Schnittführung passen sie zu jedem Figurtyp. Mit den entsprechenden Materialien und Farben kannst du sie deinem ganz persönlichen Stil anpassen. Egal, ob du der gemusterte oder eher der schlichte Typ bist, ob du es lieber verspielt oder geradlinig magst, deiner Kreativität sind mit den Schnitten keine Grenzen gesetzt.

Ich wünsche dir ganz viel Freude mit meinem Buch!

Anna von einfach nähen

INHALT

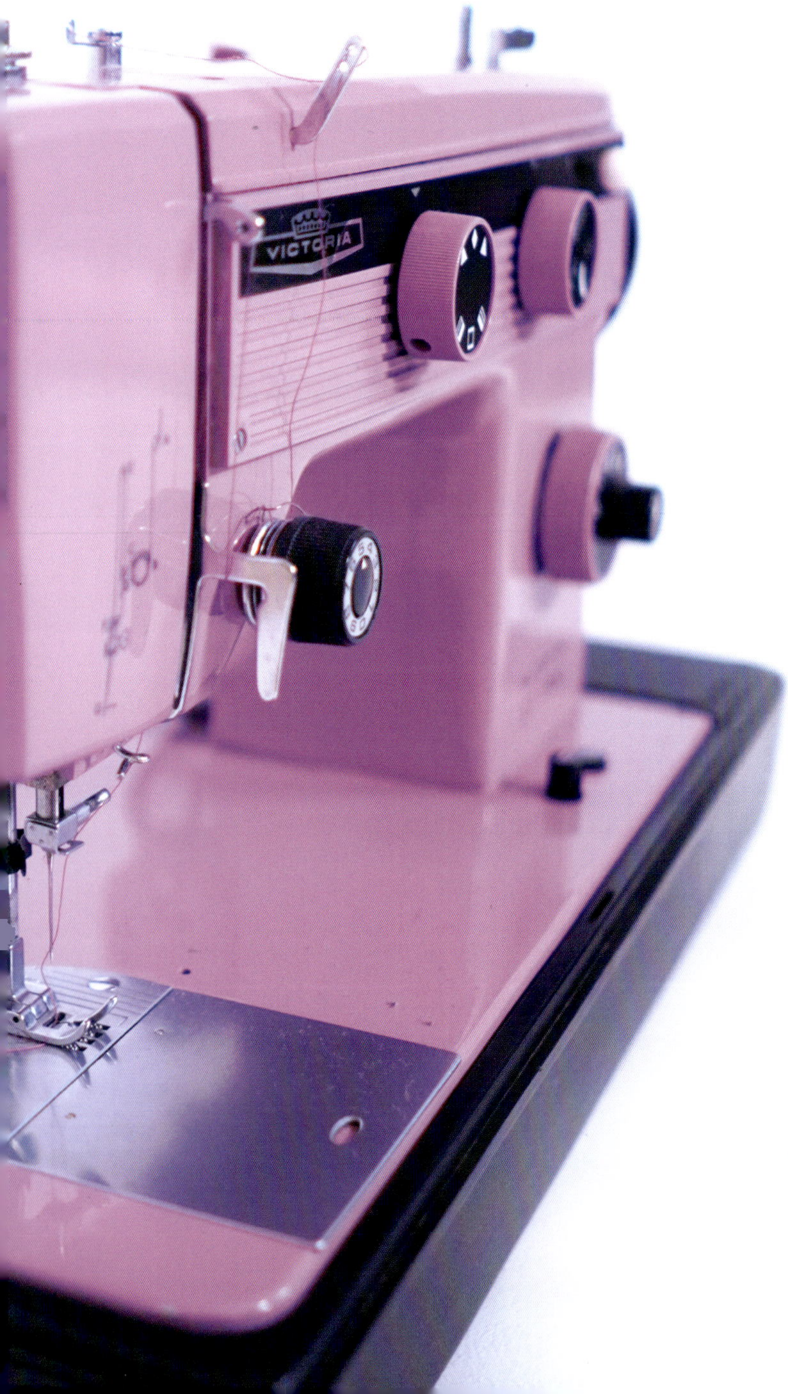

Vorwort 4

VORBEREITUNG 8

Material 10
Stoffempfehlung 12
Pflege 13
Werkzeug und Hilfsmittel 14
Größenfindung 16
Maßnehmen 18
Download 20
Schnittbogen drucken 21
Schnittmuster kleben 22
Vorabänderungen 24
Oberteile verlängern/kürzen 24
Ärmel verlängern/kürzen 26
Hosenbeine verlängern/kürzen 29
Zuschnitt 30
Fadenlauf 32
Dehnbarkeit 33
Ausrichtung 34
Markierung 35

NÄHEN 37

Probenaht 38
Stoffe versäubern 40
Stecken 41
Sticharten 42
Gerade Nähte 44
Wellenbildung 46
Stofffressen 47
Säumen 48
Rundungen säumen 50
Ärmelmehrweite einhalten 52
Gleichmäßige Knopfabstände 54
Perfekte Knopflöcher 55
Knopflöcher ohne Automatik 58
Knopflochformen 59

CASUAL BUSINESS OUTFIT 61

BLAZER 62

Maßtabellen 64
Lageplan Oberstoff 66
Lageplan Futter 67
Nähanleitung Blazer 68
Designbeispiele 79
Schnittanpassung Blazer 80
Ärmel enger/weiter machen 82
Armloch vergrößern/verkleinern 84
Schulter enger/weiter machen 86
Schulternaht verlegen 88
Brustpunkt verschieben 90
„Beule“ oberhalb der Brust entfernen 91
Taille und Hüfte anpassen 92

KLEID/SHIRT 94

Maßtabellen 96
Lageplan 97
Nähanleitung Kleid 98
Designbeispiele 101
Schnittanpassung Kleid/Shirt 102
Rumpf weiter/enger machen 104
Achsel vertiefen 106
Armloch vergrößern/verkleinern 108
Armkugel abflachen/erhöhen 110
Schulter enger/weiter machen 112
Schulternaht verlegen 114
Große Brust/Full Bust Adjustment 116

HOSE 120

Maßtabellen 122
Lageplan 123
Nähanleitung Hose 124
Designbeispiele Hose 131
Schnittanpassung Hose 132
Leibhöhe für mehr Po verlängern 134
Oberschenkel weiter/enger machen 136
Schritt Falten vorne 138
Schritt Querfalten hinten 140
Hose spannt am Unterbauch 142

DESIGNÄNDERUNGEN 144

Halsausschnitte 146
Ausschnitttiefe 147
V-Ausschnitt 149
Knopfleiste 150
Beleg 154
Nackennaht verdecken 157
Längen Kürzen 158
Gummizug 159
Kurzblazer & Longblazer 161
Culotte 164
Schmale Hose 166
Kurze Hose 167
Ärmelformen 170
Gummizug 171
Puffärmel 172
Langer Ärmel 174
Trompetenärmel 176
Bischofsärmel 177
Keulenärmel 178
Details 180
Leistentasche/Einseitige Paspeltasche 181
Aufgesetzte Tasche 184
Pattentasche 185
Danke 189

VORBEREITUNG

„Eine sorgfältige Vorbereitung spart später Zeit und Nerven beim Nähen.“

MATERIAL

BERÜCKSICHTIGUNG DER STOFF-EMPFEHLUNG

Die Wahl des Materials beeinflusst maßgeblich die spätere Passform des Kleidungsstücks. Bereits bei der Erstellung des Schnittmusters wird festgelegt, welches Material für die Fertigung des Schnitts vorgesehen ist. Die Stoffeigenschaften wie Dehnbarkeit und Fall werden somit bereits in die Konstruktion einbezogen. Daher ist es von großer Bedeutung, dass du für dein Projekt stets den empfohlenen Stoff wählst.

HERSTELLUNG VON STOFFEN

Im Allgemeinen lassen sich Stoffe in zwei Hauptkategorien einteilen: Webware und Maschenware. Diese Bezeichnungen beziehen sich auf die Art und Weise, wie die Fäden miteinander verknüpft werden, um den Stoff herzustellen.

STOFFROHSTOFFE

Wichtig ist, das Ausgangsmaterial, das zur Herstellung verwendet wird, von der eigentlichen Herstellungsart zu unterscheiden. Die meisten Stoffe werden aus Materialien wie Baumwolle, Viskose, Wolle, Leinen, Seide, Kunstfasern oder einer Kombination verschiedener Rohstoffe hergestellt.

WEBWARE

Bei Webware werden die Fäden ähnlich wie auf einem Schachbrett miteinander verwebt. Dadurch ist das Material in Laufrichtung nicht dehnbar. Wenn jedoch der Stoff im 45-Grad-Winkel zum Fadenlauf geschnitten wird, kann er leicht gedehnt werden. Dieser Effekt findet beispielsweise Anwendung bei Schrägband.

Webware

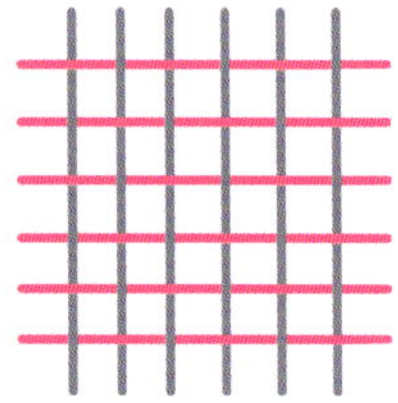

MASCHENWARE

Bei Maschenware unterscheidet man zwischen Strickware und Wirkware. Bei Strickware werden Maschen Reihe für Reihe nacheinander gestrickt. Bei Wirkware hingegen werden die Maschen einzeln nebeneinander von unten nach oben miteinander verknotet. Aufgrund der einzelnen Schlingen ist der Stoff von Natur aus dehnbar. Oft wird noch Elasthan hinzugefügt, um sicherzustellen, dass der Stoff leicht in seine ursprüngliche Form zurückkehren kann, ohne sich auszubeulen.

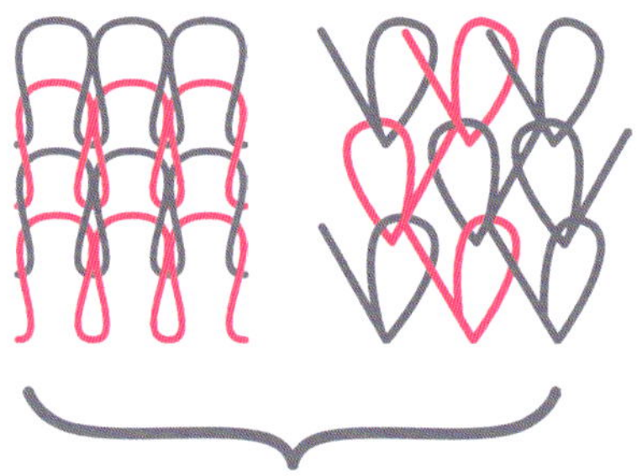

Maschenware

DEHNBARKEIT VON ELASTISCHEN STOFFEN

Die Dehnbarkeit von Stoffen kann je nach Herstellungsart und Materialzusammensetzung variieren. Wenn du in Erwägung ziehst, von der empfohlenen Stoffwahl abzuweichen, ist es wichtig, stets die Dehnbarkeit des alternativen Materials zu berücksichtigen. Falls beispielsweise ein (Baumwoll-)Jersey für einen Schnitt empfohlen wird, aber du dich für einen Viskosejersey entscheidest, besteht die Gefahr, dass das Shirt später viel zu weit ist. Bei der Wahl eines Sweatstoffes wiederum könnte das Shirt später zu eng sitzen.

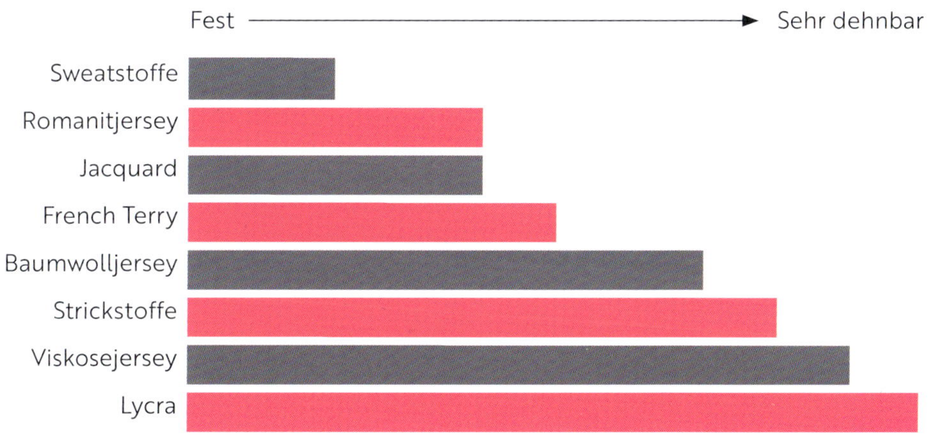

STOFFEMPFEHLUNG

STOFFE FÜR KLEIDER/SHIRTS
Für das Kleid/Shirt in diesem Buch ist ein Viskosejersey am besten geeignet. Alternativ kannst du auch einen leichten Strickstoff verwenden.

STOFFE FÜR BLAZER
Für den Blazer eignen sich Webstoffe mit 5 % Elasthananteil wie z. B. Stretchtwill, Stretchleinen oder Stretchgarbadine.

Für das Futter eignen sich glatte Webstoffe mit Elasthananteil wie z. B. Stretchsatin.

STOFFE FÜR HOSEN
Für die Hose in diesem Buch eignen sich Hosenstoffe mit 5 % Elasthan wie z. B. Wollstoffe, Twill oder Leinenstoffe.

Bei Stoffen ohne Elasthan wähle ein bis zwei Nummern größer.

PFLEGE

VORWÄSCHE

Stoffe aus natürlichen Fasern haben die Eigenschaft, dass sie bei der ersten Wäsche um bis zu 10 % einlaufen können. Daher ist es ratsam, den Stoff vor dem Zuschneiden nach Möglichkeit immer zu waschen. Obwohl es manchmal lästig erscheint, da man am liebsten sofort mit dem Nähen beginnen möchte, ist es ärgerlich, wenn das fertige Kleidungsstück nach der ersten Wäsche zu klein wird oder sich unerwünscht verzieht.

PFLEGE

Es kann vorkommen, dass die Stoffe keine klaren Pflegesymbole aufweisen, sodass es schwer ist zu erkennen, wie der jeweilige Stoff gewaschen werden sollte. Im Allgemeinen sollten die Stoffe bei höchstens 40 Grad Celsius mit geeignetem Waschmittel gewaschen werden, ohne die Zugabe von Weichspüler oder anderen Zusätzen. Für eine längere Lebensdauer deines Kleidungsstücks ist es empfehlenswert, die Stoffe an der Luft trocknen zu lassen. Der Einsatz des Trockners kann die Faserstruktur beeinträchtigen und die Farben schneller verblassen lassen. Bei Stoffen mit Elasthan kann der Stoff seine Elastizität verlieren und schneller ausleiern.

Der Blazer sollte wegen der Schulterpolster und Ärmelfische in die Reinigung gebracht werden, anstatt ihn in der Waschmaschine zu waschen.

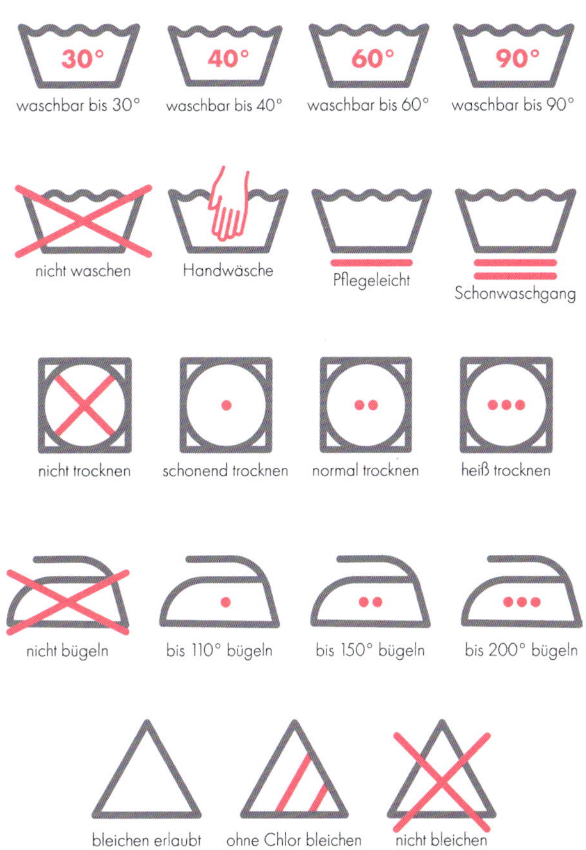

WERKZEUG UND HILFSMITTEL

Ein gelungenes Ergebnis hängt nicht nur von deinen Nähfähigkeiten ab, sondern gleichermaßen von einer gründlichen Vorbereitung und hochwertigem Werkzeug. Je präziser du beim Zuschneiden vorgehst, desto müheloser wird es sein, das Puzzle aus den verschiedenen Stoffteilen zusammenzusetzen. Darüber hinaus wirst du schneller bemerken, wenn du versehentlich die Teile falsch steckst.

MESSWERKZEUGE

Um die korrekte Anfangsgröße im Schnittmuster zu ermitteln und später Anpassungen für deine individuellen Maße vornehmen zu können, benötigst du ein flexibles Maßband. Lineale in verschiedenen Längen und Breiten erleichtern das Zeichnen und Zuschneiden. Ein Handmaß kann verwendet werden, um Nahtzugaben zu markieren oder gleichmäßige Säume zu erstellen.

ZEICHENWERKZEUGE

Wenn du Markierungen, Nahtlinien oder Nahtzugaben auf Stoff oder Schnittmuster setzen möchtest, stehen dir eine Vielzahl von Stiften und Hilfsmitteln zur Verfügung. Persönlich favorisiere ich ein Stück Seife, da es auf (fast) allen Materialien verwendet werden kann und sich rückstandslos auswaschen lässt.

Passzeichen können auch 1-2 mm knapp in die Nahtzugabe geschnitten werden. Achte darauf, nicht zu tief zu schneiden!

SCHNEIDWERKZEUGE

Traditionell erfolgt der Zuschnitt mit einer Schere. Alternativ eignet sich auch ein Rollschneider in Verbindung mit einer geeigneten Schneidematte. Sowohl Scheren als auch Rollschneider sollten stets scharf sein, um saubere Stoffkanten zu gewährleisten. Je dicker das Material und je widerstandsfähiger die Fasern, desto schneller stumpft die Klinge ab. Scheren können nachgeschliffen werden, beim Rollschneider ist bei Bedarf ein Klingenaustausch erforderlich.

Zusätzlich zur Stoffschere ist eine kleine Schere hilfreich, um Fäden abzuschneiden.

SONSTIGES

Außerdem habe ich auch immer Nähgewichte, Stecknadeln, Nähklammern, Nahttrenner und ein Stückchen Schokolade als Nervennahrung in Reichweite.

NÄHMASCHINE

Ob du eine ältere Nähmaschine oder ein modernes, computergesteuertes Hightech-Modell besitzt, hat wenig Einfluss auf das Nähergebnis der Projekte in diesem Buch. Viel entscheidender ist, wie gut du deine Nähmaschine kennst. Es ist immer ratsam, bei Unsicherheiten einen Blick in die Bedienungsanleitung zu werfen.

Unsaubere Nähte oder Fehlstiche können oft darauf zurückzuführen sein, dass die Maschine verschmutzt ist. Daher ist es wichtig, sie regelmäßig von Flusen und anderen Ablagerungen zu befreien und gelegentlich auch unter der Stichplatte gründlich zu reinigen. Und ein Tröpfchen Öl ab und zu schadet nicht.

NÄHNADELN

Für (fast) jeden Stoff gibt es eine spezielle Nadel. In den meisten Fällen ist jedoch eine Universalnadel völlig ausreichend. Sobald du Fehler in deinen Nähten feststellst, solltest du in Erwägung ziehen, die Nadel auszutauschen. Die Nadelspitze nutzt sich im Laufe der Zeit ab, und das Garn kann durch Reibung kleine Kerben in die Nadel „schneiden", was dazu führen kann, dass der Faden schneller reißt.

Nadeltyp	Stoffqualitäten
Universalnadel	Batist, Brokat, Crêpe de Chine, Crêpe Georgette, Crinkle, Cupro, Chambray, Cord, Chiffon, Filz, Fleece, Frottee, Garbadine, Krepp, Leinen, Halbleinen, Double Face, dünnes Leder, Nylon, Organdy, Polyester, Popeline, Seersucker, Tüll, Velour, Viskose, Voile, Webpelz, Woll- und Wollmischgewebe
Jerseynadel	Ausbrenner, Baumwollstrickstoff, Feinjersey, Fleece, Lycra, Jersey, Nickistoff, Wirkplüsch, Paillettenstoffe, Pannesamt, Samt, Seidenjersey, Single Jersey, Stoffe mit Elasthan
Stretchnadel	Baumwollstrickstoff, Bouclé, Gaze, Jersey, Lycra, Pelzimitat, Strickstoffe, Sweat, Tüll, Webpelz
Ledernadel	Leder dick, Leder dünn, Kunstleder
Microtex-Nadel	Brokat, Chiffon, Crêpe de Chine, Crinkle, Cupro, Crêpe Georgette, Krepp, Kunstleder, Lamé, Mikrofaser-Gewebe, Nylon, Organdy, Organza, Paillettenstoffe, Polyester, Popeline, Seide, Taft, Wachstuch
Sticknadel	mit kleiner Kugelspitze und breiterem Nadelöhr für Stickarbeiten (auch als Zwillingsnadel erhältlich)
Goldstick-Nadel	mit Titan-Nitrid-Beschichtung für Stickereien und feste, dicht gewebte Materialien
Metallic-Nadel	für Effekt- und Matallicgarne, mit längerem Nadelöhr (auch als Zwillingsnadel erhältlich)
Steppnadel	mit besonders schlanker Rundspitze für Stepp- und Abstepparbeiten, z. B. beim Quilting oder Patchworken
Nachstick-Nadel	mit besonders langem Nadelöhr für Zier- und Abstepparbeiten mit mehreren Nähfäden
Jeansnadel	Jeans/Denim, Arbeitskleidung, Körper, Segeltuch

GRÖSSENFINDUNG

RICHTIGE GRÖSSE WÄHLEN

Um sicherzustellen, dass dein zukünftiges Kleidungsstück optimal passt, ist die Auswahl der passenden Ausgangsgröße im Schnittmuster entscheidend. Dies bedeutet zwar nicht, dass spätere Anpassungen unnötig sind, aber sie werden erheblich erleichtert. Beim Vermessen deiner Maße solltest du entspannt stehen, als würdest du auf den Bus warten, und ehrlich zu deinem Körper und dem Maßband sein.

SCHNITTE FÜR JUGENDLICHES B-KÖRBCHEN

Die meisten Schnittmuster sind für eine durchschnittliche B-Körbchengröße konzipiert. Dies kann zu Passformproblemen führen, wenn du eine größere Oberweite hast. Wenn du den Schnitt lediglich nach dem Brustumfang auswählst, triffst du automatisch die falsche Ausgangsgröße. Das resultierende Kleidungsstück wird an dir wie ein Sack herabhängen, die Schultern werden zu breit sein, es wird zu viel Stoff im Rücken haben, die Ärmel werden verdreht sitzen und der Halsausschnitt wird viel zu groß sein. Das alles nachträglich anzupassen, gestaltet sich oft als äußerst aufwendig. Allerdings gibt es eine effektive Lösung für dieses Problem: die sogenannte FBA („Full Bust Adjustment"), eine Schnittanpassung, die speziell für eine größere Brust mehr Platz schafft.

3 CUPGRÖSSEN FÜR AUSREICHEND PLATZ

Bei allen Schnittmustern von *einfach nähen* haben wir bereits bei der Schnittkonstruktion diese Anpassung für mehr Platz bei größeren Brüsten berücksichtigt. Daher wird die Größe nicht anhand des Brustumfangs, sondern des Oberbrustumfangs ausgewählt. Zusätzliche Anpassungen an die Brustgröße sind nur in Ausnahmefällen erforderlich.

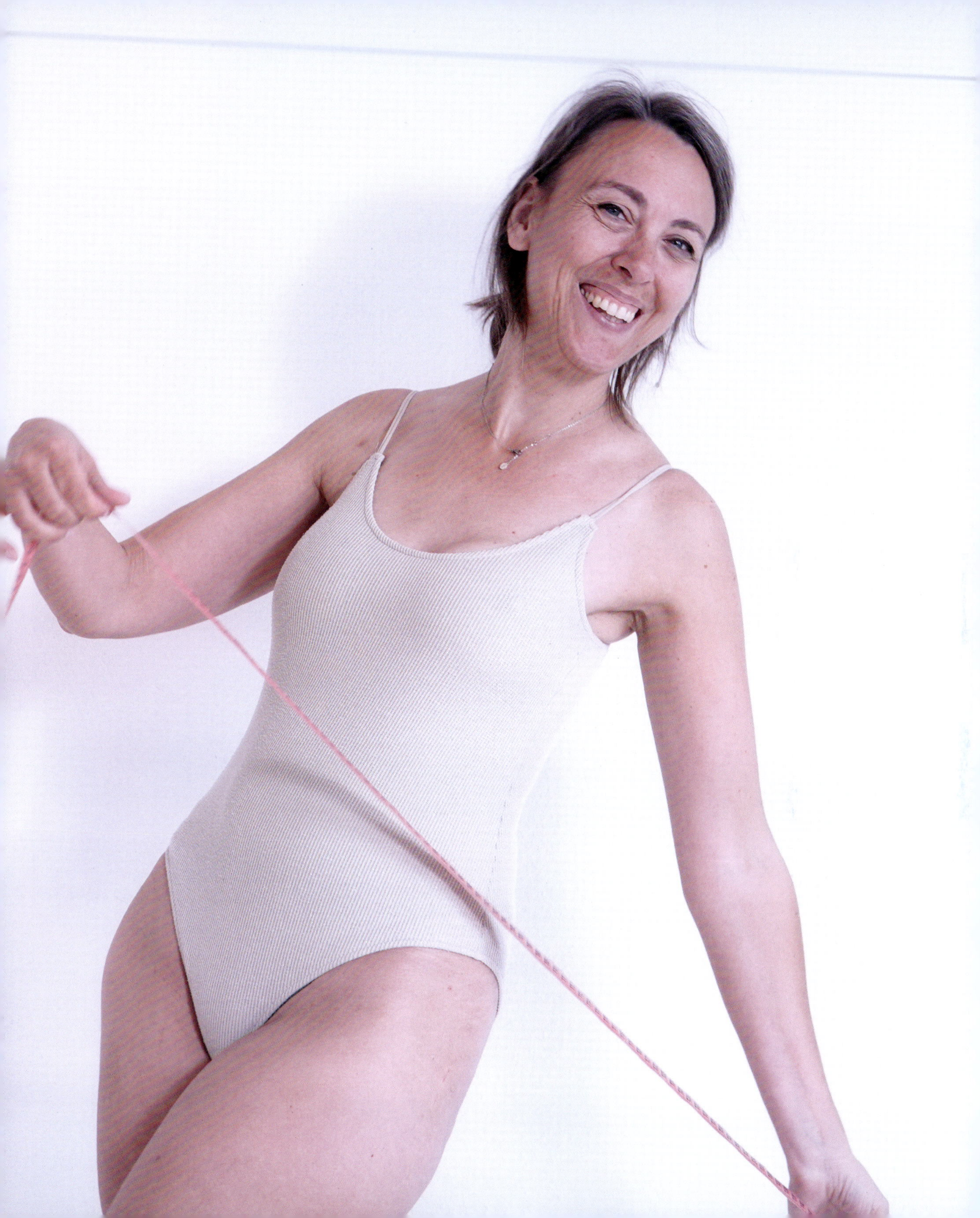

MASSNEHMEN

Um für das Kleid und den Blazer eine möglichst ideale Ausgangsgröße zu finden, ist es wichtig, dass du beim Ausmessen mit dem Oberbrustumfang beginnst, denn mit diesem bestimmst du die Konfektionsgröße. Erst dann misst du deinen Brustumfang, um den richtigen Schnittbogen für deine Brustgröße auszuwählen. Taillen- und Hüftmaß zeigen dir, ob du deinen Schnitt nach unten ggf. größenübergreifend anpassen musst.

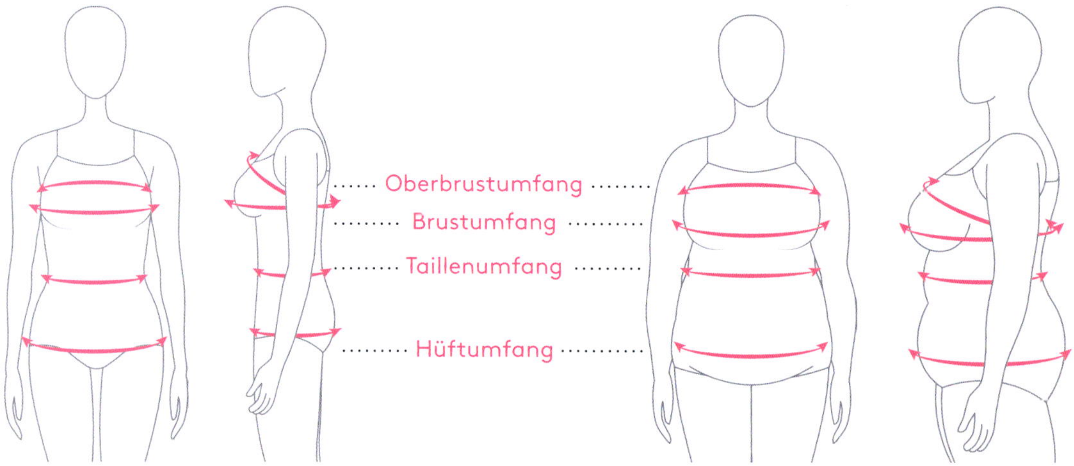

Oberbrustumfang:
vom Rücken auf Brustumfangslinie schräg unter der Achsel hoch über den Brustansatz

Brustumfang:
waagerecht um die stärkste Stelle der Brust

Taillenumfang:
waagerecht um die schmalste Stelle der Taille

Hüftumfang:
waagerecht um die stärkste Stelle des Gesäßes in Höhe der Scham

BEISPIEL

Oberbrustumfang 96 cm → Konfektionsgröße 42
Brustumfang 100 cm → Schnittmusterbogen β
Taillenumfang 81 cm → ab Taille Größe 44
Hüftumfang → auslaufen lassen

Miss für die Hose als erstes deinen Taillenumfang und bestimme mit Hilfe der Maßtabelle deine Konfektionsgröße. Anschließend misst du deinen Hüftumfang und wählst mit diesem Wert den passenden Schnittbogen α, β oder γ in der Spalte deiner Konfektionsgröße.

EINFACH NÄHEN KÖRPERMASSTABELLE FÜR OBERTEILE

Körpermaße	34	36	38	40	42	44	46	48	50	52	54	56	58
Oberbrustumfang	82	85	88	92	96	100	106	112	118	124	130	138	146
Brustumfang α	84	87	90	94	98	102	108	114	120	126	132	140	148
Brustumfang β	89	92	95	99	103	107	113	119	125	131	137	145	153
Brustumfang γ	94	97	100	104	108	112	118	124	130	136	142	150	158
Taillenumfang	66	69	72	76	80	84	91	97	104	110	117	125	134
Hüftumfang	91	94	97	101	105	109	115	120	126	131	137	144	151

EINFACH NÄHEN KÖRPERMASSTABELLE FÜR HOSEN

Körpermaße	34	36	38	40	42	44	46	48	50	52	54	56	58
Taillenumfang	66	69	72	76	80	84	91	97	104	110	117	125	134
Hüftumfang α	87	90	93	97	101	105	111	116	122	127	133	140	147
Hüftumfang β	91	94	97	101	105	109	115	120	126	131	137	144	151
Hüftumfang γ	94	97	100	104	108	112	118	123	129	134	140	147	154

GRÖSSENÜBERGREIFEND ARBEITEN

Wenn dein Taillen- oder Hüftmaß größer oder kleiner als die vom Oberbrustumfang bestimmte Konfektionsgröße ist, kannst du im Schnitt ab der Achsel bzw. Taille größenübergreifend arbeiten. Verbinde die jeweiligen Größen dann in einem schönen Verlauf miteinander.

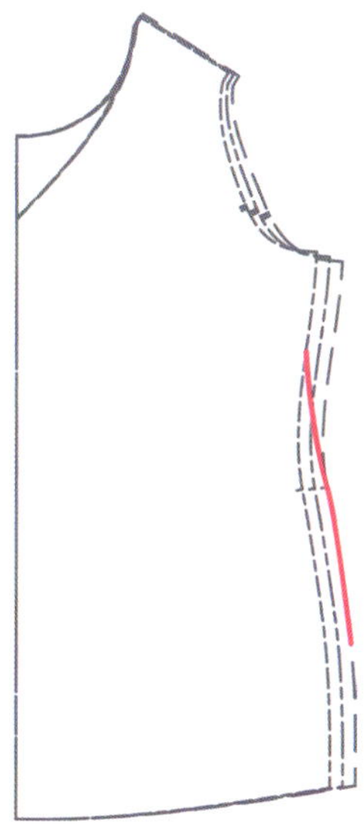

DOWNLOAD

SCHNITTMUSTER DOWNLOADEN

Die Schnittmuster zu diesem Buch kannst du dir herunterladen, ausdrucken und zu einem Schnittbogen zusammenkleben. Die Dateien sind als PDF in DIN A4 hinterlegt. Zum Downloadbereich gelangst du über diesen QR-Code:

QR-CODE NUTZEN

Öffne die Fotoapp oder eine entsprechende QR-Code-App auf deinem Handy oder Tablet und scanne den Code, um direkt in den Downloadbereich zu gelangen.

Oder lade dir die Dateien direkt über diesen Link herunter:

Hier downloaden
https://www.einfach-naehen.de/kavk-businessoutfit-naehen/

NÄHVIDEOS

Zu den einzelnen Modellen kannst du dir über den QR-Code auch noch jeweils das Nähvideo anschauen.

SCHNITTBOGEN DRUCKEN

AUSDRUCKEN

Speichere dir zuerst die Datei mit dem Schnittmuster ab und drucke es dann aus. Wichtig: Achte dabei darauf, dass im Druckfenster die tatsächliche Größe auf 100 % und Hochformat eingestellt ist.

Um sicherzugehen, dass alles die richtige Größe hat, miss nach dem Drucken das Kontrollkästchen aus. Nur wenn es die angegebenen 5 cm hat, sind die Größenverhältnisse korrekt.

DRUCKANLEITUNG MIT EBENEN

Da jede Größe auf einer eigenen Ebene angelegt ist, kannst du entscheiden, ob du alle Größen oder nur deine Größe ausdrucken möchtest. Blende dazu im Ebenenbedienfeld deines PDF-Viewers einfach alle Größen aus, die du nicht benötigst.

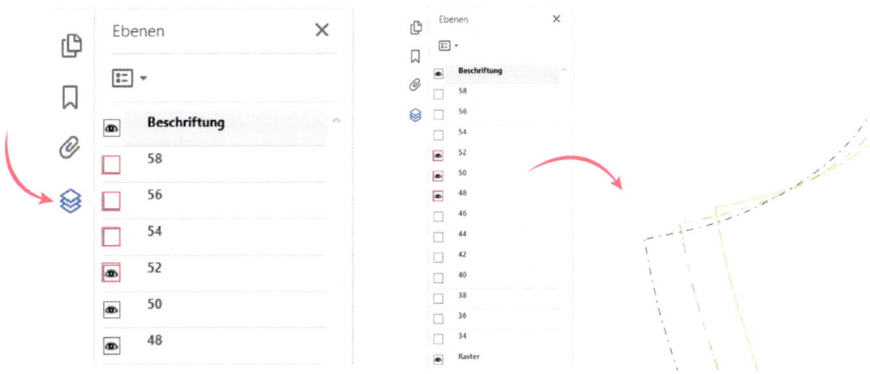

Sollten die einzelnen Ebenen bei dir nicht eingeblendet sein, kannst du sie über den folgenden Pfad aktivieren: **Anzeige > Ein-/Ausblenden > Navigationsfenster > Ebenen**

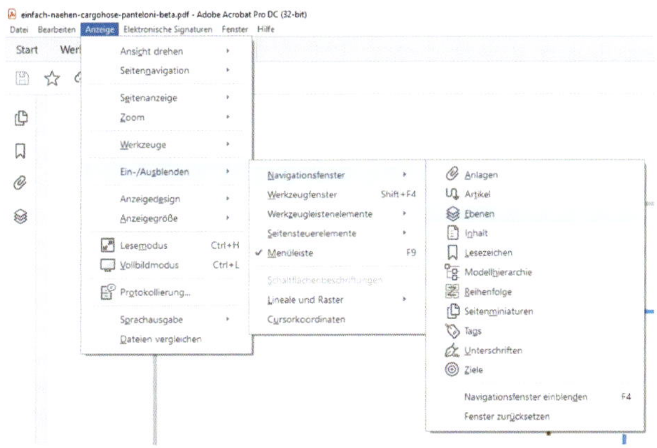

SCHNITTMUSTER KLEBEN

DER ECKENTRICK

Damit das Kleben nicht zur Tagesaufgabe wird, gibt es einen kleinen Trick:

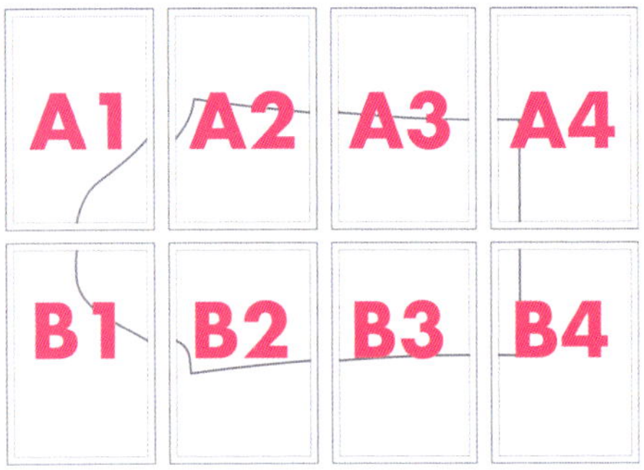

Lege das erste Blatt A1 vor dich hin und schneide dann an ALLEN folgenden Blättern die beiden Ecken ab, die auf das erste Blatt treffen.

Klebe das Blatt A2 dann so auf das erste, dass die Randlinien fortgeführt werden. Wiederhole das, bis die nächste Reihe anfängt.

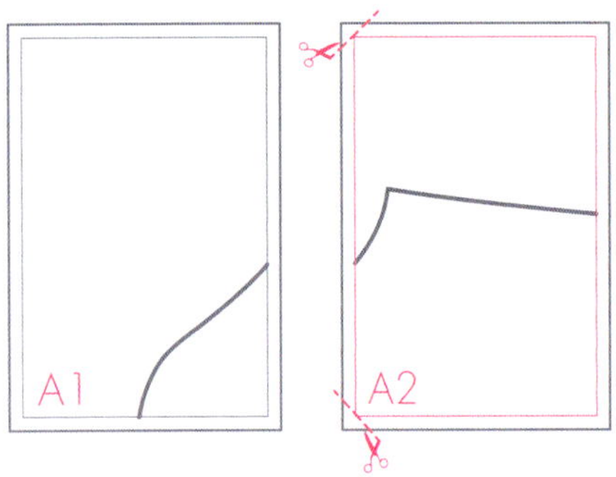

Lege dir das erste Blatt der 2. Reihe (B1) an das 1. Blatt der 1. Reihe (A1) und schneide wieder an ALLEN restlichen Blättern die noch verbleibende Ecke ab, die auf die erste Reihe treffen.

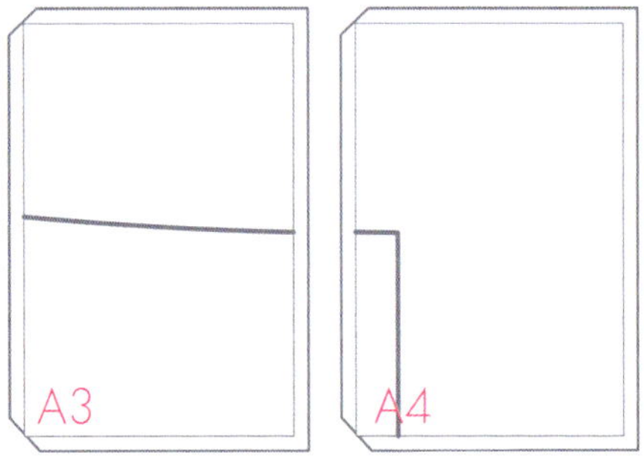

Lege die Blätter weiter der Reihe nach aneinander, sodass die Ränder gleichmäßig fortgeführt werden, bis der komplette Bogen geklebt ist.

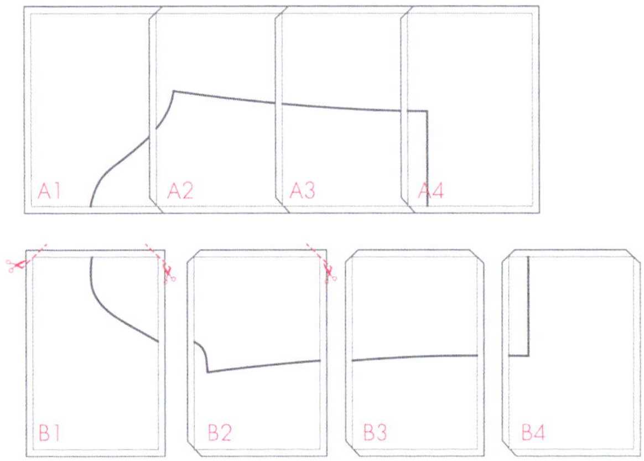

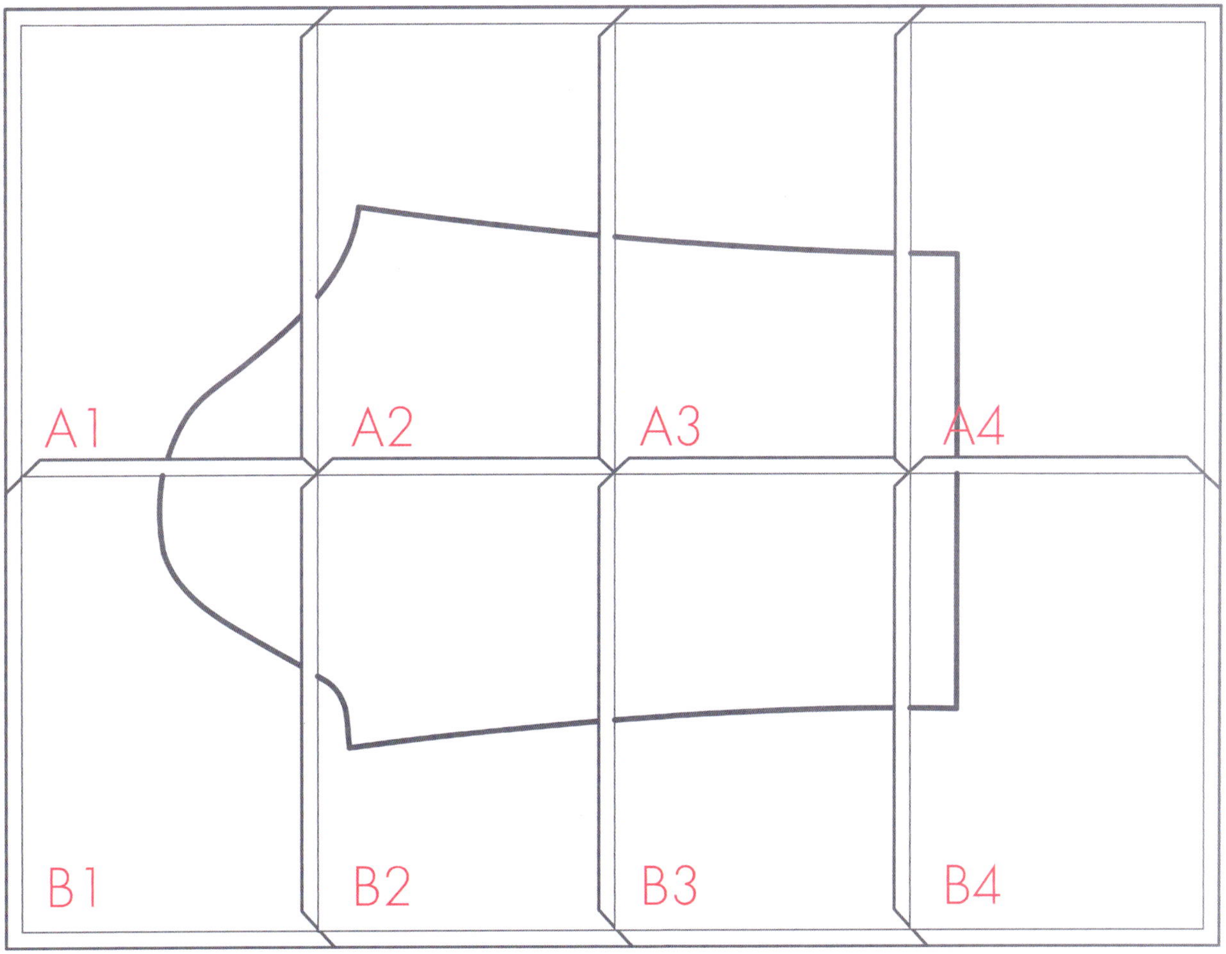
A1
A2
A3
A4
B1
B2
B3
B4

VORABÄNDERUNGEN

Noch bevor du dein erstes Probeteil nähst, kannst du schon die ersten Anpassungen vornehmen. Schnittmuster werden in der Regel auf eine Körperlänge von 1,68 m gradiert. Wenn du größer oder kleiner bist, heißt das aber nicht direkt, dass du deinen Schnitt anpassen musst. Entscheidend sind deine Proportionen. Und natürlich auch, was deine persönliche Wunschlänge ist.

Bei einem Oberteil kannst du die Gesamtlänge sowie die Ärmellänge, bei Hosen die Beinlänge mit dem Schnitt vergleichen und anpassen.

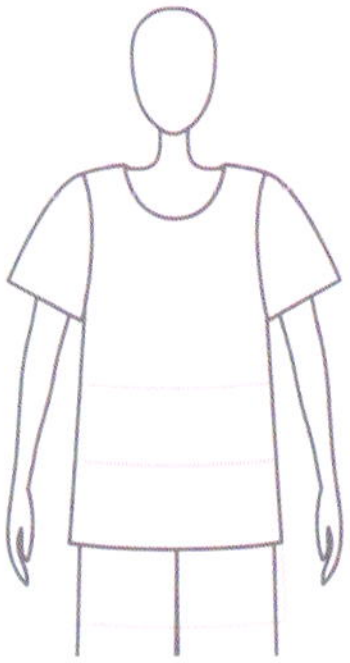

OBERTEILE VERLÄNGERN/KÜRZEN

Wenn du ein Oberteil verlängern oder kürzen möchtest, weil du entweder deutlich größer oder kleiner als 1,68 m bist oder dir die Länge nicht gefällt, dann gibt es hierfür zwei unterschiedliche Methoden: dazwischensetzen oder anfügen.

OBERKÖRPERLÄNGE AUSMESSEN

Gemessen wird von der Schulter bis zur Taille bzw. bis zu dem Punkt, wo später das Oberteil enden soll.

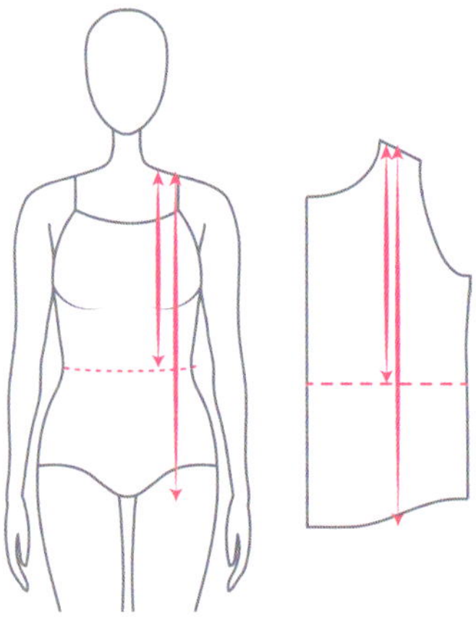

OBERKÖRPERLÄNGE MESSEN UND TAILLENHÖHE BESTIMMEN

Miss hierfür einmal von den Schultern bis zu deiner Taille und vergleiche diese Länge mit deinem Schnittmuster. Die Differenz verrät dir, um wie viel du die Taillenhöhe anpassen musst.

GERADE GESCHNITTENES OBERTEIL

Wenn du ein Schnittmuster für ein Oberteil ohne Taillierung hast, es also gerade nach unten verläuft, kannst du die gewünschte Länge einfach unten am Saum hinzufügen bzw. entfernen.

OBERTEIL MIT TAILLIERUNG

Wenn du ein Oberteil mit einer Taillierung hast, dann sollte die Taille im Schnittmuster auch dort sein, wo sie bei deinem Oberkörper ist.

Schneide die Schnittteile für vorne und hinten jeweils an der Taille waagerecht zum Saum auseinander.

VERKÜRZEN

Wenn du das Oberteil kürzen möchtest, dann schiebe das jeweils untere Teil um die entsprechende Länge in das obere Teil hinein. Im Anschluss musst du noch die Seitennaht zu einem schönen Verlauf neu zeichnen. Achte darauf, dass die neue schmalste Stelle deiner Taillenhöhe entspricht.

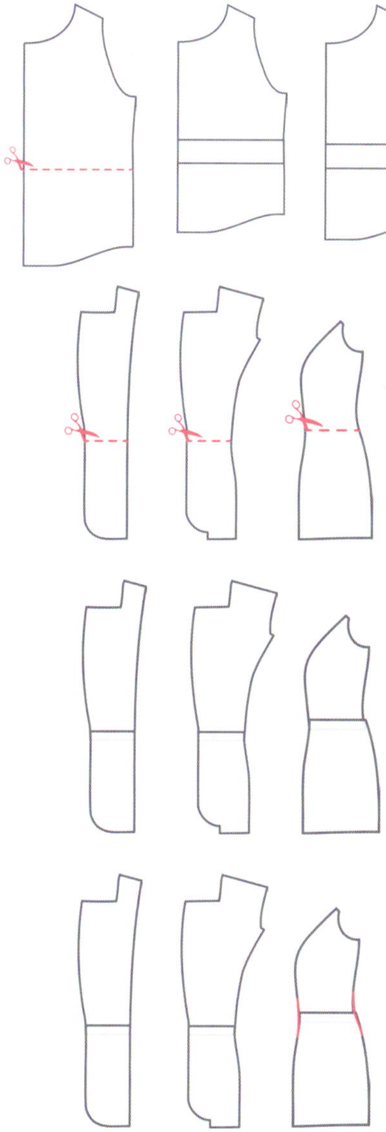

VERLÄNGERN

Wenn du das Oberteil verlängern möchtest, dann schiebst du die beiden Teile so weit auseinander, bis du die entsprechende Gesamtlänge erreichst. Zeichne dir auch hier eine neue, harmonische Seitenlinie und beachte deine persönliche Taillenhöhe.

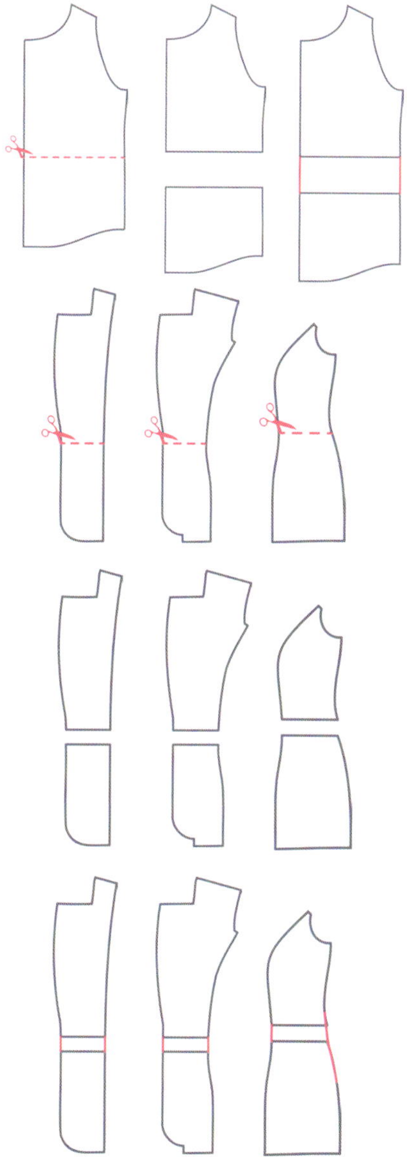

ÄRMEL VERLÄNGERN/KÜRZEN

Wenn dein Oberteil an den Armen zu kurz oder zu lang ist, kannst du den Ärmel in wenigen Schritten verlängern oder kürzen.

Da sich ein Ärmel in der Regel nach unten zum Saum verjüngt, kann man den Schnitt nicht einfach unten verlängern, da er sonst zu schmal wird und im schlimmsten Fall die Hand nicht mehr durchpasst.

Und wenn du den Ärmel unten einfach abschneidest, um ihn zu kürzen, ist der Durchlass zu breit und der Ärmel am Handgelenk zu weit. Oder das Bündchen passt nicht mehr an den Ärmel, weil zu viel Stoff da ist. In beiden Fällen sollte der Ärmelsaum die gleiche Breite haben wie in der Originallänge.

ÄRMELLÄNGE AUSMESSEN

Wenn deine Arme nicht die „Standard"-Länge haben, solltest du den Schnitt einmal mit deinen Maßen vergleichen. Winkle dafür deinen Arm leicht an und miss von dem kleinen „Knubbel" auf deiner Schulter am oberen Ende deiner Armkugel über die äußere Kante deines Ellbogens bis zum Handgelenk. Am Schnittteil misst du dann von der höchsten Stelle der Ärmelrundung bis zum Saum.

Wenn später noch ein Bündchen angenäht wird, musst du dieses natürlich bei der Gesamtlänge berücksichtigen.

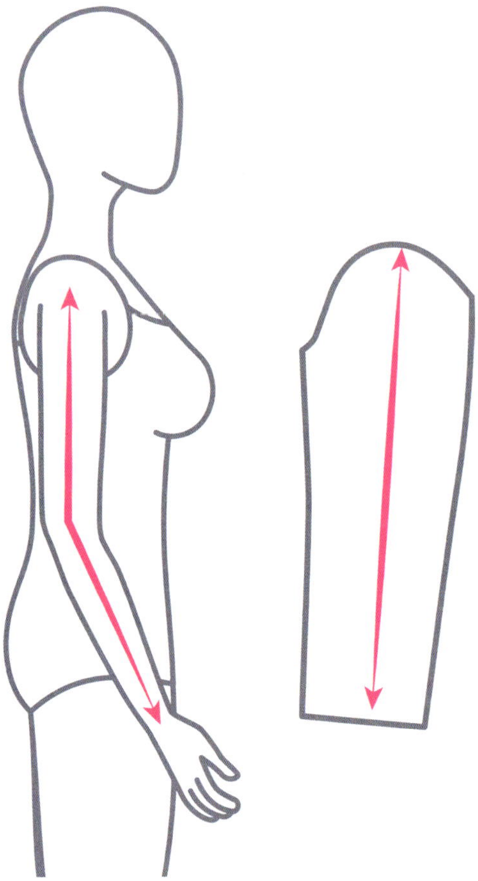

LINIEN EINZEICHNEN & ÄRMEL AUFSCHNEIDEN

Zeichne dir in das Ärmellschnittteil mittig eine senkrechte Linie ein sowie eine weitere Linie waagerecht parallel zum Saum im unteren Drittel des Ärmels. Danach kannst du das Schnittteil an der waagerechten Linie auseinanderschneiden.

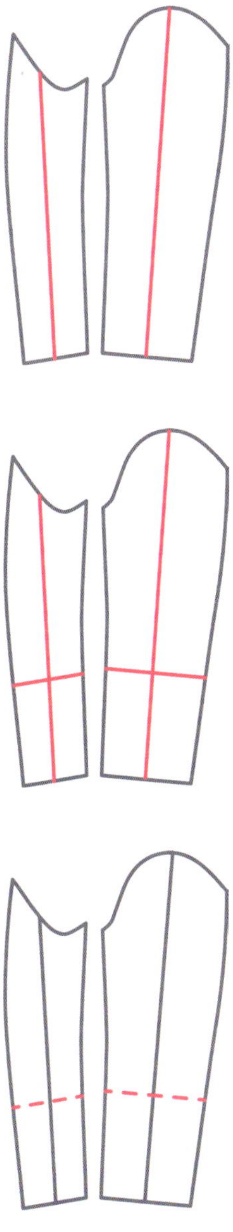

ÄRMEL VERLÄNGERN

Um den Ärmel zu verlängern, wird das Schnittteil waagerecht um den gewünschten Wert gleichmäßig auseinandergeschoben. Danach musst du noch die Seitenlinien wieder harmonisch miteinander verbinden.

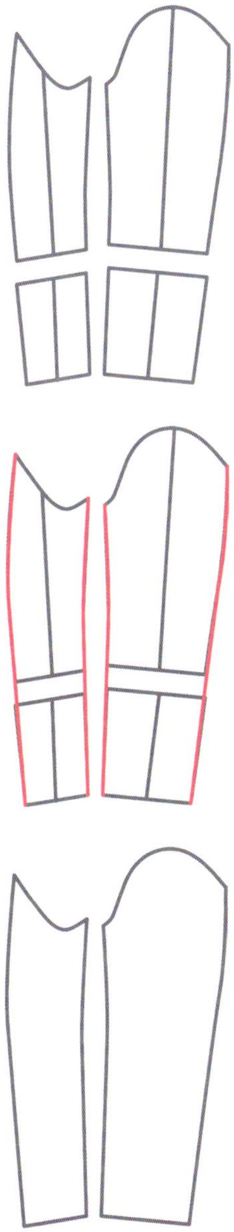

ÄRMEL KÜRZEN

Möchtest du den Ärmel kürzen, dann schiebst du die beiden Schnittteile um den gewünschten Wert zusammen. Dadurch behält der Ärmel die Originalweite am Saum. Zum Schluss nur noch die Seitenlinien harmonisch anpassen.

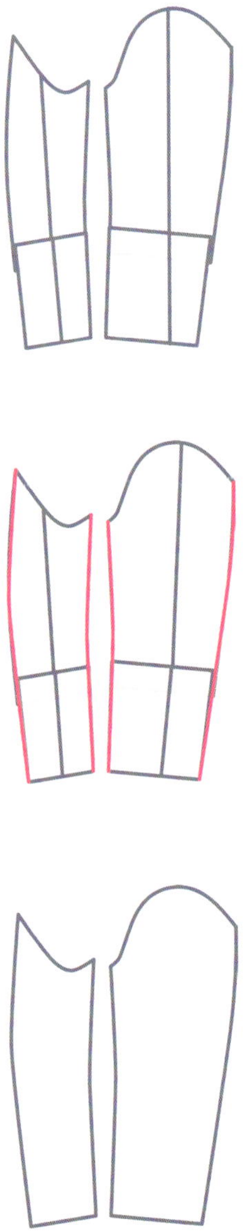

KURZE ÄRMEL AUFSCHNEIDEN

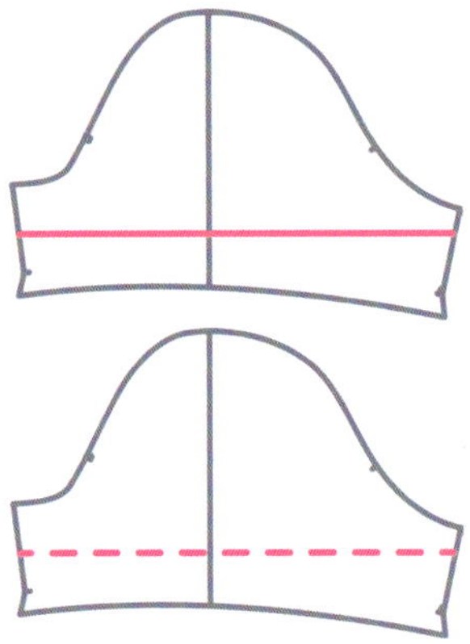

KURZE ÄRMEL VERLÄNGERN

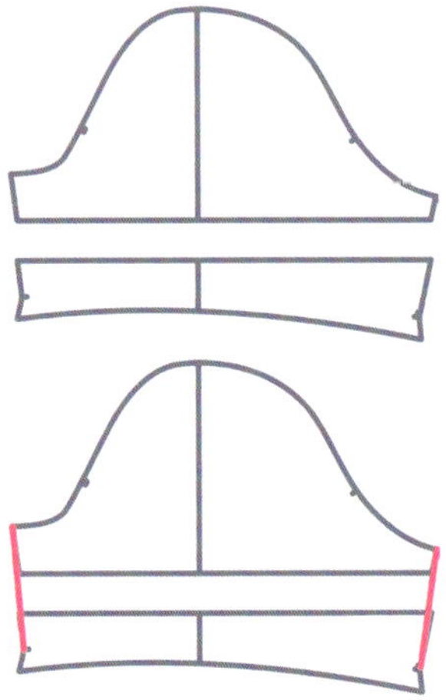

KURZE ÄRMEL KÜRZEN

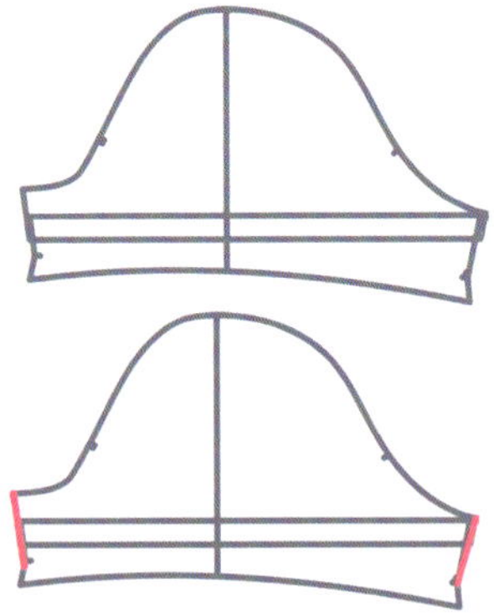

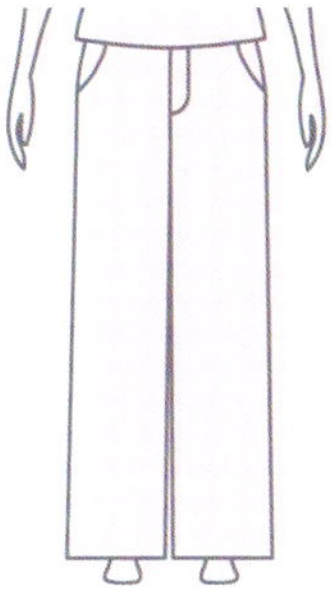

HOSENBEINE VERLÄNGERN/KÜRZEN

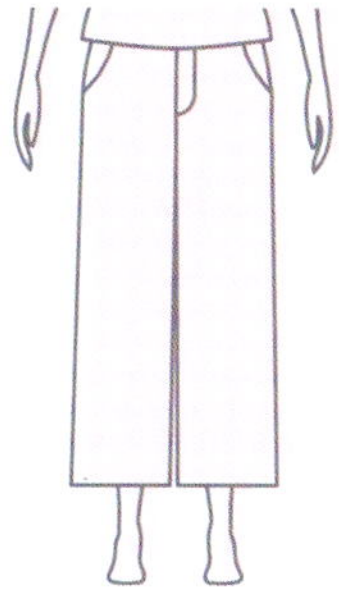

Wer größer oder kleiner als 1,68 m ist oder wessen Beinlänge von den Standardmaßen abweicht, kann die Hose in wenigen Schritten im Schnitt verlängern oder kürzen.

AUSMESSEN DER TATSÄCHLICHEN BEINLÄNGE

Um zu wissen, um wie viel du die Hose an den Beinen verlängern oder kürzen musst, stell dich gerade hin und miss seitlich von deiner Taille bis zu dem Punkt, wo deine Hose enden soll. Miss dann auch noch einmal die Innenbeinlänge vom Schritt bis dahin, wo der Saum deiner Hose sein soll. Vergleiche die Werte mit deinem Schnittmuster.

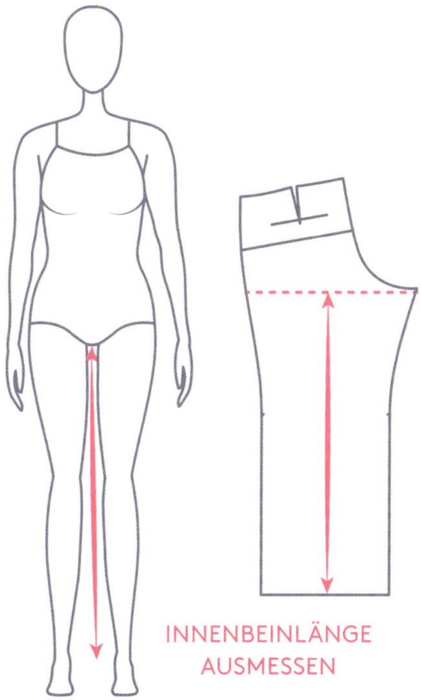

SAUMLÄNGE ÄNDERN

Bei gerade geschnittenen Hosen wie der Hose in diesem Buch, kannst du das Hosenbein an Vorder- und Hinterhose unten am Saum einfach verlängern oder kürzen, indem du ein Stück abschneidest oder hinzugibst.

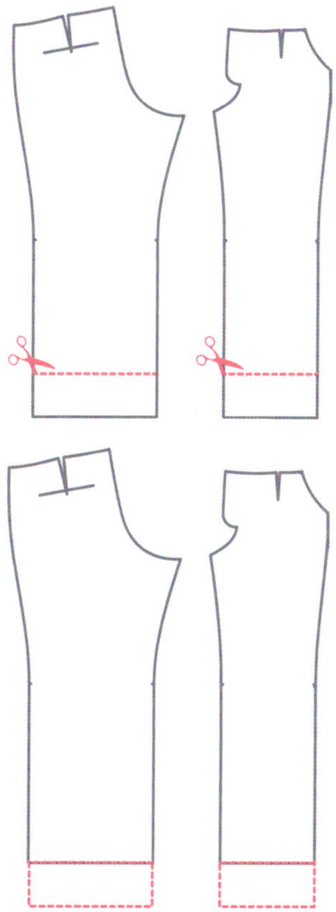

ZUSCHNITT

Nimm dir ausreichend Zeit für den Zuschnitt und versuche, so präzise wie möglich vorzugehen. Ein akkurater Zuschnitt erleichtert das spätere Zusammenfügen der Teile und verhindert, dass du unbeabsichtigt Teile miteinander verbindest, die nicht zusammengehören.

Achte darauf, die Schnittteile beim Zuschneiden mithilfe von Stecknadeln am Stoff zu fixieren, wenn du die Schere verwendest. Falls du einen Rollschneider benutzt, können Gewichte dafür sorgen, dass nichts verrutscht.

Die Verwendung scharfer Werkzeuge ist selbstverständlich, um sicherzustellen, dass die Stoffkanten glatt sind und keine Fäden gezogen werden.

Die Schnittteile enthalten nützliche Informationen, um die Teile korrekt zuzuschneiden.

Übertrage dir alle Knipse unmittelbar nach dem Zuschnitt, damit du sie nicht vergisst.

NAHTZUGABE

Um sicherzustellen, dass die einzelnen Teile später gut halten und nicht ausreißen, wird mit einem bestimmten Abstand zur Stoffkante genäht, der als Nahtzugabe bezeichnet wird.

Alle *einfach-nähen*-Schnittmuster enthalten bereits eine Nahtzugabe von 1 cm. Dadurch kannst du die Schnittteile direkt auf den Stoff legen und zuschneiden, ohne eine zusätzliche Nahtzugabe hinzufügen zu müssen.

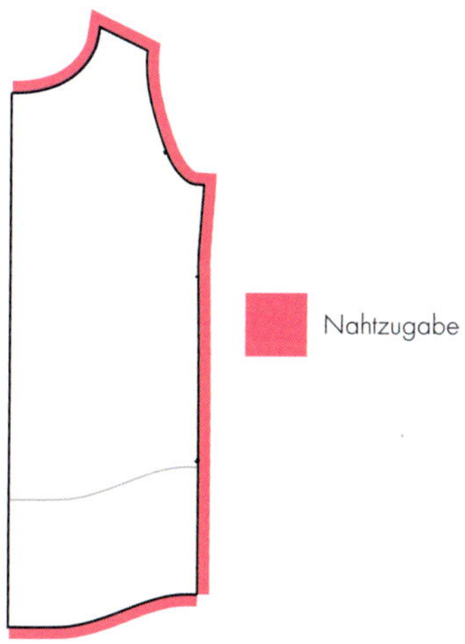

BRUCH

In der Regel werden die einzelnen Schnittteile im Bruch zugeschnitten, was bedeutet, dass der Stoff doppelt liegt. Dies hat den Vorteil, dass die Teile direkt für die linke und rechte Körperhälfte zugeschnitten werden.

Wenn auf einem Schnittteil vermerkt ist, dass es im Bruch zugeschnitten werden soll, bedeutet das, dass die Kante des Schnittteils, an der das Wort „Bruch" steht, an die Knickkante des Stoffs gelegt wird. Nach dem Zuschneiden erhältst du ein Stoffstück, das in der Mitte gespiegelt ist.

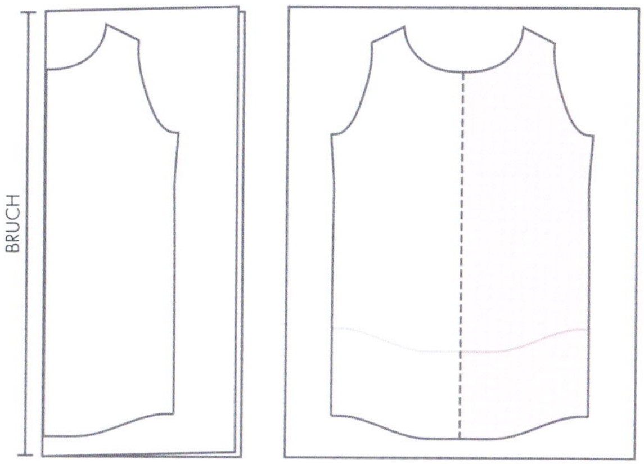

GESPIEGELT/GEGENGLEICH

Schnittteile, die nicht an die Bruchkante gelegt werden, sind nach dem Zuschnitt gespiegelt. Das bedeutet, du erhältst ein Teil für die linke Körperhälfte und eines für die rechte.

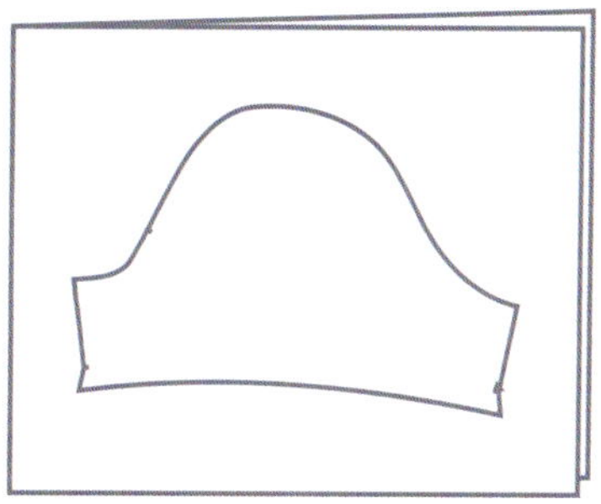

EINZELN ZUSCHNEIDEN

Falls du nicht genügend Stoff in doppelter Lage zuschneiden kannst, ist es möglich, die Teile einlagig zuzuschneiden. In diesem Fall solltest du darauf achten, dass du das Schnittteil beim zweiten Zuschnitt umdrehst, sodass die Beschriftung nicht zu sehen ist.

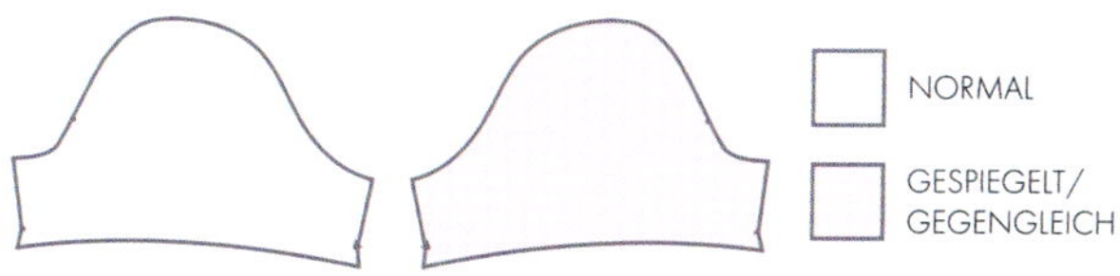

FADENLAUF

Jeder Stoff hat eine bestimmte Fadenrichtung, den sogenannten Fadenlauf. Dieser verläuft beim fertigen Kleidungsstück normalerweise von der Nasenspitze zur Fußspitze, also von oben nach unten entlang des Körpers. Hier sind einige Tipps, wie du den Fadenlauf deines Stoffs bestimmen kannst.

LAUFRICHTUNG DES MUSTERS

Bei Motivstoffen verläuft der Fadenlauf in der Regel so wie das Motiv.

WEBKANTE

Bei Stoff findest du links und rechts eine breitere Verdickung. Manchmal sind da auch kleine Löcher zu erkennen. Dort ist der Stoff, nachdem er aus der Maschine rausgekommen ist, über Transportrollen gelaufen. Diese Webkante gibt dir den Fadenlauf vor.

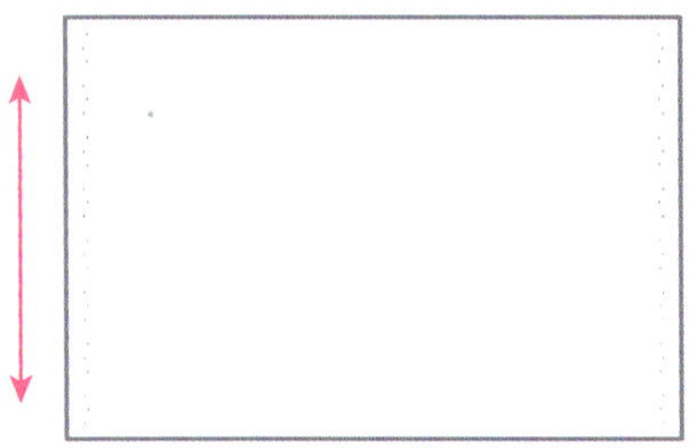

RICHTUNG DER FÄDEN (WEBWARE)

Bei gewebten Stoffen verlaufen Fäden von oben nach unten und von links nach rechts und sind ineinander wie ein Schachbrettmuster verwoben. Diese Fäden zeigen dir auch den Fadenlauf an. Bei gewebten Stoffen ist es dabei egal, ob du dich an den senkrechten oder waagerechten Fäden orientierst. Du solltest dich nur für eine Richtung entscheiden und dann dein Schnittmuster an diesen Fäden ausrichten.

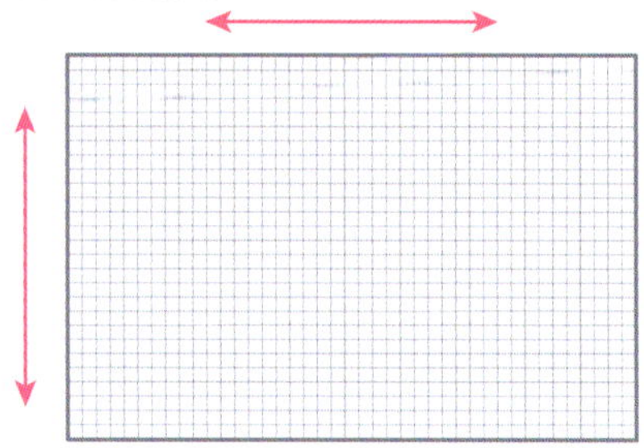

RICHTUNG DER SCHLAUFEN (MASCHENWARE)

Bei dehnbaren Stoffen lässt sich der Fadenlauf ganz leicht erkennen, wenn du den Stoff ein wenig auseinanderziehst. Es entstehen kleine Rillen oder Rippen, die den Fadenlauf vorgeben.

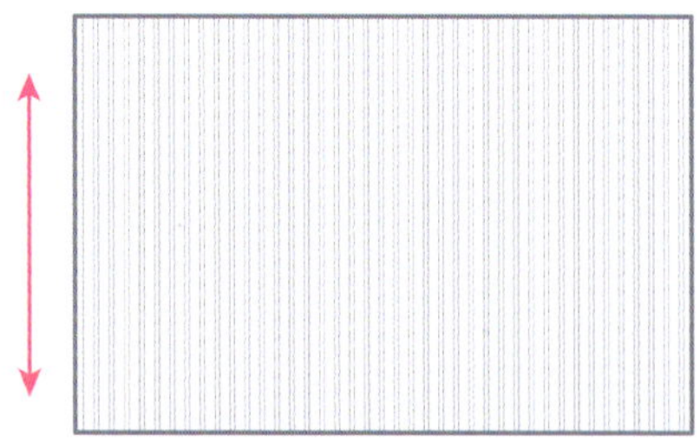

DEHNBARKEIT

Noch viel wichtiger als der Fadenlauf ist bei dehnbaren Stoffen die Richtung, in die sich der Stoff dehnen lässt. Das fertig genähte Kleidungsstück muss sich nach links und rechts dehnen.

DEHNBARKEIT DES STOFFS

Die meisten Stoffe lassen sich entsprechend dem Fadenlauf nach links und rechts dehnen.

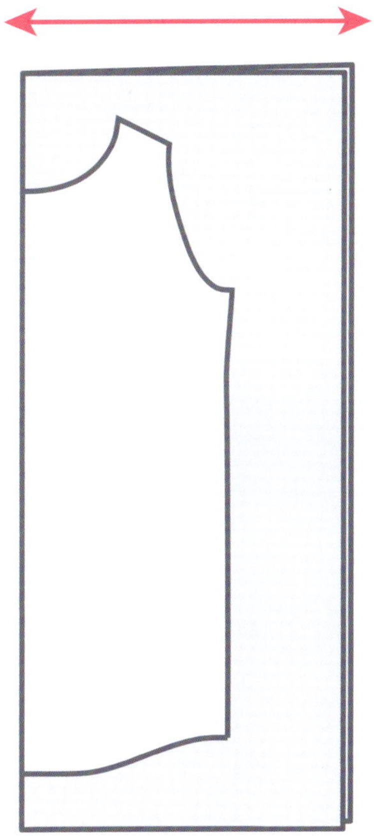

Es gibt aber auch Stoffe, die sich entsprechend dem Fadenlauf nicht zur Seite, sondern mit dem Fadenlauf dehnen. Wenn du ein Schnittmuster nutzt, dass für einen dehnbaren Stoff ausgelegt ist, gibt es in diesem Fall zwei Möglichkeiten:

1. Bei Uni-Stoffen kann das Schnittmuster um 90 Grad gedreht werden, damit sich der Stoff später zur Seite dehnen lässt.

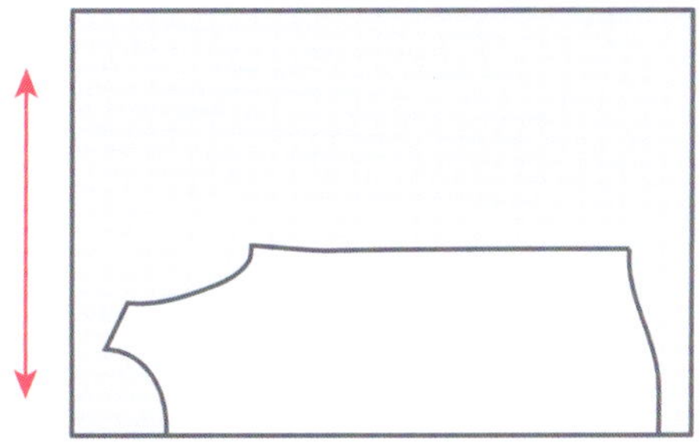

2. Bei Motivstoffen passt das Projekt nicht zum Stoff und du solltest dich für einen anderen Stoff entscheiden.

AUSRICHTUNG

Das Schnittteil wird auf dem Stoff so platziert, dass der Pfeil auf dem Schnittteil parallel zum Fadenlauf verläuft. Wenn Schnittteile im Bruch zugeschnitten werden, entspricht der Fadenlauf der Bruchkante.

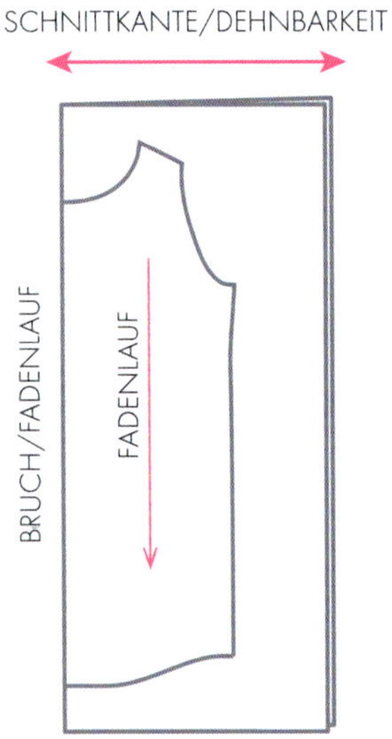

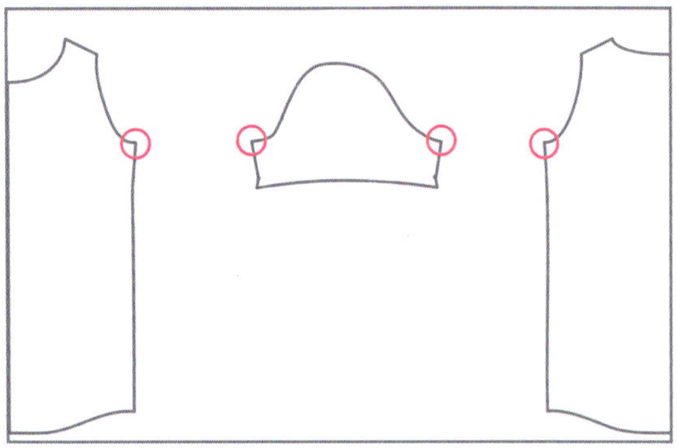

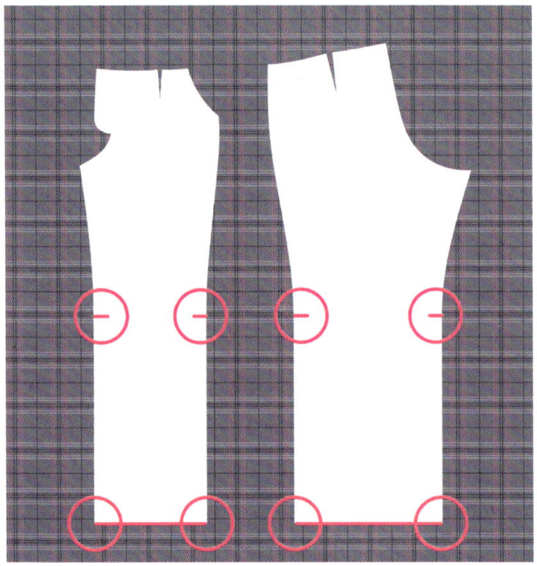

STREIFEN ODER KAROS

Wenn du einen Stoff mit Streifen oder Karos verwendest, suche nach Ankerpunkten auf dem Stoff, an denen du dich orientieren kannst.

Die Muster sollten natürlich am Saum waagerecht verlaufen. Damit die Musterseiten auch seitlich zueinander passen, müssen die Vorder- und Rückteile am Saum auf gleicher Musterhöhe beginnen.

Wenn das Muster auch an den Ärmeln auf gleicher Höhe sein soll, ist es wichtig, die Ärmel am Achselpunkt so auszurichten, dass sie den Vorder- und Rückteilen entsprechen.

MOTIVSTOFFE

Bei der Verwendung von Stoffen mit Motiven sollte darauf geachtet werden, dass das Motiv in der Mitte platziert ist. Selbst kleinere Motive, die in Reihen angeordnet sind, sollten so ausgerichtet werden, dass sie in der Mitte übereinstimmen.

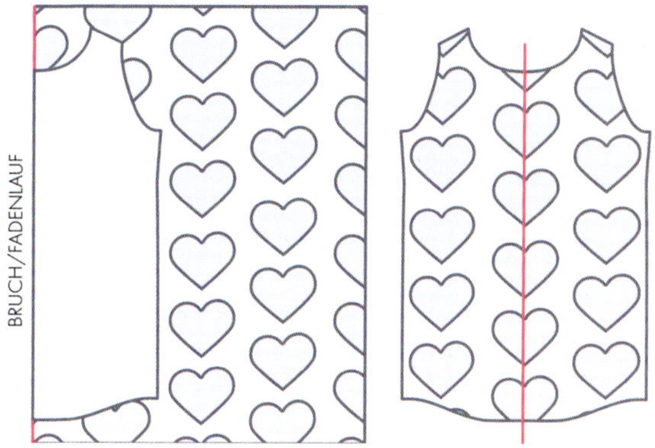

MARKIERUNG

MARKIERUNGEN (PASSZEICHEN)

Die Schnittteile weisen oft am Rand kleine Striche oder andere Symbole auf, die Informationen für das Nähen liefern. Diese Markierungen dienen dazu, die Stoffkanten der Schnittteile gleichmäßig aufeinanderzustecken. Bei Ärmeln helfen sie dir zu erkennen, was vorne und hinten ist.

Es ist ratsam, diese Markierungen auf den Stoff zu übertragen, sei es mit Kreide, einem Markierstift oder Stecknadeln. Alternativ kannst du an den entsprechenden Stellen 1–2 mm in die Nahtzugabe schneiden, um Knipse im Stoff zu erzeugen.

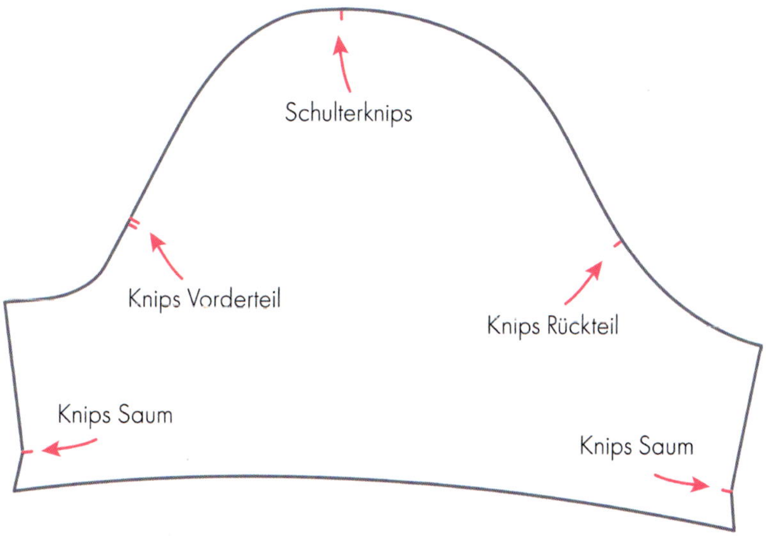

„Nähen ist wie zaubern können - nur in echt."

NÄHEN

PROBENAHT

Bevor du mit deinem Nähprojekt beginnst, empfehle ich, eine Probenaht anzufertigen, um die besten Einstellungen für ein optimales Nähergebnis zu ermitteln. Dabei solltest du die Stichlänge, Stichbreite, den Nähfuß, den Nähfußdruck, die Fadenspannung und die Nähnadel testen. Verwende dabei genau das Material, das du später in deinem Projekt verwenden möchtest, und arbeite immer mit doppelter Stofflage.

BEDIENUNGSANLEITUNG

Schau in die Bedienungsanleitung deiner Nähmaschine, um die richtigen Einstellungen zu finden. Dort findest du Informationen darüber, welcher Nähfuß für welche Zwecke geeignet ist, welche Stichmuster deine Maschine bietet und wie du die Stichqualität verbessern kannst. Selbst wenn du deine Maschine bereits gut kennst, wirst du möglicherweise noch nützliche Hinweise entdecken oder dich an Details erinnern, die dir entfallen waren.

STICHBREITE

Die Stichbreite ist relevant für Stiche, die in der Breite variieren, wie der Zickzackstich. Je höher die Zahl, desto breiter wird der Stich.

STICHLÄNGE

Die Stichlänge bestimmt den Abstand zwischen den einzelnen Stichen. Je höher die Zahl, desto größer ist der Abstand.

FADENSPANNUNG

Die Fadenspannung regelt das Zusammenspiel von Ober- und Unterfaden. In der Regel wird das Stichbild hauptsächlich über die Oberfadenspannung gesteuert. Ein gutes Stichbild zeigt nur den Oberfaden oben und den Unterfaden unten. Wenn der Oberfaden zu locker ist, wird er auf die Unterseite gezogen und dort sichtbar. Ist er zu straff, zieht er den Unterfaden zu stark nach oben.

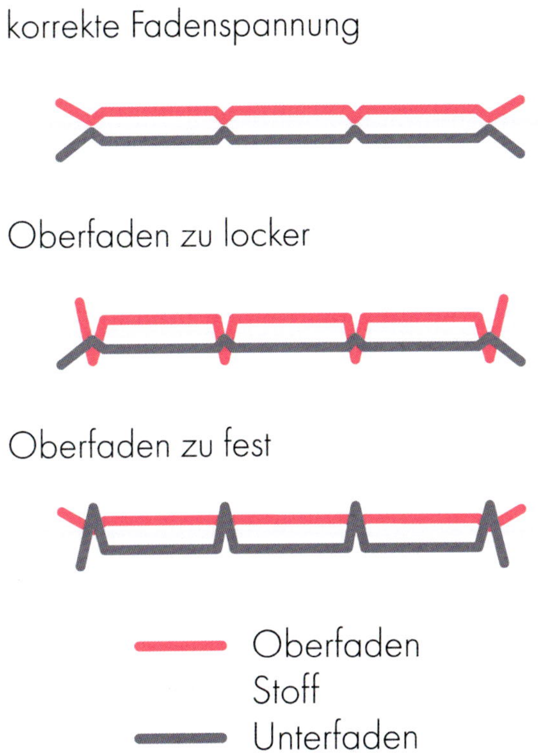

NÄHFUSS

Abgesehen vom Standardnähfuß gibt es eine Vielzahl anderer Nähfüße mit unterschiedlichen Funktionen. Für die Schnittmuster in diesem Buch brauchst du den Standardnähfuß, ein Reißverschlussfüßchen, den Knopflochnähfuß sowie das Knopflochannähfüßchen.

OBERTRANSPORTFUSS

Für das Nähen von sehr rutschigen oder dehnbaren Stoffen ist es hilfreich, einen Obertransportfuß zu verwenden. Manche Nähmaschinen haben ihn bereits eingebaut, während er bei anderen als separates Zubehör erhältlich ist.

Durch den Obertransportfuß werden die Stofflagen nicht nur von unten vom Transporteur, sondern auch von oben gleichmäßig unter dem Nähfuß transportiert.

NÄHFUSSDRUCK

Wenn der Nähfuß den oberen Stoff immer wieder verschiebt, kannst du diesen Effekt reduzieren, indem du den Nähfußdruck verringerst.

STOFFE VERSÄUBERN

Beim Nähen von Kleidungsstücken aus Webware ist es ratsam, die Stoffkanten vor dem Nähen zu versäubern, um ein Ausfransen zu verhindern. Bei gestrickten oder gewirkten Stoffen ist dies normalerweise nicht erforderlich.

VERSÄUBERN MIT DEM ZICKZACKSTICH

Eine einfache Methode zum Versäubern ist die Verwendung eines herkömmlichen Zickzackstichs. Dabei wird der Stoff so unter den Nähfuß gelegt, dass die Nadel, wenn sie auf der rechten Seite eintaucht, neben der Stoffkante in die Luft sticht. Auf diese Weise wird die Stoffkante vom Zickzackstich eingefasst. Die Stichlänge sollte nicht zu kurz sein, und die Stichbreite sollte mittelbreit sein. Es ist ratsam, an einem Stoffrest die optimale Einstellung für den jeweiligen Stoff zu testen. Beachte, dass bei groberen Stoffen ein breiterer Zickzackstich verwendet werden sollte.

Die Fadenspannung kann dazu führen, dass sich die Stoffkante unter dem Nähfuß zusammenzieht und nicht mehr glatt liegt. Dieses Problem kann durch die Verwendung eines Blindstichfußes beim Versäubern behoben werden.

VERSÄUBERN MIT DEM BLINDSTICH

Der Blindstich und der dazugehörige Fuß verhindern das Zusammenziehen der Stoffkante unter dem Nähfuß. Ein kleiner Steg in der Mitte des Fußes hält den Oberfaden auf Spannung und verhindert, dass sich der Stoff zusammenzieht.

VERSÄUBERN MIT DEM OVERLOCK-STICH DER NÄHMASCHINE

Moderne Haushaltsnähmaschinen verfügen oft über einen Overlock-Stich, der dem Stichbild einer Overlock-Maschine ähnelt. Dieser Stich wird mit einem Overlockfuß genäht. In der Mitte des Fußes sorgt eine Vorrichtung dafür, dass der Stoff nicht zusammengezogen wird.

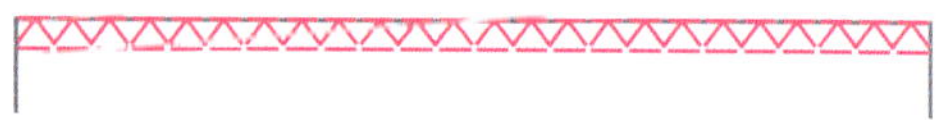

VERSÄUBERN MIT DER OVERLOCKMASCHINE

Zum reinen Versäubern von Webware reicht es, wenn du nur die linke Nadel nutzt. Dadurch sparst du zum einen Garn, zum anderen ist die Naht insgesamt auch etwas flacher. So kann sie sich insbesondere bei feinen Stoffen nicht so schnell durchdrücken und abzeichnen.

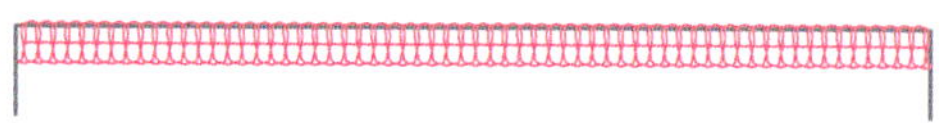

KLEIDUNG MIT FUTTER

Kleidungsstücke mit Futter erfordern normalerweise keine Versäuberung der Stoffkanten, da diese im Inneren des Kleidungsstücks liegen.

STECKEN

Damit später unter dem Nähfuß nichts verrutscht, müssen die Schnittteile gut gesteckt werden.

Die einzelnen Schnittteile werden rechts auf rechts so aufeinandergelegt, dass die Stoffkanten bündig aufeinanderliegen.

Fange immer am Anfang und am Ende der Strecke an, die Stoffe aufeinanderzulegen. Danach werden die Knipse übereinandergelegt und fixiert. Und zum Schluss dann den Stoff dazwischen gleichmäßig verteilen.

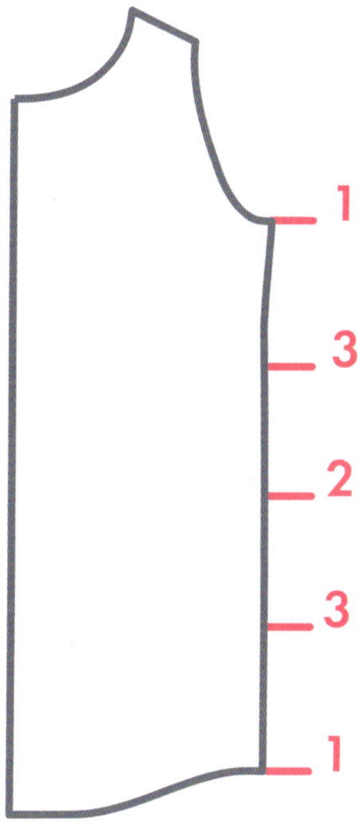

Zum Stecken kannst du Nähklammern oder Stecknadeln nutzen.

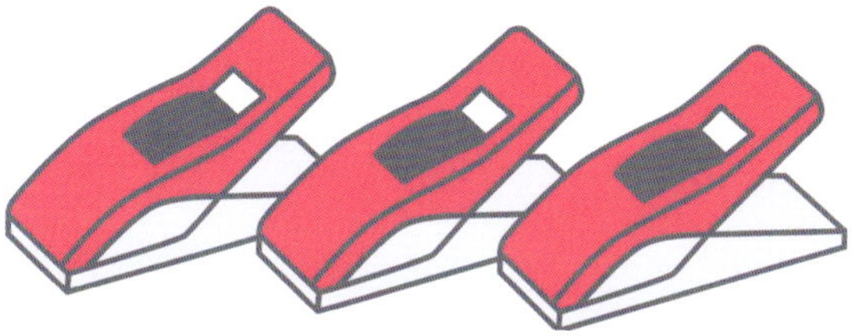

Wenn du Nadeln nutzt, dann am besten immer quer zur Kante stecken. Dann verrutschen die Stoffstücke später nicht unter der Nadel. Außerdem kannst du dann vorsichtig über sie drübernähen. Und bei sich rollenden Kanten wird durch das Stecken quer zur Kante der Stoff gerade gehalten und kann sich nicht einrollen.

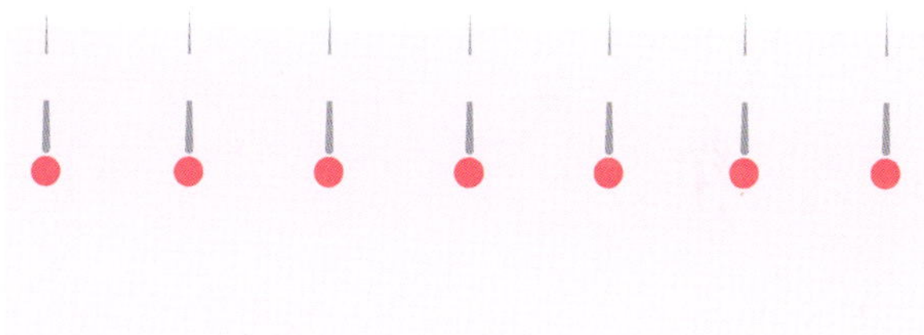

STICHARTEN

Damit die Nähte später lange halten, muss immer der passende Stich zum Material gewählt werden.

GERADSTICH

Bei Webware ist der normale Geradstich mit einer Stichlänge von etwa 2,5–3 üblich.

DEHNBARE STICHE

Ein normaler Geradstich ist nicht ausreichend dehnbar, sodass die Naht bei Belastung des Stoffs leicht reißen kann. Wenn du mit elastischen Stoffen wie Jersey, Sweat oder Strick arbeitest, empfiehlt sich daher die Verwendung eines elastischen Stichs.

ZICKZACKSTICH

Dieser Klassiker ist in jedem Fall an jeder Haushaltsnähmaschine zu finden: der Zickzackstich. Teste vorher an einem Stück Reststoff, welche Einstellungen für diesen Stich am besten sind:

Stichlänge

Die Stichlänge sollte bei ca. 2 liegen. Ist die Stichlänge zu kurz, kann sich der Stoff verformen und Wellen entstehen. Ist die Stichlänge zu groß, ist das Nahtbild von außen später nicht so schön, weil die Zwischenräume der Stiche wie kleine Löcher aussehen.

Stichbreite

Die Stichbreite entscheidet, wie breit die Zickzacknaht wird. Diese sollte nicht zu breit eingestellt werden, da sich die Naht sonst später zu stark durchdrücken kann. Eine Stichbreite von 2–3 ist ein guter Ausgang zum Testen.

DREIFACH-GERADSTICH

Wenn du eine elastische Naht wünschst, die jedoch wie ein Geradstich aussehen soll (z.B. zum Absteppen des Halsausschnitts), wähle den Dreifach-Geradstich. Achte darauf, eine moderate Stichlänge zu wählen, um den Stoff nicht zu stark zu beanspruchen. Beachte, dass diese Naht aufgrund des dreifachen Stichverlaufs schwer bis gar nicht aufzutrennen ist.

GERADSTICH MIT FLEXIBLEM GARN

An gekaufter Kleidung findet man auch bei dehnbaren Stoffen einen Geradstich, der auf der Rückseite allerdings kleine Schlingen hat. Diese Nähte werden mit einer Coverlock genäht.

Wenn du z.B. einen Halsausschnitt oder Ärmelsäume ebenfalls mit einer Geradstich-Optik nähen möchtest, kannst du hierfür dehnbares Nähgarn wie z.B. Seraflex oder Maraflex nutzen. Durch dieses Garn bleibt die Naht trotz des Geradstichs weiterhin elastisch.

OVERLOCKSTICH

Die besten Ergebnisse bei elastischen Stoffen erzielst du mit einer Overlock-Maschine. An einer herkömmlichen Nähmaschine gibt es eine ähnliche Option namens (Fake-)Overlock-Stich. Dieser Stich verläuft über die Stoffkante und versäubert sie gleichzeitig. Ein spezielles Nähfüßchen ist hilfreich, um ein Zusammenziehen der Stoffkante beim Nähen zu verhindern.

TRIKOTSTICH

Der Trikotstich ist ideal für sehr elastische Stoffe wie Lycra. Du kannst entweder einen speziellen Nähfuß verwenden oder die Nahtzugabe etwas breiter lassen und die überstehende Nahtzugabe nach dem Nähen abschneiden.

ZWILLINGSNADEL

Zum Säumen oder Absteppen von Bündchen bietet sich eine Zwillingsnadel an. Diese ist in verschiedenen Breiten erhältlich. Die Fadenspannung des Oberfadens sollte hoch eingestellt werden, damit sich der Unterfaden zu einer Art Zickzackstich zieht. Dies macht die Naht dehnbar.

Es ist wichtig, langsam zu nähen, keine Rückwärtsstiche zu verwenden und die Fäden am Anfang und Ende der Naht länger zu lassen, ohne sie zu verriegeln.

Nach dem Nähen sollte das Bündchen oder der Saum vorsichtig gedehnt werden, um die Naht flexibel zu halten. Schließlich die überstehenden Enden verknoten und in die Fäden mit einer Fang- oder Stopfnadel einziehen.

GERADE NÄHTE

Insbesondere Nähanfänger*innen stehen am Anfang ihrer Karriere vor der großen Frage: Wie nähe ich eine gerade Naht?

DIE BLICKRICHTUNG VORNE RECHTS AUF DEN NÄHFUSS

Während des Nähens ist es sehr verlockend, auf die Nadel zu gucken, um zu kontrollieren, ob sie auch näht und der Stoff ordentlich transportiert wird. Aber das ist ein großes Problem. Denn wenn dir der Stoff verrutschen sollte, dann siehst du es erst an der Nadel, wenn es also schon zu spät ist.

Richte deinen Blick deswegen vorne auf die rechte Spitze des Nähfußes. Dort wird außen die Stoffkante entlanggeführt. Wenn Stoffkante und Nähfuß eine Einheit sind, bleibst du immer gerade. Verrutscht es, kannst du rechtzeitig korrigieren.

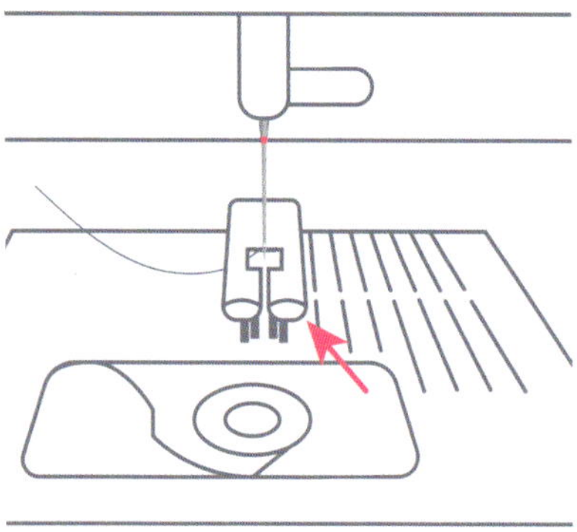

DIE NADELPOSITION ANPASSEN

In der Regel haben die Schnittteile eine Nahtzugabe von 0,75 cm–1 cm. Dies entspricht auch in etwa dem Abstand der Nadel zur rechten Nähfußkante. Wenn du wenige Millimeter schmaler oder breiter nähen möchtest, dann reguliere das über die Nadelposition, nicht über den Abstand, mit dem du den Stoff unter den Nähfuß führst. So kannst du dich immer noch an der vorderen rechten Spitze deines Nähfußes orientieren und der Stoff wird gleichmäßig transportiert.

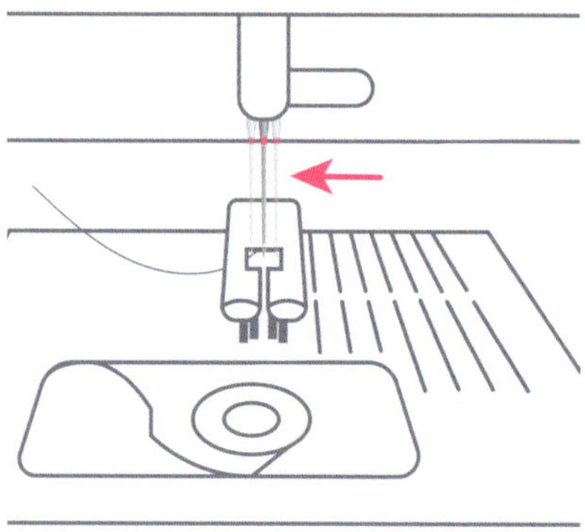

KLEBEBAND FÜR MEHR ALS 1,5 CM ABSTAND

Wenn man Abstände mehr als nähfüßchenbreit haben möchte, ist es mit den Markierungen auf der Stichplatte immer ein bisschen schwierig. Manchmal sind die einfach nicht so deutlich zu erkennen.

Deswegen klebe dir einen Streifen Klebeband im entsprechenden Abstand auf die Stichplatte. Daran kannst du dann die Stoffkante ganz bequem entlangführen und hast so zur Nadel immer den gleichen Abstand.

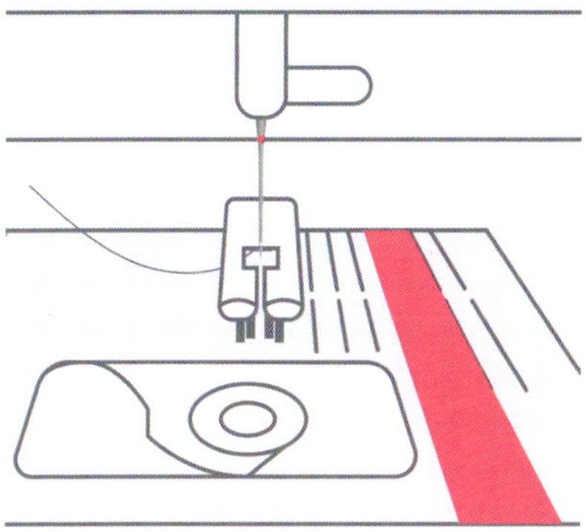

DIE SAUMFÜHRUNG ANBRINGEN

Je nach Klebeband kann es passieren, dass Kleberückstände auf der Stichplatte zurückbleiben. Hier kannst du als Hilfsmittel für einen immer gleichen Abstand auch einen Magnet anbringen. Diesen kann man ganz bequem auf der metallenen Stichplatte aufklippen. Er ist relativ stark, sodass er beim Nähen dann auch nicht verrutscht.

Alternativ zum Magneten kannst du auch eine Saum- oder Stichführung anbringen. Diese funktioniert mit einer Klebeoberfläche, die aber keine Rückstände hinterlässt.

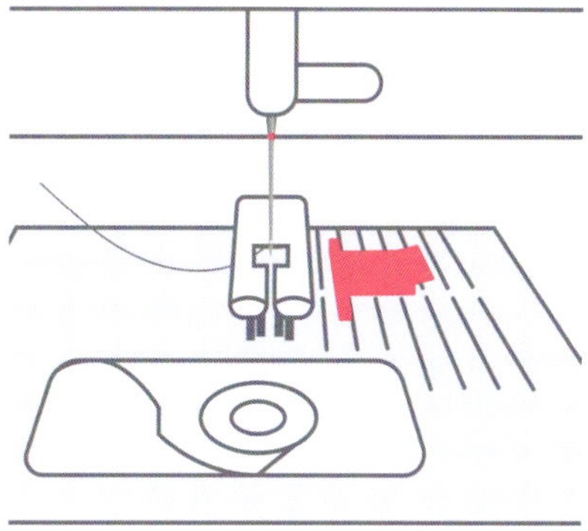

DAS KANTENLINEAL IN DEN NÄHFUSS EINFÜHREN

Hast du dich schon einmal gefragt, wofür dein normaler Nähfuß hinten ein Loch hat? Dort kann man das sogenannte Kantenlineal einführen. Das Kantenlineal ist in der Regel bei dem Nähzubehör einer Nähmaschine mit dabei.

Schiebe das Kantenlineal soweit durch die Öffnung des Nähfußes, bis du den Abstand gefunden hast, mit dem du gerne nähen möchtest. Führe dann die Stoffkante bequem an diesem Kantenlineal entlang.

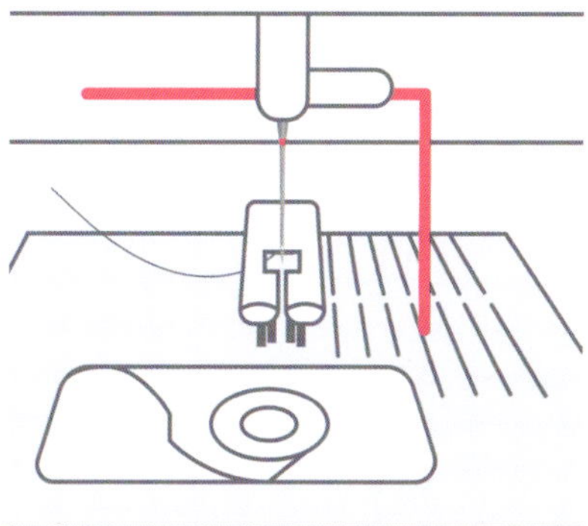

WELLENBILDUNG

Je nach Material kann es schnell passieren, dass sich die Naht stark wellt. Eine minimale Wellenbildung ist nicht schlimm und kann wieder glatt gebügelt werden. Hier kommen ein paar Tipps, wie du diese Wellenbildung verhindern kannst und die Naht glatt bleibt.

STOFF LOCKER HALTEN

Gerade als Nähanfänger*in hält man den Stoff zu sehr fest und dehnt ihn dadurch vor dem Nähfuß. Versuche, den Stoff locker zu halten und von der Maschine transportieren zu lassen. Du musst den Stoff auch nicht von hinten ziehen.

STICHLÄNGE ANPASSEN

Ist die Stichlänge zu kurz gewählt, hat die Maschine Schwierigkeiten, den Stoff passend zu den engen Stichen zu transportieren. Dadurch wird der Stoff unter dem Nähfuß gedehnt. Probiere an einem Stück Reststoff aus, welche Einstellungen am besten für dein Projekt sind.

NÄHFUSSDRUCK VERRINGERN

Wenn der Nähfuß von oben zu stark auf den Stoff drückt, „bremst" er den Transport und der Stoff wird unter dem Nähfuß gedehnt. Hier hilft es, den Nähfußdruck etwas zu verringern.

OBERTRANSPORTFUSS

Ein tolles Zubehör ist der Obertransportfuß. Ist er eingesetzt, wird der Stoff nicht nur von unten transportiert, sondern auch von oben. Dadurch wird er insgesamt gleichmäßiger unter dem Nähfuß geführt und kann nicht ausdehnen.

NAHTBAND

An allen Stoffkanten, die sich ausdehnen können (Rundungen, Schrägen, Teilungsnähte) kann das Aufbügeln eines Nahtbandes die Wellenbildung verhindern.

STOFFFRESSEN

Bei sehr feinen oder sehr dehnbaren Stoffen kann es immer mal wieder passieren, dass der Stoff am Anfang (oder auch am Ende) „gefressen" wird. Dabei wird die Stoffkante durch die Fadenspannung in die Nähmaschine gezogen und verknotet sich unter der Stichplatte.

Damit das nicht passiert, sollte das Loch in der Stichplatte immer vollständig von Stoff bedeckt sein. Die Stoffkante am Anfang dabei 1 cm weiter nach hinten schieben und mit dem Rückwärtsgang starten. Am Ende mit der Verriegelung etwa 1 cm vor der Stoffkante beginnen. So kann der Stoff nicht durch das Loch der Stichplatte gezogen werden

SÄUMEN

An Kleidungsstoffen kann man den Saum auf verschiedene Arten nähen. Wichtig ist, dass die Naht dehnbar ist, da gerade die Säume beim An- und Ausziehen stark gedehnt werden. Beim Säumen wird die Stoffkante 2–3 cm nach innen eingeklappt und festgenäht. Hierfür eignen sich verschiedene Methoden.

ZICKZACKSTICH

Dieser sollte nicht zu kurz in der Stichlänge sein, damit sich die Saumnaht nicht zu sehr beim Nähen dehnt und dadurch Wellen bildet.

DEHNBARER ZIERSTICH

Erlaubt ist, was gefällt (und dehnbar ist).

DREIFACH-GERADSTICH

Der Dreifach-Geradstich sieht aus wie ein normaler Geradstich, ist aber dehnbar.

SERAFLEX-GERADSTICH

Mit einem elastischen Garn wie Seraflex oder Maraflex kann auch bei dehnbaren Stoffen ein Geradstich genutzt werden.

ZWILLINGSNADEL

Beim Nähen mit der Zwillingsnadel ist es wichtig, die richtige Fadenspannung des Oberfadens einzustellen. Die Spannung muss hoch sein, damit der Unterfaden zu dem typischen Zickzackmuster gespannt wird. Nur dann ist die Zwillingsnaht auch dehnbar genug. Beim Nähen immer darauf achten, dass beide Nadeln immer in zwei Lagen Stoff stechen. Andernfalls kann es passieren, dass die Naht nicht gleichmäßig wird und sich zusammenzieht.

OVERLOCK

Die Overlock kann zwar keinen klassischen Saum nähen. Aber es lässt sich damit ein Fakebündchen nähen, das aussieht, als sei am Saum extra noch ein Bündchen angenäht worden. Ein Fakebündchen lässt sich gut an Ärmel nähen oder auch unten am Saum eines Oberteils.

COVERLOCK

Beim Nähen mit der Coverlock immer darauf achten, dass mit allen Nadeln auf beiden Stofflagen genäht wird. Andernfalls kann es passieren, dass die Fäden reißen.

BLINDSTICH

Wenn du am Saum von außen keine Naht sehen möchtest, kannst du ihn mit einem Blindstich nähen. Wie dieser Stich genau genäht wird, findest du in der Bedienungsanleitung deiner Maschine erklärt.

RUNDUNGEN SÄUMEN

Da die Streckenlänge der Rundung des äußeren Rands länger ist als beim inneren Rand, können beim Säumen kleine Falten entstehen. Je stärker die Rundung, desto schwieriger wird es, den Saum faltenfrei zu nähen.

ALLE 10-20 CM DEN SAUM EINSCHLAGEN

Damit die Rundung schön gleichmäßig wird, solltest du den Saum nicht einfach rundherum am Stück einschlagen, sondern dich Stück für Stück vorarbeiten.

Schlage den Saum zuerst an den Seitennähten um. Klappe dann etwa 20 cm davon entfernt den Saum ein und fixiere ihn. Wiederhole das dann mittig zwischen der Seitennaht und der gerade gesetzten Klammer/Nadel. Setze also eine Nadel/Klammer auf halber Strecke und verteile somit den Stoffüberschuss. Steht immer noch zu viel Stoff ab, wiederhole den Schritt. Je stärker die Rundung, desto mehr Stoff muss verteilt werden. Die noch sichtbaren minimalen Wellen werden beim Nähen später eingehalten.

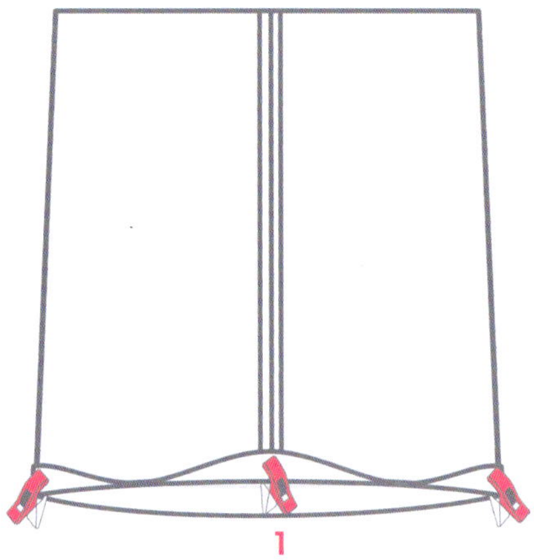

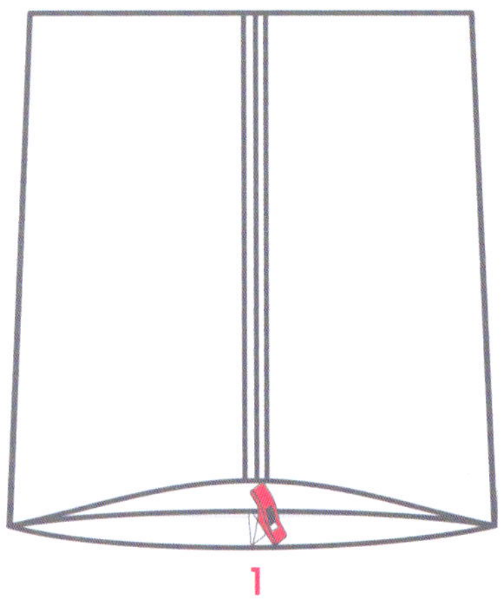

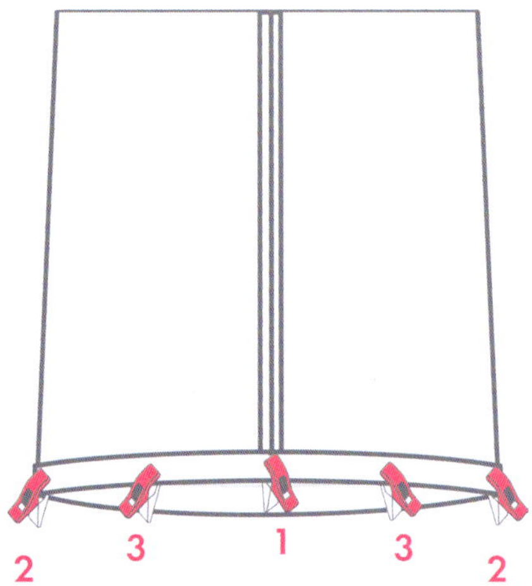

VON RECHTS NÄHEN

Wenn du den Saum gleichmäßig gesteckt hast, wird er von der rechten Seite festgenäht.

Halte hierfür Abstand zur Kante. Je näher du an der Kante nähst, desto größer die Gefahr, dass der Saum später nach außen klappt. Ein guter Abstand sind 2 cm.

TIPPS ZUM SÄUMEN VON RUNDUNGEN

Dehne den Stoff ein klein wenig beim Nähen, wenn sich der Stoff nicht von alleine glatt legt! Auch nicht dehnbare Stoffe lassen sich minimal dehnen. An dehnbaren Stoffen aber nicht zu stark ziehen, sonst entstehen später Wellen am Saum.

Nutze deine Finger als „3. Auge“! Da du von rechts nicht siehst, was unter dem Stoff ist, kannst du mit deinen Fingern leicht Falten oder Dellen ertasten und entsprechend herausdrücken.

BÜGELN

Nach dem Säumen die Kante gut ausbügeln.

ÄRMELMEHRWEITE EINHALTEN

An Kleidungsstücken wie einem Blazer, aber auch Jacken und Mänteln oder Kleidern, die aus Webware genäht werden, findet man häufig eine sogenannte Mehrweite am Ärmel.

Wenn man an der Armkugel nicht genug Stoff hat, kann man sich in dem Kleidungsstück nicht bequem bewegen. Damit diese Bewegungsfreiheit gewährleistet ist und auch die Armkugel sich schöner in das Kleidungsstück einlegt, ist die Armkugel am Ärmel etwas größer und man hat dort mehr Stoff als am Armloch. Genau das, was man jetzt vermeintlich zu viel hat, ist die sogenannte Mehrweite.

ÄRMEL ANNÄHEN TROTZ „ZU VIEL STOFF"?

Um die Mehrweite gleichmäßig im Armloch zu verteilen, gibt es verschiedene Möglichkeiten.

1. VARIANTE: „DAS EINKRÄUSELN"

Für das Einkräuseln wird in der oberen Rundung von der einen Markierung beginnend bis hin zur anderen Markierung in der Nahtzugabe erst eine Naht und ein paar Millimeter parallel daneben eine zweite Naht gesetzt. Die Stichlänge wird dabei auf das Maximum gestellt.

ARMKUGEL EINKRÄUSELN

Damit die Reihfäden beim Einkräuseln nicht aus dem Stoff gezogen werden, werden sie an einem der beiden Enden verknotet. Dann wird am offenen Ende am Ober- oder Unterfaden gezogen, sodass sich der Stoff auf den beiden Reihfäden zusammenzieht. Die Kräuselung gleichmäßig verteilen und die Armkugel über einem Bügelei in Form bügeln.

ÄRMEL EINSETZEN

Der Ärmel wird entsprechend der Markierungen in das Armloch eingesetzt. Beim Stecken der Mehrweite ggf. noch einmal den Stoff verteilen, bis sich die Kräuselung gut ins Armloch einpasst.

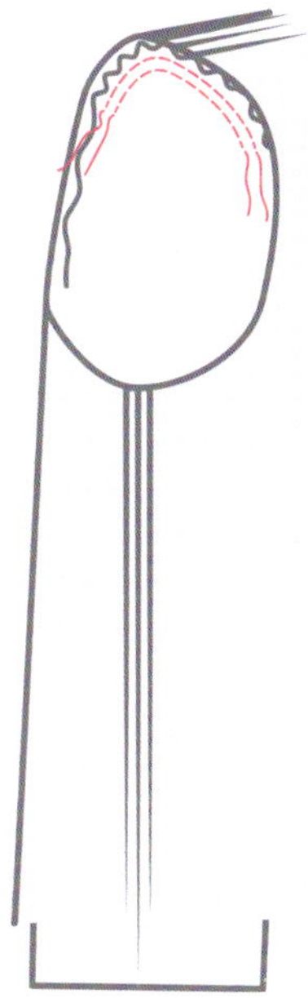

REIHFÄDEN ENTFERNEN

Wenn der Ärmel eingenäht ist, müssen die Reihfäden noch entfernt werden.

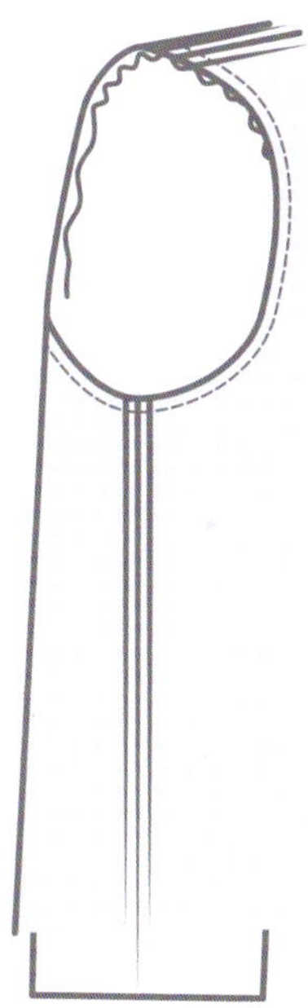

2. VARIANTE: „DAS STECKEN"

Setze den Ärmel entsprechend der Markierungen in das Armloch ein. Im oberen Teil der Armkugel steht die Mehrweite ab, die gleichmäßig verteilt werden muss.

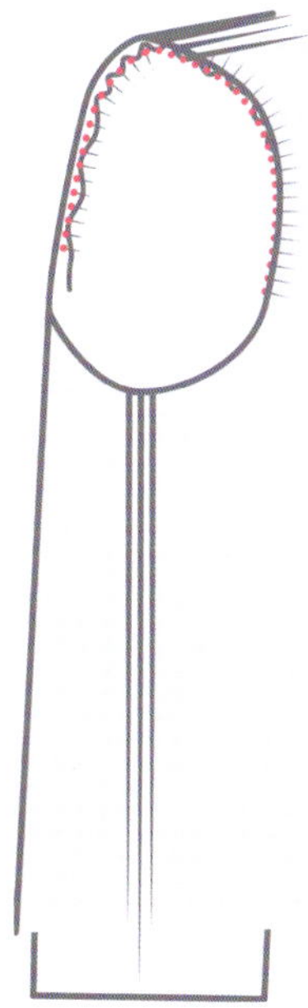

Lege dir die Stoffe zwischen Schulternaht und vorderer Markierung über den Daumen in eine Rundung und fixiere in der Mitte den Stoff des Ärmels am Armausschnitt. Wiederhole diesen Schritt so oft, bis die komplette Mehrweite gleichmäßig im Armloch verteilt ist. Je nach Menge kann später Stecknadel an Stecknadel sein.

ÄRMEL EINNÄHEN

Egal, für welche Variante du dich entscheidest, es ist Geschmackssache, ob du auf dem Ärmel oder im Armloch nähst. Wenn du auf dem Ärmel nähst, hast du die Kräuselung im Blick und kannst ggf. nachbessern.

Wenn du im Armloch nähst, drückt dir der Nähfuß die Kräuselung glatt.

GLEICHMÄSSIGE KNOPFABSTÄNDE

Als Hilfsmittel für perfekte Abstände kann man eine sogenannte Nählehre nutzen. Damit erhältst du gleichmäßige Abstände für Knöpfe, indem du das Gerät auf das gewünschte Maß auseinander- bzw. zusammenschiebst.

GLEICHMÄSSIGE ABSTÄNDE

Wenn du einen Abstand von 6 cm haben möchtest, ziehst du die Nählehre soweit auseinander, bis die Spitzen einen Abstand von 6 cm haben. So weißt du, wie viele Knöpfe bzw. Kopflöcher du brauchst.

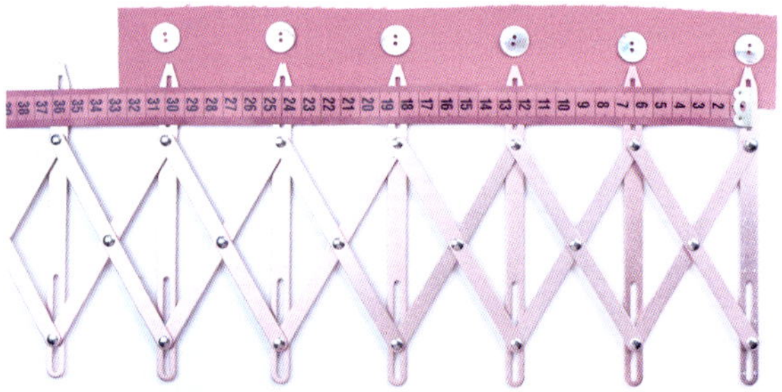

FESTE ANZAHL AN KNÖPFEN VERTEILEN

Wenn du nur eine bestimmte Anzahl an Köpfen hast oder haben möchtest, kannst du die Nählehre so auseinanderziehen und die Spitzen auf dem Stoff entsprechend der Anzahl deiner Knöpfe gleichmäßig verteilen.

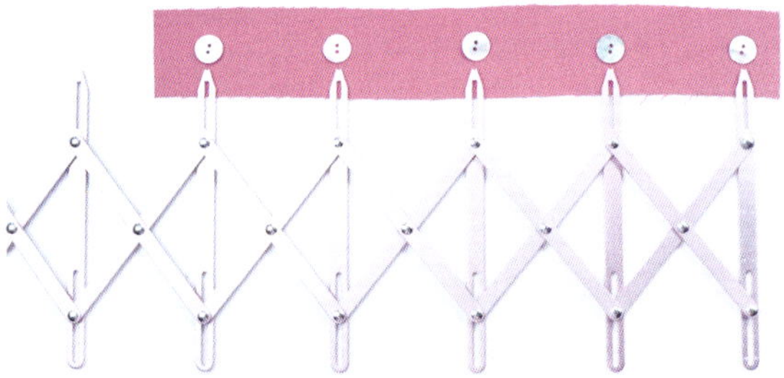

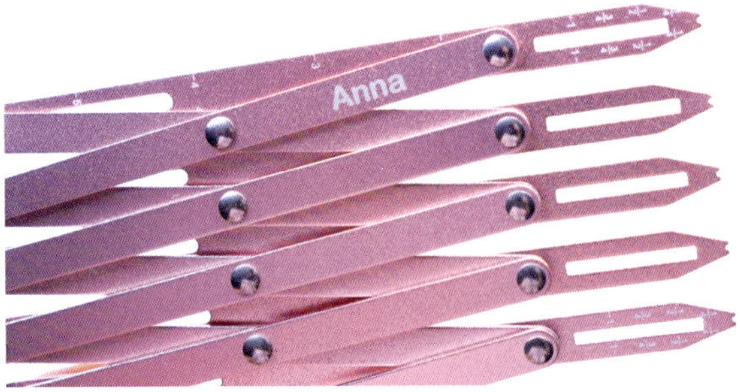

PERFEKTE KNOPFLÖCHER

Perfekte Knopflöcher sind für viele die Königsdisziplin. Aber Knopflöcher sind gar nicht so schwierig, wenn man weiß, wie es geht und die richtigen Hilfsmittel zur Hand hat.

BEDIENUNGSANLEITUNG LESEN

Man kann es nicht oft genug sagen, aber es ist so wichtig, auch mal die Bedienungsanleitung zu lesen. Es ist schön, wenn man seine Maschine intuitiv bedienen kann, aber es ist erstaunlich, was da alles drinsteht. Insbesondere bei computergesteuerten Nähmaschinen kann man bei der richtigen Programm- und Nähfüßchenwahl noch ganz viel herausholen.

KNOPFLOCHAUTOMATIK NUTZEN

Eigentlich alle modernen Haushaltsnähmaschinen haben mittlerweile eine Knopflochautomatik. Dafür gibt es ein extra Nähfüßchen, das von Maschine zu Maschine anders aussehen kann und andere Funktionen hat.

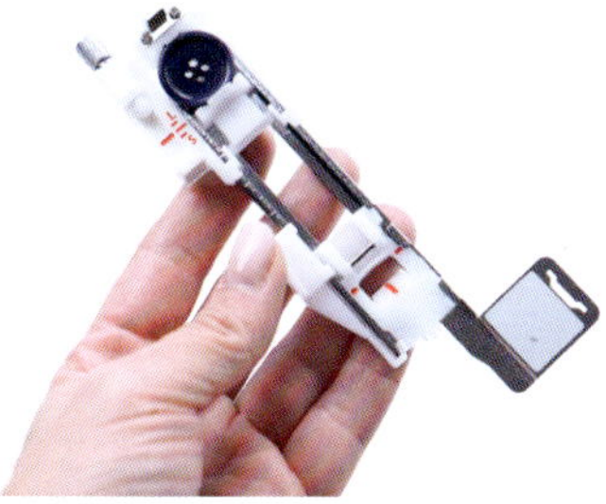

KNOPFLOCHSTABILISIERUNGSPLATTE

Bei manchen Nähmaschinen gibt es eine Knopflochstabilisierungsplatte. Diese sorgt dafür, dass der Stoff beim Nähen des Knopflochs gleichmäßig transportiert wird. Der Stoff liegt dann nämlich zwischen Platte und Nähfuß, und nicht direkt auf den Zähnchen des Transporteurs. Das ist insbesondere an knubbeligen Stellen wie Nahtübergängen oder bei sehr feinen oder stark dehnbaren Stoffen sehr hilfreich.

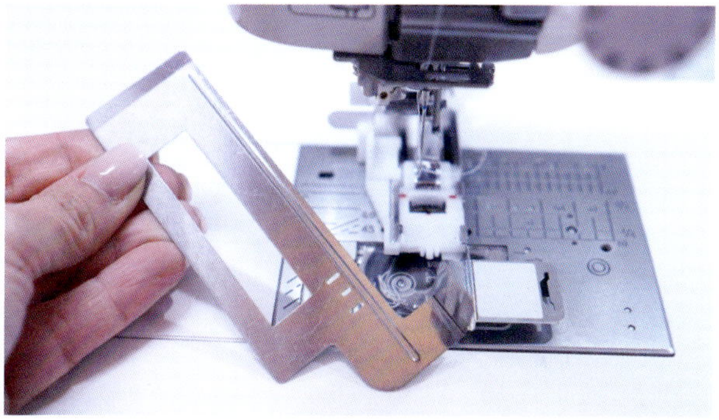

GRÖSSE DES KNOPFLOCHS EINSTELLEN

Für perfekte Knopflöcher ist die Größe wichtig. Ist es zu klein, passt der Knopf später nicht durch. Ist es zu groß, flutscht der Knopf zu schnell raus.

Bei den meisten modernen Haushaltsnähmaschinen kann man den Knopf hinten beim Spezial-Nähfuß einlegen und die Maschine ermittelt selbst, wie groß das Knopfloch werden sollen. Oder man kann die Größe des Knopfs bei der Stichauswahl eingeben.

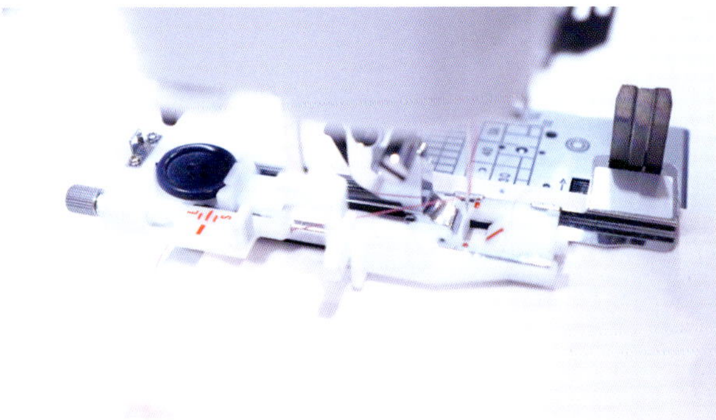

PROBEKNOPFLÖCHER NÄHEN

Bevor du die Knopflöcher an deinem fertig genähten Projekt nähst, solltest du erst ein paar Probeknopflöcher nähen, um die perfekte Einstellung zu finden. Und zwar immer mit den gleichen Bedingungen wie bei deinem fertigen Kleidungsstück. Also gleiches Material, gleiche Stofflagen, gleiches Garn. Und wenn du etwas mit Einlage verstärkt hast, dann auch das entsprechende Vlies mit einbügeln.

FORM DES KNOPFLOCHS WÄHLEN

An vielen Maschinen gibt es mittlerweile unterschiedliche Knopflöcher. Insbesondere bei den computergesteuerten Maschinen hat man hier die Auswahl zwischen z. B. geraden, aber auch tropfenförmigen Knopflöchern. Daher empfehle ich dir, erst einmal ein paar Probeknopflöcher zu nähen und dort auch den Knopf, den du später verwenden möchtest, auch einmal durchzuschieben. So kannst du sehr gut sehen, welches Knopfloch dir zu deinem Knopf am besten gefällt.

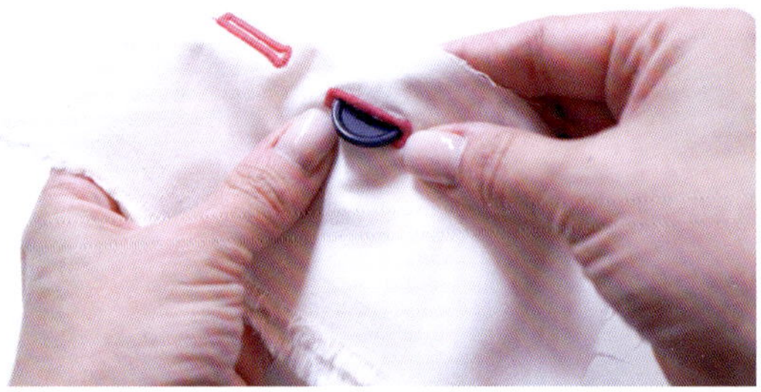

AUSWASCHBARES VLIES UNTERLEGEN

Bei sehr feinen Stoffen oder an unebenen Stellen kann es helfen, ein auswaschbares Vlies unterzulegen. Dadurch wird der Stoff insgesamt besser transportiert und das Knopfloch wird gleichmäßig genäht.

AUSWASCHBARE FOLIE AUFLEGEN

Bei dickeren Stoffen kann man zusätzlich oben eine auswaschbare Stickfolie auflegen. Dadurch werden z. B. dickere Maschen gleichmäßig umnäht und die Naht des Knopflochs ist sauber ohne größere Lücken zwischen den einzelnen Stichen.

Nach dem Nähen des Knopflochs kann man das Vlies bzw. die Folie unter kaltem Wasser einfach auswaschen.

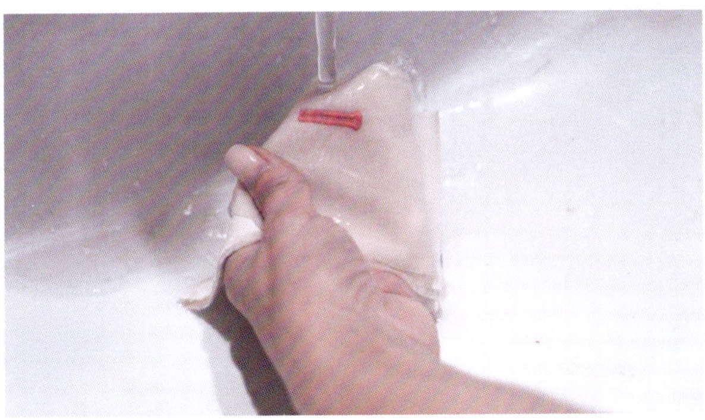

KNOPFLOCHENDE MIT STECKNADELN SICHERN

Damit beim Auftrennen des Knopflochs das Knopfloch selbst nicht beschädigt wird, empfiehlt es sich, das Knopfloch am Ende mit einer Stecknadel zu sichern. Dadurch verhinderst du beim Aufschneiden des Knopflochs, dass du versehentlich in den Riegel schneidest und sich das Knopfloch dadurch wieder auftrennt.

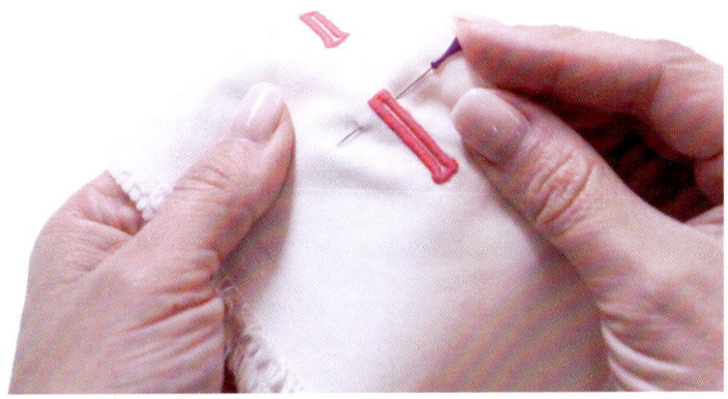

Nutze in jedem Fall immer eine scharfe Schere oder einen Nahtauftrenner – und eine ruhige Hand.

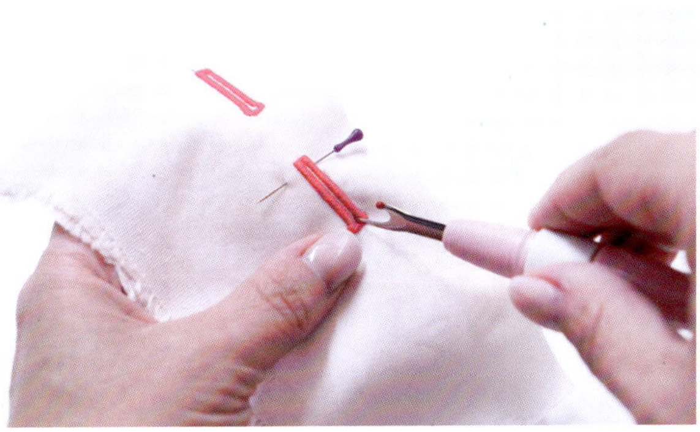

KNOPFLÖCHER OHNE AUTOMATIK

Was tun, wenn die Nähmaschine schon älter ist und keine Automatik hat? Oder der Knopf für die Automatik zu groß ist? Hier kommen ein paar Tipps für perfekte Knopflöcher ganz ohne Automatik.

RICHTIGE STICHWAHL FÜR KNOPFLOCH

Ein Knopfloch besteht aus zwei längeren Nähten und jeweils einem kurzen Riegel an den Enden.

Für das Nähen eines Knopflochs eignet sich der Zickzackstich am besten. Die Stichbreite richtet sich nach dem Material. Je feiner, desto schmaler kann der Stich sein. Die Stichlänge sollte sehr kurz sein. Aber nicht zu kurz, dass nicht auf einer Stelle genäht wird.

Für den Riegel wird die Stichbreite auf die Breite des Knopfloches eingestellt und die Stichlänge auf nahezu 0.

RECHTECK IN GEWÜNSCHTER LÄNGE NÄHEN

Jetzt wird das Rechteck für das Knopfloch genäht. Beginne dafür mit dem ersten Riegel. Dieser sollte so breit sein wie das spätere Knopfloch. Nähe den Riegel etwa 5x hin und her.

Dann wird vom Riegel aus eine lange Seite mit dem schmalen Zickzackstich genäht, bis das Knopfloch die nötige Länge hat. Danach wird wieder der Riegel gesetzt und dann die zweite lange Seite zurück an den Anfang genäht.

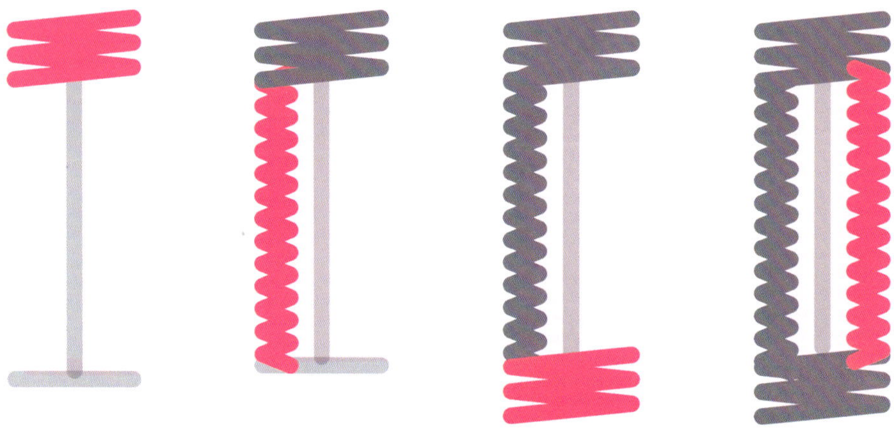

KNOPFLOCHFORMEN

Knopfloch	Beschreibung
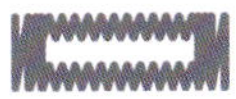	Knopfloch eckig • mittelschwere bis schwere Stoffe
	Rundes Knopfloch • feine bis mittelschwere Stoffe
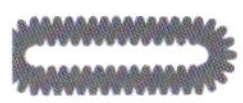	Rundes Knopfloch für feine Stoffe • feine, empfindliche Stoffe und Seide
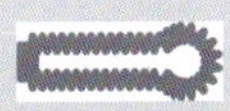	Augenknopfloch • mittelschwere bis schwere Stoffe • für große und schwere Knöpfe
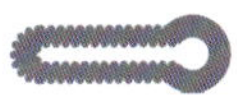	Augenknopfloch für feine Stoffe • mittelschwere Stoffe • dicke Knöpfe
	Schneider-Knopfloch • schwere Stoffe • dicke Knöpfe • sehr haltbar
	Stretch-Knopfloch • Stretch-Stoffe • Zierknopfloch
	Elastik-Knopfloch • Maschenware • Zierknopfloch
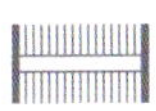	Antik-Knopfloch • dekorativ • handgemachtes Aussehen

„Same same but different."

CASUAL BUSINESS OUTFIT

BLAZER

HIER DOWNLOADEN
https://www.einfach-naehen.de/kavk-businessoutfit-naehen/

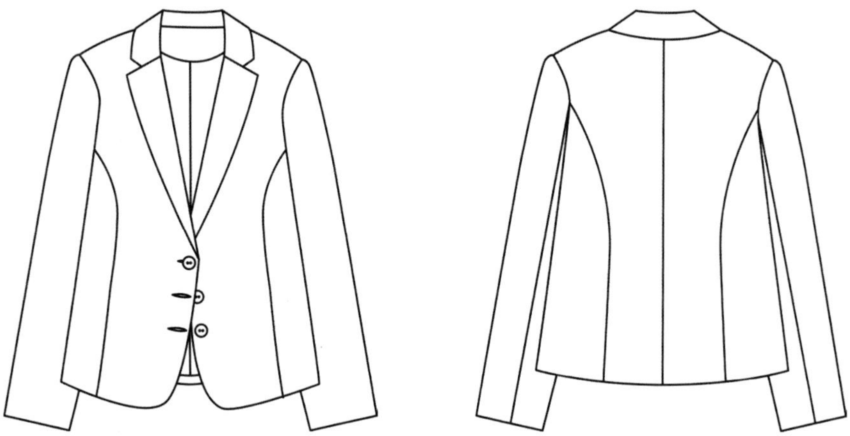

MASSTABELLEN

Der Blazer ist ein klassischer Blazer mit Kragen und Revers, der gefüttert genäht wird. Für einen guten Sitz sorgen Schulterpolster und Ärmelfische. Der Blazer ist leicht tailliert und hat vorne und hinten jeweils Wiener Nähte, die eine individuelle Anpassung leicht machen.

Körpermaße	34	36	38	40	42	44	46	48	50	52	54	56	58
Oberbrustumfang	82	85	88	92	96	100	106	112	118	124	130	138	146
Brustumfang α	84	87	90	94	98	102	108	114	120	126	132	140	148
Brustumfang β	89	92	95	99	103	107	113	119	125	131	137	145	153
Brustumfang γ	94	97	100	104	108	112	118	124	130	136	142	150	158
Taillenumfang	66	69	72	76	80	84	91	97	104	110	117	125	134
Hüftumfang	91	94	97	101	105	109	115	120	126	131	137	144	151

Fertigmaße	34	36	38	40	42	44	46	48	50	52	54	56	58
Brustweite α	95	99	103	108	113	118	125	132	140	146	153	162	171
Brustweite β	100	104	108	113	118	123	130	137	144	151	158	167	176
Brustweite γ	105	109	113	118	123	128	135	142	149	156	163	172	181
Taillenweite	77	81	85	90	95	100	108	115	123	130	138	147	157
Hüftweite	102	106	110	115	120	125	132	138	145	151	158	166	174

ACHTUNG!

Um die Passform zu überprüfen und das Nähen des Kragens und der Ärmel einmal geübt zu haben, empfehle ich dir, einen (ungefütterten) Probe-Blazer zu nähen.

STOFFEMPFEHLUNG

Für den Blazer eignen sich Webstoffe mit 5 % Elasthananteil wie z.B. Stretchtwill, Stretchleinen oder Stretchgarbadine. Für das Futter eignen sich glatte Futterstoffe mit Elasthananteil wie z.B. Stretchsatin.

Stoffbreite 140	34	36	38	40	42	44	46	48	50	52	54	56	58
Oberstoff	2 m	2 m	2 m	2 m	2 m	2 m	2 m	2 m	2,5 m	2,5 m	2,5 m	2,5 m	2,5 m
Futterstoff	1,5 m	1,5 m	1,5 m	1,5 m	1,5 m	1,5 m	1,5 m	1,5 m	2 m	2 m	2 m	2 m	2 m

WEITERES MATERIAL

- 1 m Bügeleinlage passend zum Oberstoff (z.B. Vlieseline H200)
- 10 cm Volumenvlies (z.B. Vlieseline Volumenvlies 295)
- 2 Schulterpolster (1,5 cm Dicke)
- 1–3 Knöpfe (Ø ca. 2,5 cm)

Damit der Blazer den gewünschten Sitz erhält, ist es wichtig, ihn an den mit Punkten markierten Stellen mit zum Stoff passender Einlage (z.B. H200 von Vlieseline) zu verstärken.

LAGEPLAN OBERSTOFF

Konfektionsgröße 34-48
(Stoffverbrauch 200 cm)

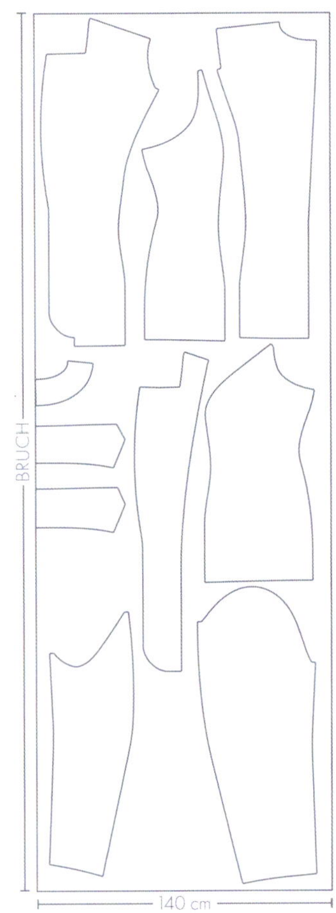

Konfektionsgröße 50-58
(Stoffverbrauch 250 cm)

LAGEPLAN FUTTER

Konfektionsgröße 34-48
(Stoffverbrauch 150 cm)

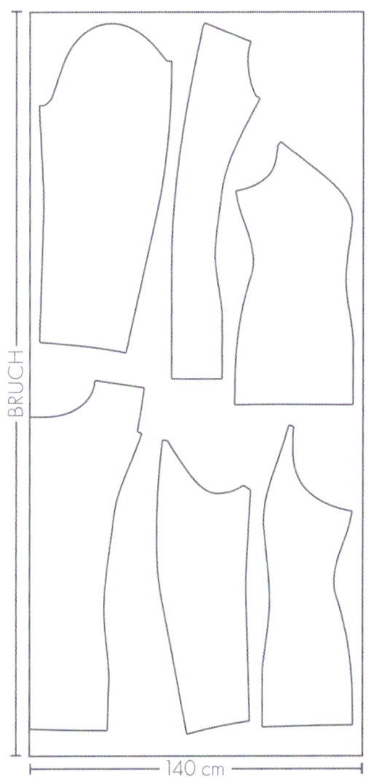

Konfektionsgröße 50-58
(Stoffverbrauch 200 cm)

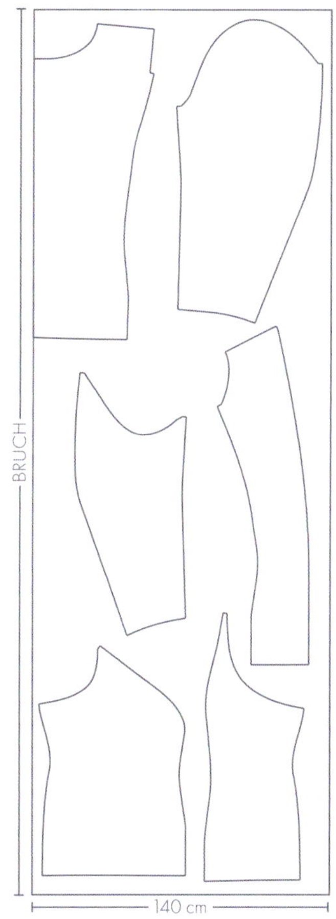

NÄHANLEITUNG BLAZER

1. VORDERTEILE NÄHEN

Nähe die vorderen Seiten jeweils rechts auf rechts an die beiden Vorderteile. Im Brustbereich treffen zwei gegenläufige Rundungen aufeinander, stecke hier gut mit Stecknadeln, um keine Fältchen einzunähen. Schneide die Nahtzugaben anschließend auf Taillenhöhe ein und bügle den oberen Teil zur Jackenöffnung hin und den unteren Teil auseinander.

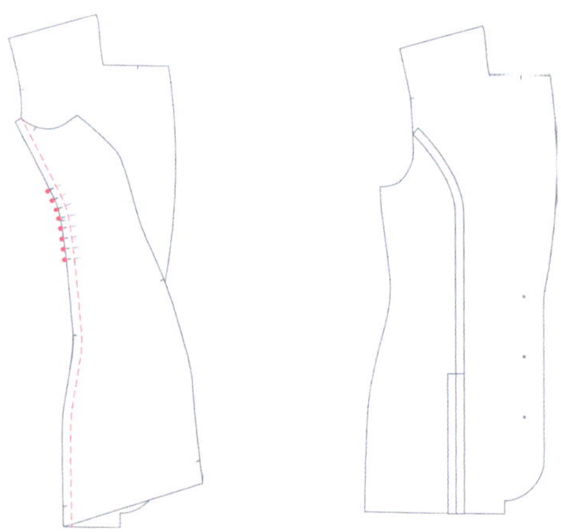

2. RÜCKTEIL NÄHEN

2.1. Nähe die beiden Rückteile rechts auf rechts zusammen

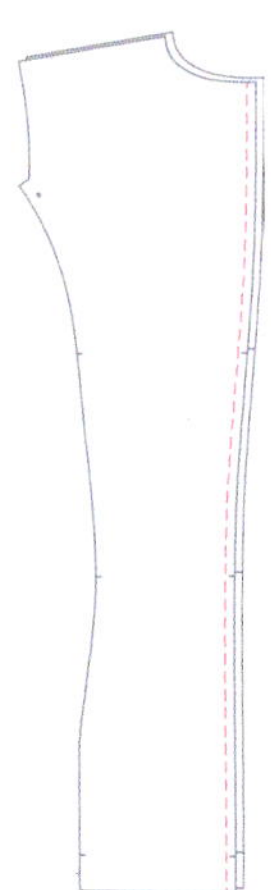

2.2. Nähe die rückwertigen Seiten jeweils rechts auf rechts an das Rückteil. Schneide die Nahtzugaben anschließend auf Taillenhöhe ein und bügle den oberen Teil zur Mitte hin und den unteren Teil sowie die hintere Mitte auseinander.

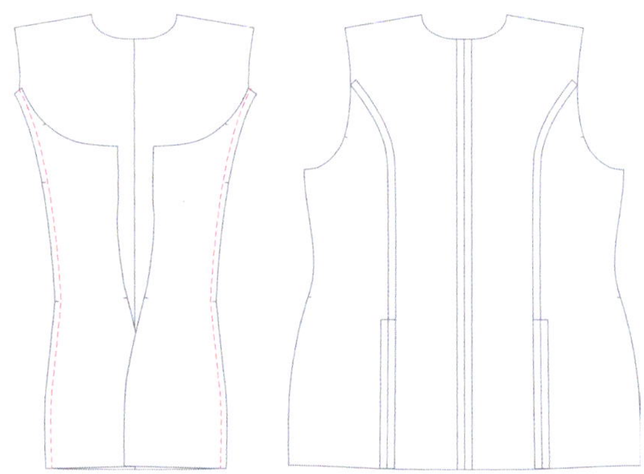

3. SCHULTERN NÄHEN

Nähe Vorder- und Rückteil rechts auf rechts an den Schultern zusammen

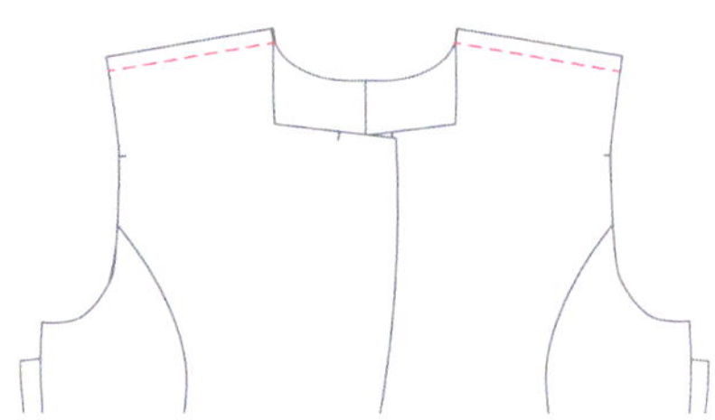

4. KRAGEN NÄHEN

4.1. Nähe Ober- und Unterkragen rechts auf rechts an den beiden kurzen Seiten und der Oberkante zusammen. Beginne und ende dabei genau an den Markierungen. Schneide die Ecken der Nahtzugaben zurück und wende den Kragen anschließend.

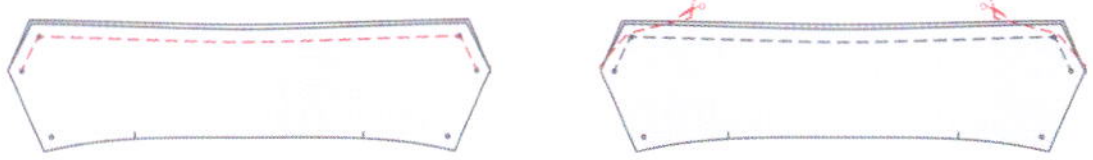

4.2. Nähe die offene kurze Seite des Kragens an das Vorderteil. Der Unterkragen liegt dabei auf der rechten Stoffseite des Blazers. Das Detailbild zeigt, wo genau die Naht beginnt und wo sie endet.

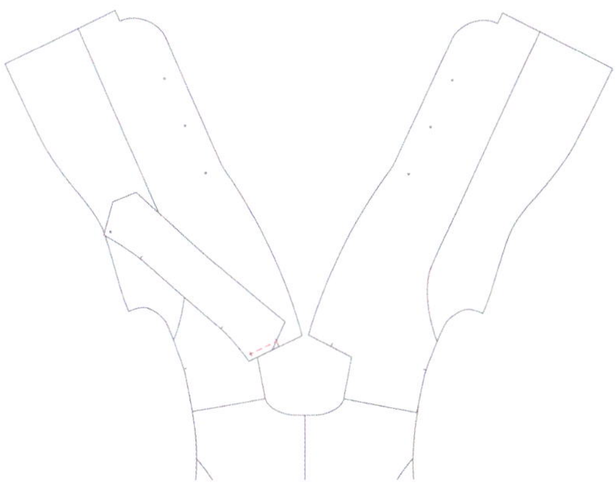

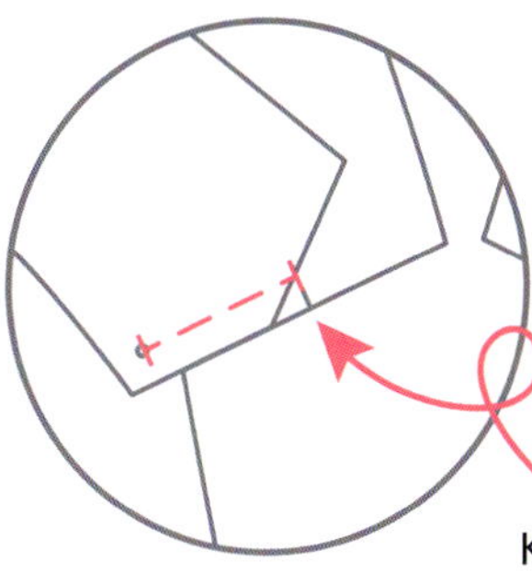

4.3. Nähe anschließend die zweite offene kurze Seite des Kragen an das Vorderteil. Beginne auch hier an der Markierung des Vorderteils und ende an der Markierung auf dem Kragen. Der Nacken wird noch nicht geschlossen!

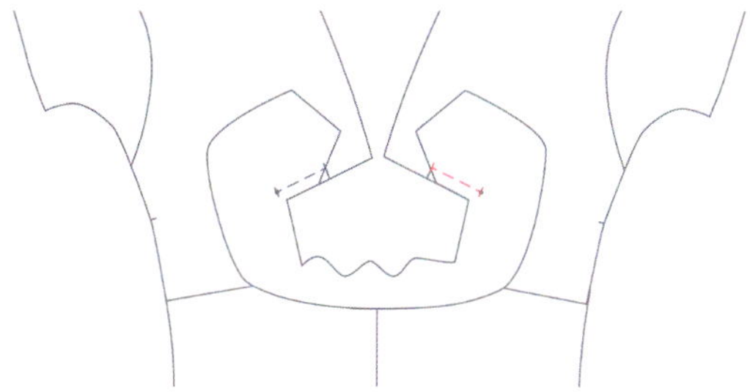

5. BELEG NÄHEN

5.1. Nähe die kurzen Kanten des rückwärtigen Belegs jeweils rechts auf rechts an die kurzen Kanten der vorderen Belegteile.

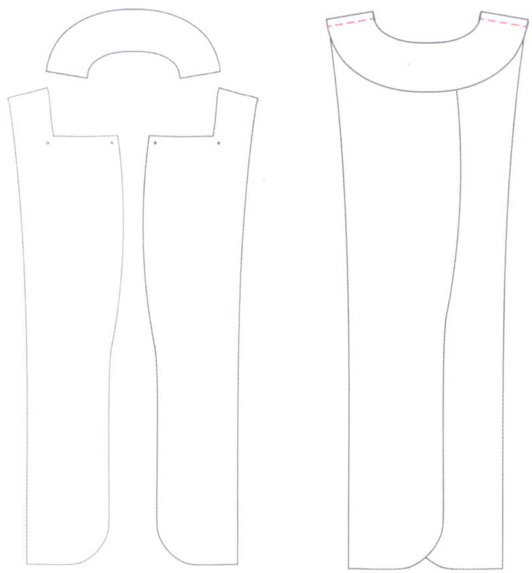

5.2. Fixiere den Beleg rechts auf rechts entlang der gesamten vorderen Kante am Vorderteil. Achte dabei darauf, dass der Kragen glatt zwischen Vorderteil und Beleg liegt.

5.3. Nähe den Beleg entlang der vorderen Kante am Vorderteil fest. Beginne 1 cm vor dem Saumende. Nähe auf der Jackenseite, um genau auf den kurzen Nähten des Kragens nähen zu können. Die Strecke am Nacken wird hier noch nicht genäht!

5.4. Schneide nun die Nahtzugaben der nach innen zeigenden Ecken am Beleg sowie am Oberstoff ein. Der Kragen wird nicht mit eingeschnitten.

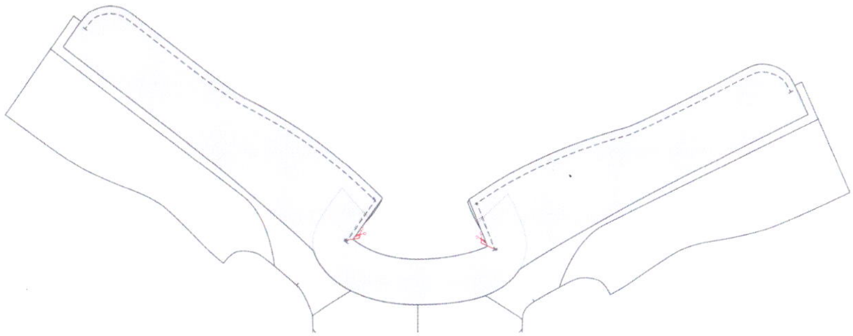

5.5. Nähe jetzt alle vier Lagen der Nackennaht zusammen. Beginne und Ende punktgenau an den zuvor genähten Nähten.

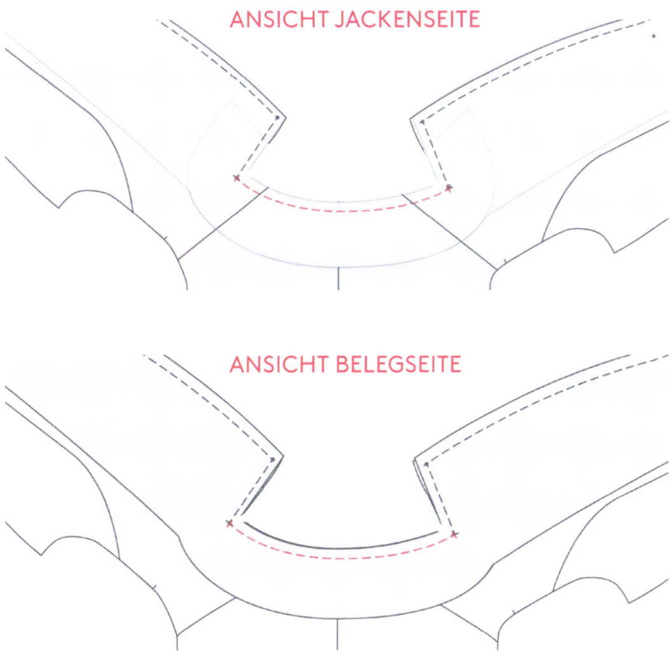

5.6. Schneide die Nahtzugaben des Belegs sowie des Oberkragens wie abgebildet auf 0,5 cm zurück.

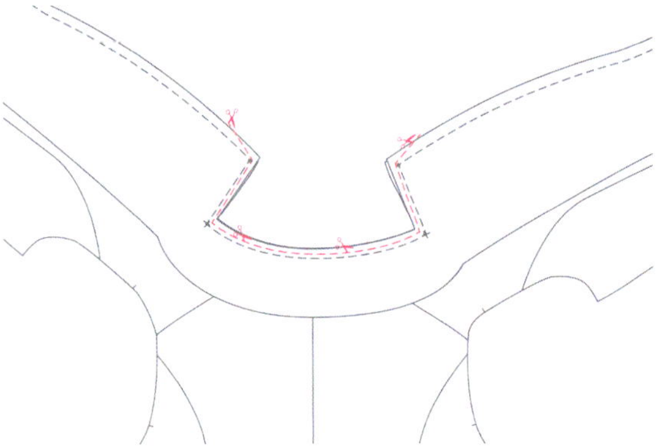

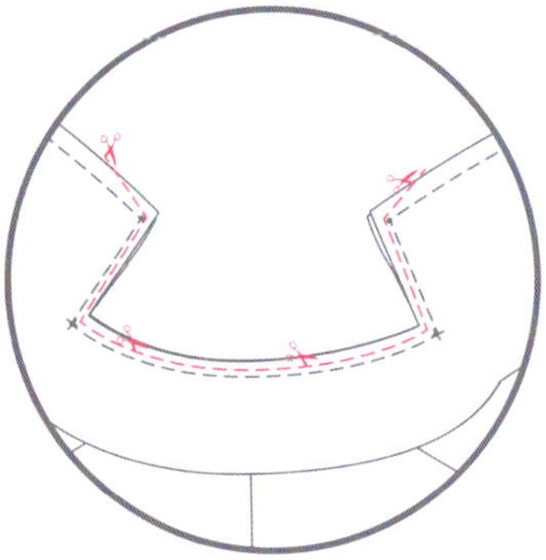

5.7. Schneide zuletzt die Nahtzugaben an den Rundungen zickzackförmig ein, wende den Beleg und bügle den gesamten Kragen- und Belegbereich gut aus.

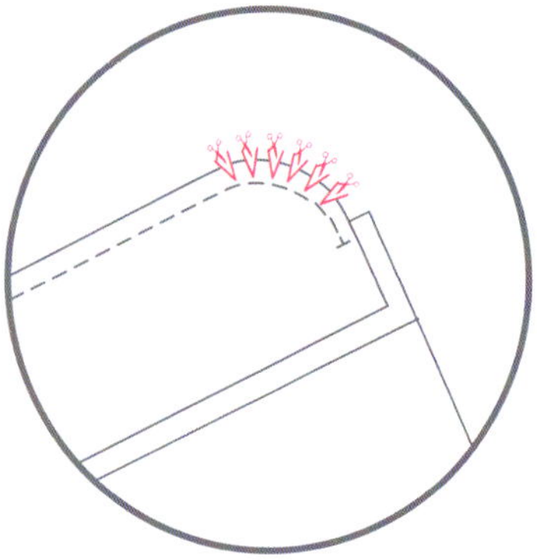

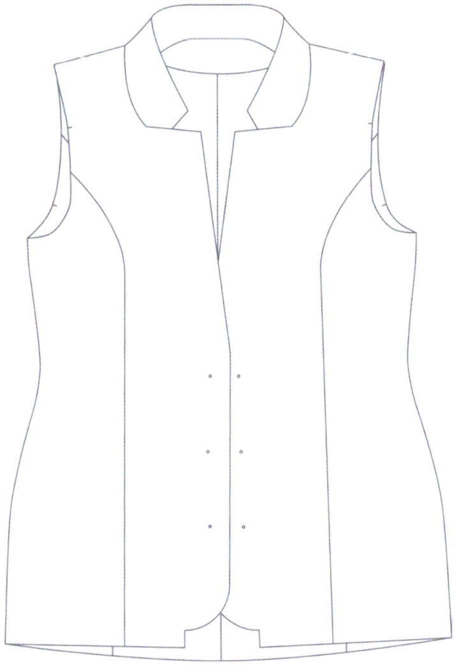

6. SEITEN SCHLIESSEN

Klappe das Vorderteil rechts auf rechts auf das Rückteil und nähe die Seiten zusammen.

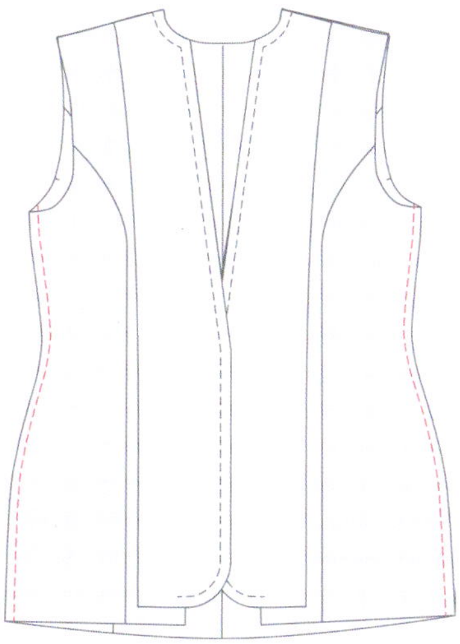

7. ÄRMEL NÄHEN

7.1. Nähe den Unterärmel rechts auf rechts an den Oberärmel. Schneide die Nahtzugaben auf Knipshöhe ein und bügle den unteren Teil auseinander und den oberen jeweils nach links und rechts, sodass sie bündig mit dem Ärmel liegen.

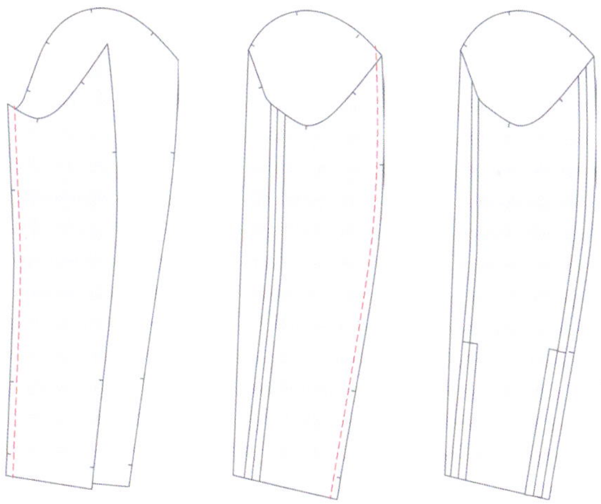

7.2. Setze die Ärmel anhand der Markierungen in die Armlöcher ein und nähe sie mit Mehrweite an.

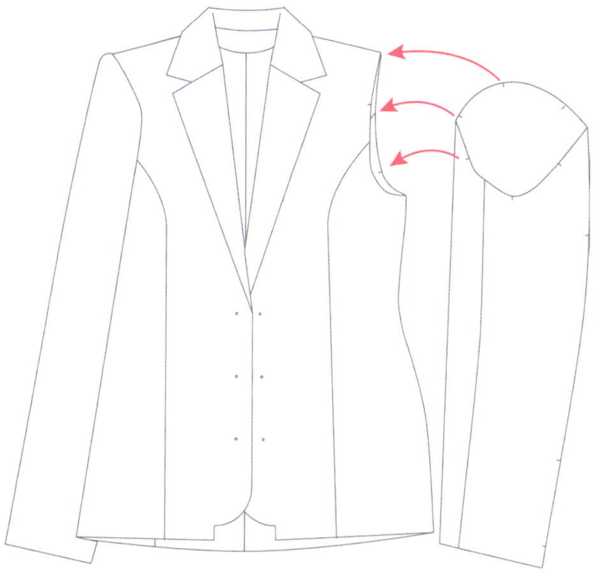

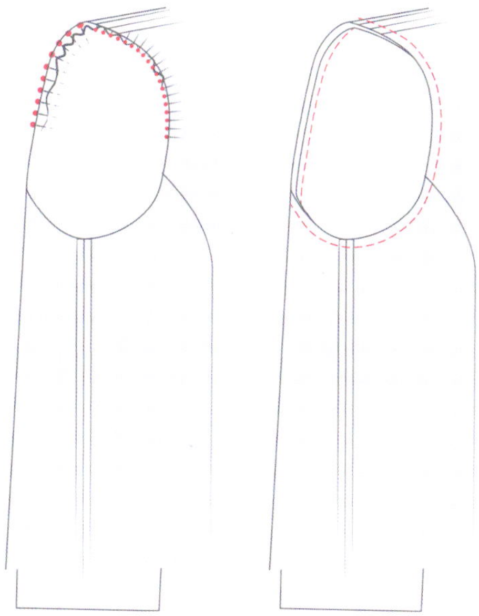

8. ÄRMELFISCH & SCHULTERPOLSTER NÄHEN

8.1. Nähe den Ärmelfisch jeweils an die Nahtzugaben beider Armkugeln. Nähe dabei genau auf der Ärmelnaht. Der Ärmelfisch liegt dabei auf der linken Stoffseite des Ärmels.

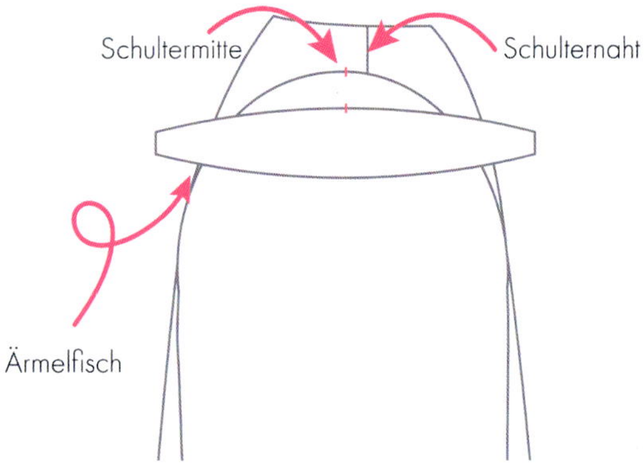

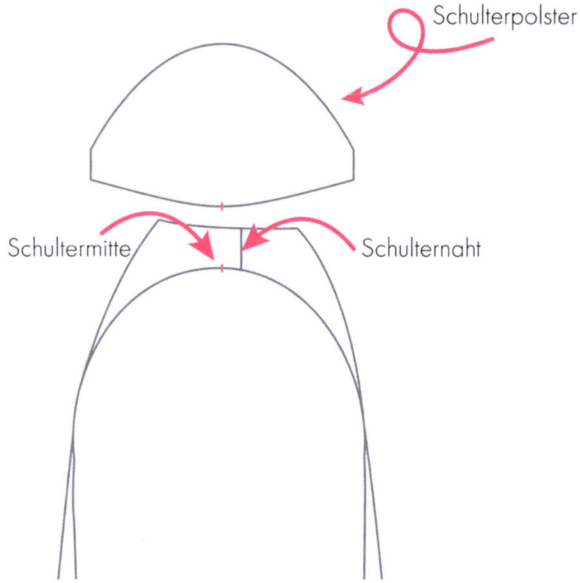

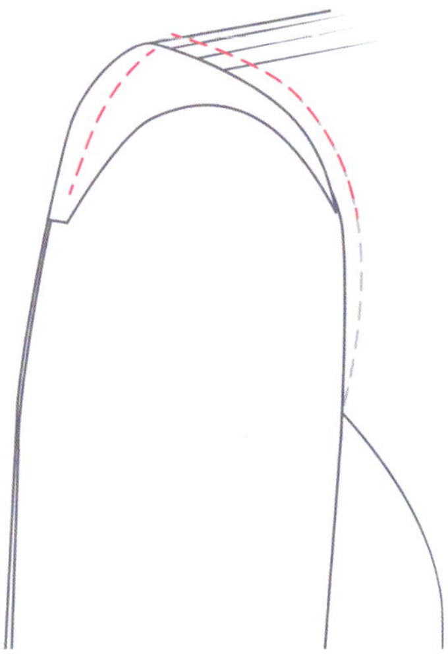

8.2. Lege das Schulterpolster entgegen der Ärmelrundung auf die linke Stoffseite der Schulter. Die dickste Stelle des Polsters liegt auf der höchsten Stelle der Armkugel und die Enden stehen zunächst vom Stoff ab. Lege die Enden dann entlang der Ärmelnaht flach auf die Nahtzugabe und nähe sie mit der Hand fest.

8.3. Fixiere die Schulterpolster zuletzt mit ein paar Stichen an der flachen Seite innerhalb der Nahtzugabe der Schulternähte. Das Ende, das im Rückteil liegt, wird dabei ca. 3 cm nicht mit festgenäht.

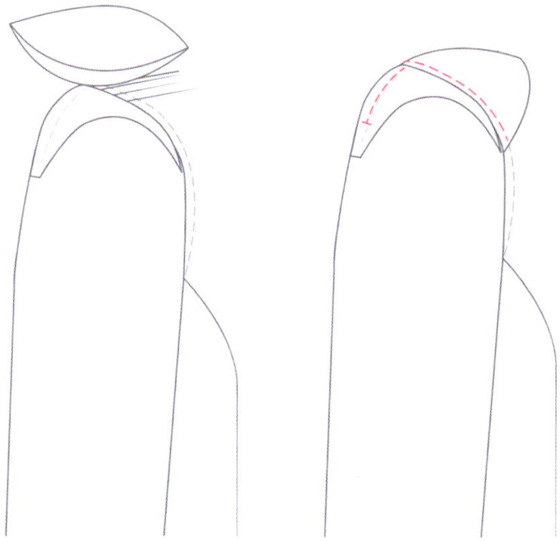

9. FUTTER NÄHEN

9.1. Nähe das Futter des Vorderteils genauso zusammen wie schon beim Oberstoff.

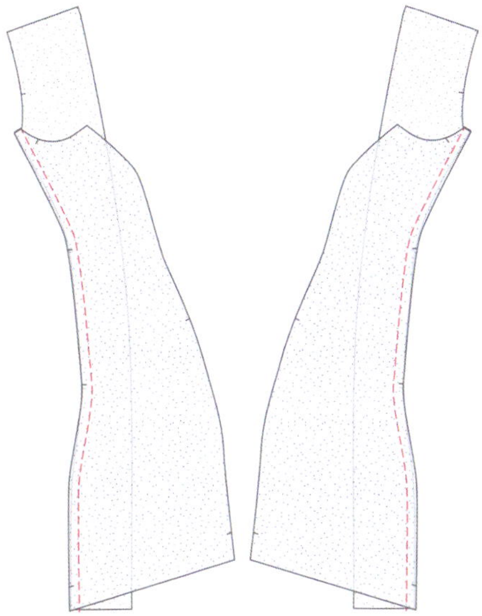

9.2. Nähe die Ärmel ebenfalls wie schon zuvor, lasse hier aber eine ca. 30 cm große Wendeöffnung in einer der Ärmelnähte.

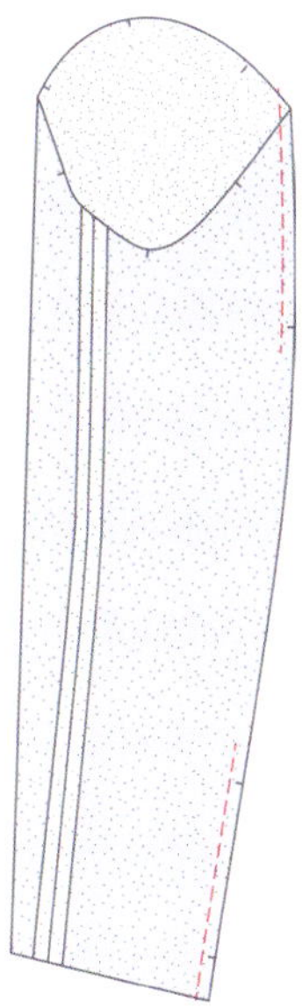

9.3. Nähe das Rückteil des Futters im Bruch an den markierten Stellen zusammen.

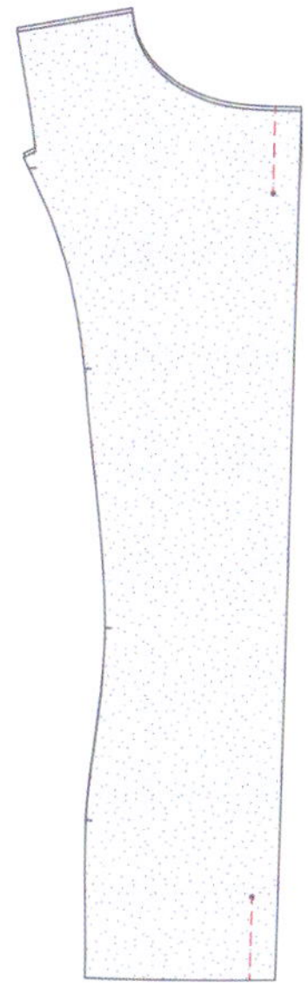

9.4. Nähe die Seitenteile an das Rückteil und anschließend Vorder- und Rückteil des Futters an den Schultern zusammen, schließe die Seitennähte und nähe die Ärmel in das Futter.

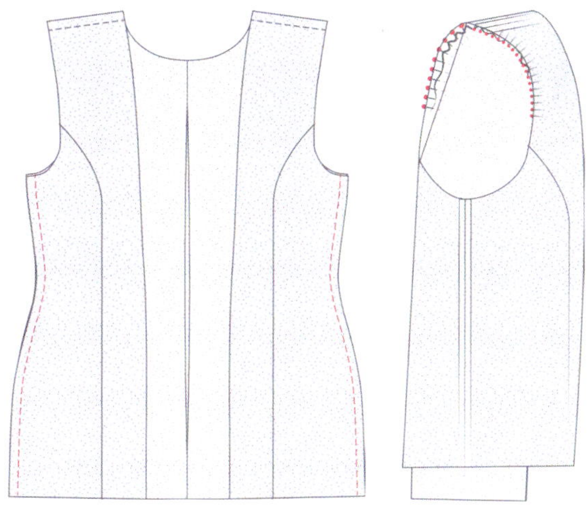

10. BLAZER FÜTTERN

10.1. Lege das Futter rechts auf rechts auf den Außenstoff. Der Kragen liegt dabei zwischen dem Beleg und dem Futter. Nähe Futter und Außenstoff am Revers und Halsausschnitt zusammen.

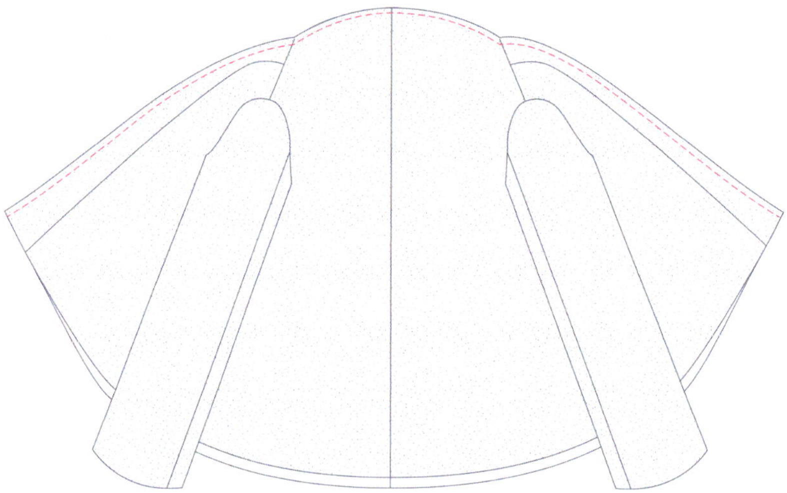

10.2. Fixiere den Futtersaum rechts auf rechts an den gesamten Blazersaum. Schiebe den Blazersaum am Übergang zu den Belegen Kante auf Kante mit dem Futtersaum. Die kleine überstehende Ecke wird dabei bündig mit dem Futter gelegt. Dabei entsteht im Blazerstoff zunächst eine kleine Falte, die du erst mal ignorieren kannst.

10.3. Nähe den Futtersaum rechts auf rechts an den Blazersaum. Beginne und ende genau auf Höhe der vorderen Belegnähte.

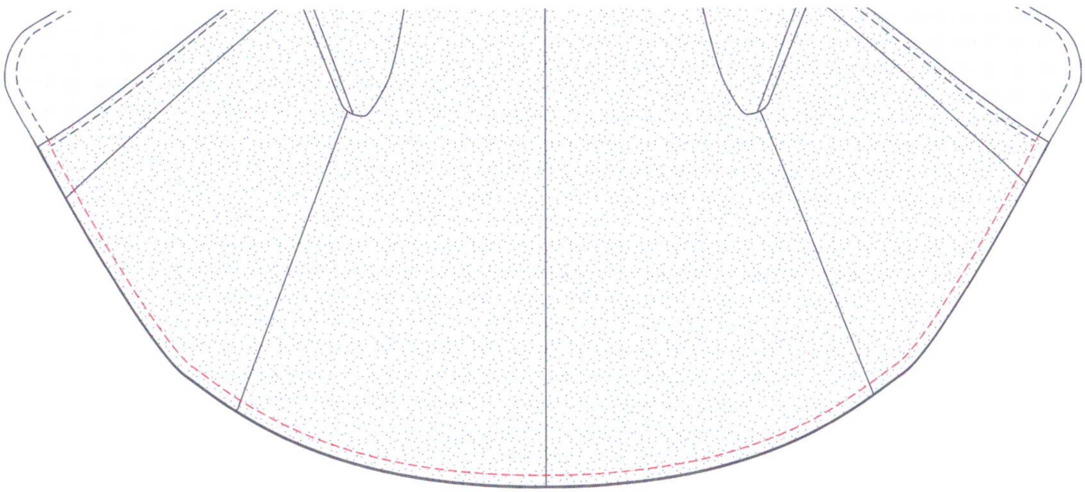

ANSICHT FUTTERSEITE

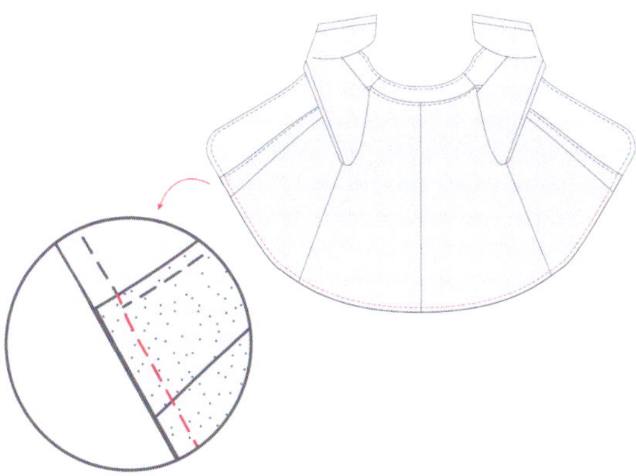

ANSICHT AUSSENSTOFF

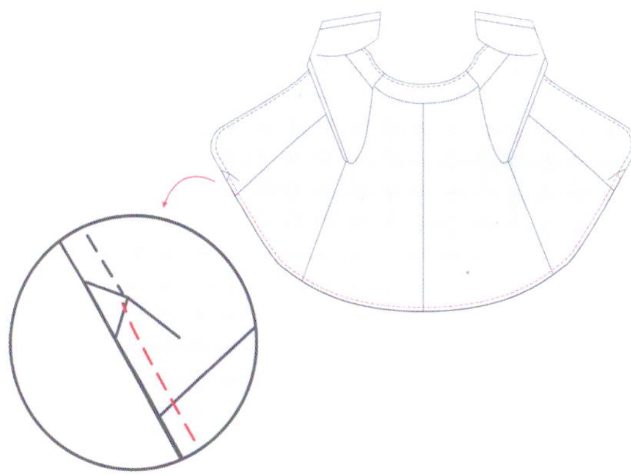

10.4. Fixiere die Ärmel am Saum rechts auf rechts aneinander. Achte darauf, dass sie nicht verdreht sind und nähe sie jeweils rundherum zusammen.

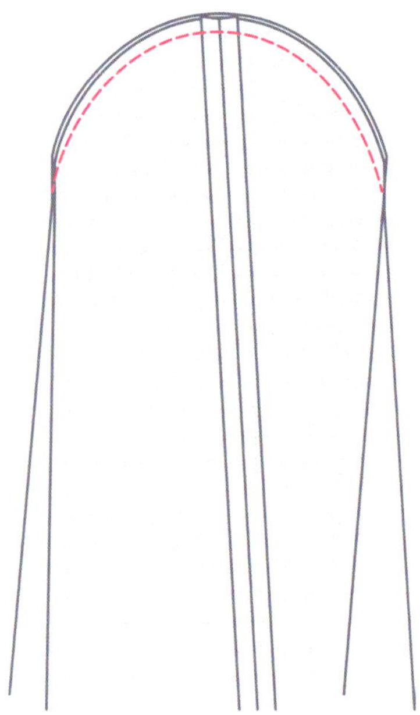

10.5. Wende alles durch die Wendeöffnung im Ärmel und schließe die Wendeöffnung.

11. KNÖPFE & KNOPFLÖCHER

Übertrage die Knopf- und Knopflochpositionen auf dem Blazer, nähe die Knopflöcher mit der Knopflochfunktion deiner Nähmaschine in das Vorderteil und nähe auch die Knöpfe an.

DESIGNBEISPIELE

SCHNITTANPASSUNG BLAZER

„Nicht das Schnittmuster entscheidet über den Sitz, sondern die Schnittanpassung."

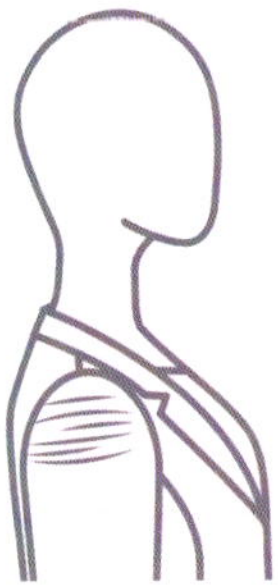

ÄRMEL ENGER/WEITER MACHEN

Wenn du sehr sportliche oder kräftige Oberarme hast, kann der Ärmel unangenehm kneifen. Dann brauchst du mehr Platz an den Ärmeln für mehr Bewegungsfreiheit.

BEQUEMLICHKEITSZUGABEN ÄRMEL

Bei der Erstellung von Kleidung wird mit sogenannten Bequemlichkeitszugaben gearbeitet, die von deinem persönlichen Bequemlichkeitsgefühl abweichen können. Hier mal eine Übersicht, wie viel bei welchem Kleidungsstück jeweils an den Ärmeln pauschal dazugegeben wird:

Passform	Bequemlichkeitszugabe Ärmel
Sehr körpernah (Wäsche)	0,5 cm – 1,5 cm
körpernah (enge Bluse/Kleid)	1,5 cm – 3 cm
locker (weite Bluse/Kleid)	3 cm – 4,2 cm
körperfern (Jacke, Blazer, Mantel)	4,2 cm – 6 cm
sehr körperfern (weite Jacke/Mantel)	6 cm – 6,5 cm

ARMUMFANG AUSMESSEN

Damit du weißt, um wie viel du den Ärmel am Oberarm erweitern musst, misst du zuerst deinen Oberarmumfang aus. Stelle dich dafür gerade hin und winkle den Arm leicht an (nicht anspannen!). Miss nun den Umfang deines Oberarms an der stärksten Stelle.

Als Nächstes misst du den Umfang deines Ärmelschnittteils waagerecht ca. 3–5 cm unterhalb der Achsel. Die Differenz beider Werte unter Berücksichtigung der Bequemlichkeitszugaben verrät dir, um wie viel du den Ärmel anpassen musst.

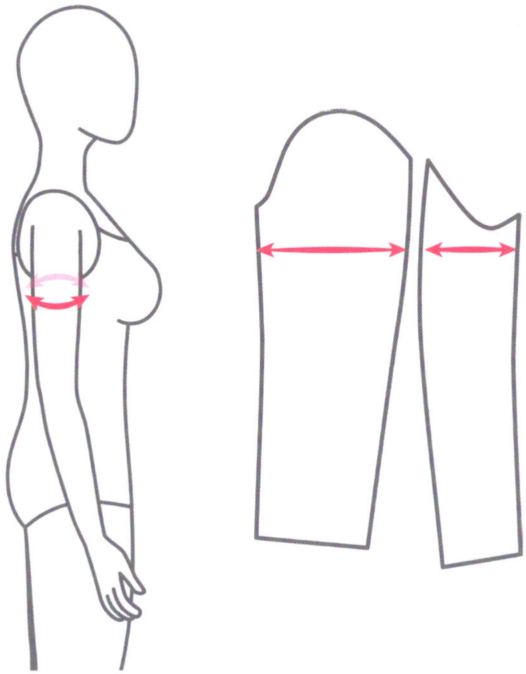

LINIEN EINZEICHNEN UND ÄRMELSCHNITT AUFSCHNEIDEN

Zeichne 3–5 cm unterhalb der Achsel eine waagerechte Linie im rechten Winkel zum Fadenlauf bzw. parallel zum Ärmelsaum. Eine weitere Linie teilt den Ärmel senkrecht in zwei Hälften.

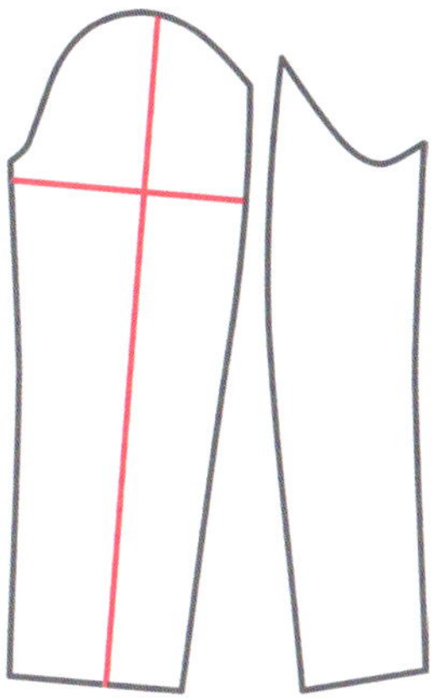

Schneide die senkrechte Linie von unten bis kurz vor der Ärmelrundung auf – nicht durch! Die waagerechte Linie schneidest du jeweils von innen nach außen auf, ohne sie komplett durchzuschneiden.

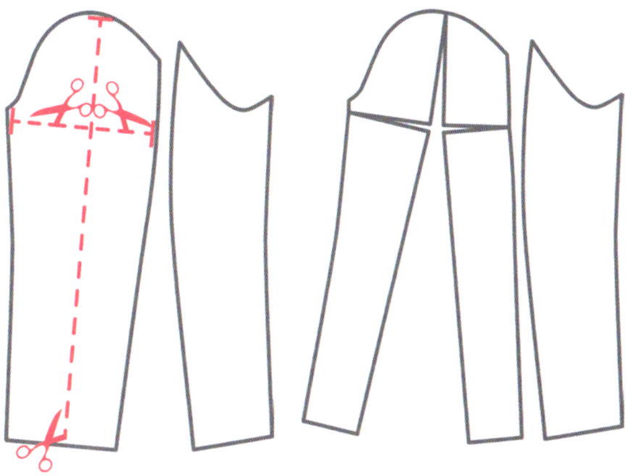

WEITE FÜR OBERARM DAZUGEBEN

Um den Ärmel für den Oberarm weiter zu machen, ziehst du die Schnittteile so weit auseinander, dass in der Mitte eine Raute entsteht. Diese Raute ist so breit wie die von dir gewünschte Mehrweite.

Achtung: Bei einem normalen Ärmel sollte die Differenz nicht mehr als 5 cm entsprechen und bei einem geteilten Ärmel nicht mehr als 3 cm. Ansonsten verformen sich die Schnittteile zu stark.

Solltest du noch etwas mehr Weite benötigen, kannst du links und rechts am Ober- und Unterärmel noch bis zu 1 cm hinzugeben, ohne etwas am Armloch zu verändern. Halte die Mehrweite einfach mit der vorhandenen Mehrweite beim Einnähen des Ärmels ein.

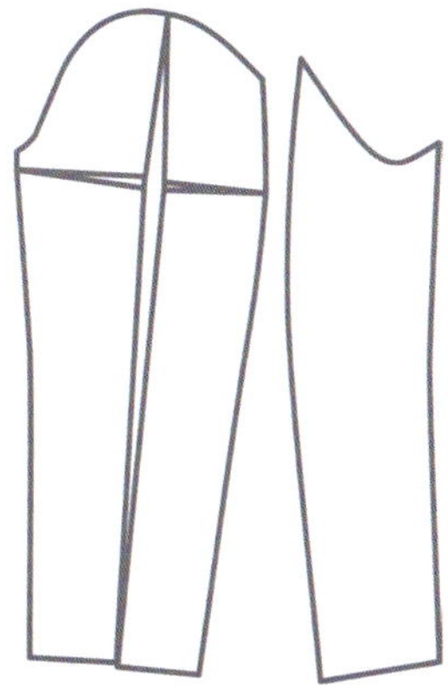

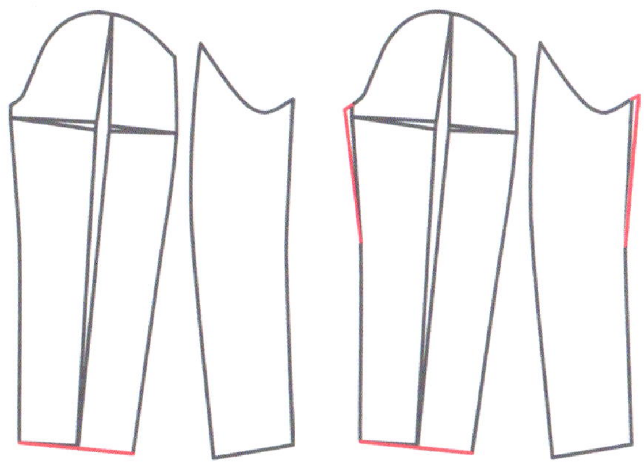

ÄRMEL AM OBERARM ENGER MACHEN

Mit der gleichen Technik kannst du den Ärmel am Oberarm auch enger machen. Hierfür ziehst du den Ärmel nicht auseinander, sondern schiebst ihn um die gewünschte Weite zusammen.

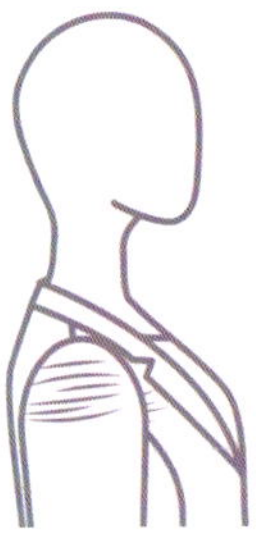

ARMLOCH VERGRÖSSERN/VERKLEINERN

Wenn bei deinem Blazer der Armausschnitt insgesamt zu klein oder zu groß ist, kannst du das Armloch komplett vergrößern bzw. verkleinern.

WERT FÜR DIE ANPASSUNG AUSMESSEN

Miss erst von der Schulter nach vorne bis zu der Stelle, wo der Blazer in der Achsel sitzen soll. Und dann noch einmal von der Schulter nach hinten bis zum Achselpunkt. Vergleiche diese Werte mit deinem Schnittmuster und du weißt, um wie viel Zentimeter du das Armloch vergrößern bzw. verkleinern musst.

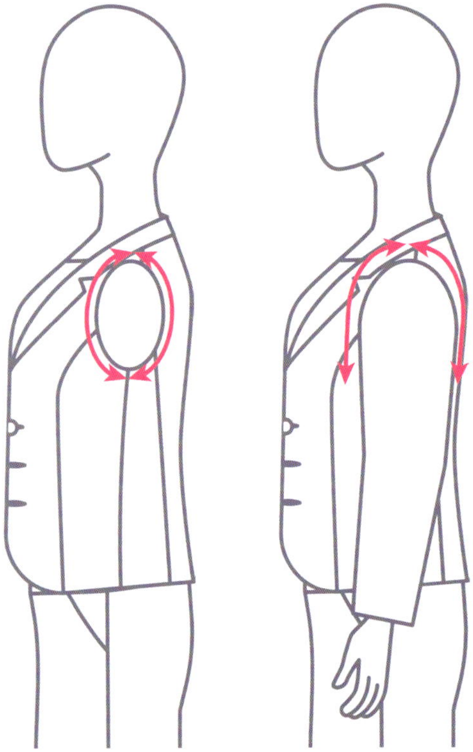

Beachte, dass der Schnitt eine Nahtzugabe enthält. Diese muss bei der Berechnung am Schnitt abgezogen werden.

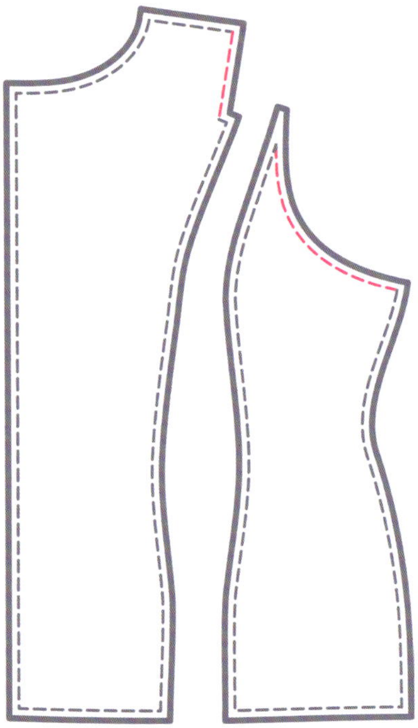

VORDER- UND RÜCKTEIL AN ACHSEL ANPASSEN

Die Differenz zwischen der gemessenen Länge und der Länge im Schnitt gibt dir vor, um wie viel Zentimeter du deinen Schnitt anpassen musst.

ARMLOCH VERGRÖSSERN

Wenn du das Armloch vergrößern möchtest, gibst du am Vorderteil den errechneten Wert seitlich an der Achsel dazu und lässt die neue Linie harmonisch zur Seitennaht auslaufen. Dasselbe wird dann auch am Rückteil gemacht.

ARMLOCH VERKLEINERN

Wenn du das Armloch verkleinern möchtest, dann nimmst du den errechneten Wert an Vorder- und Rückteil jeweils der Achsel seitlich weg und zeichnest eine neue harmonische Verbindung zur Seitennaht ein.

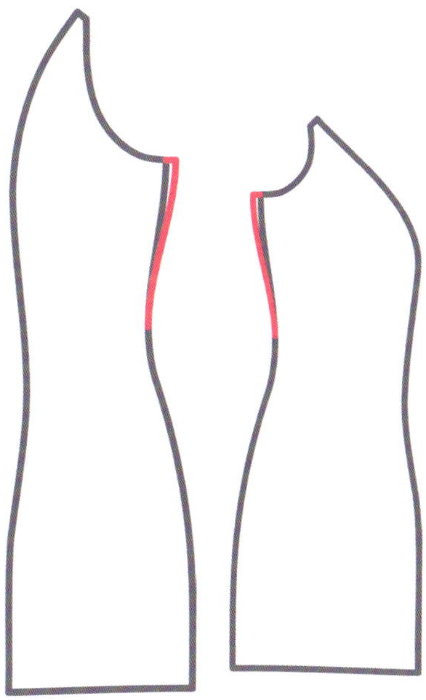

ÄRMEL AN ACHSEL ANPASSEN

Damit der Ärmel in das Armloch passt, musst du auch am Ärmel den jeweils errechneten Wert dazugeben bzw. wegnehmen. Zeichne dafür am Ärmel jeweils am vorderen und am hinteren Achselpunkt ein, um wie viel Zentimeter du anpassen möchtest und verbinde die neuen Achselpunkte harmonisch mit der Rundung des Ärmels.

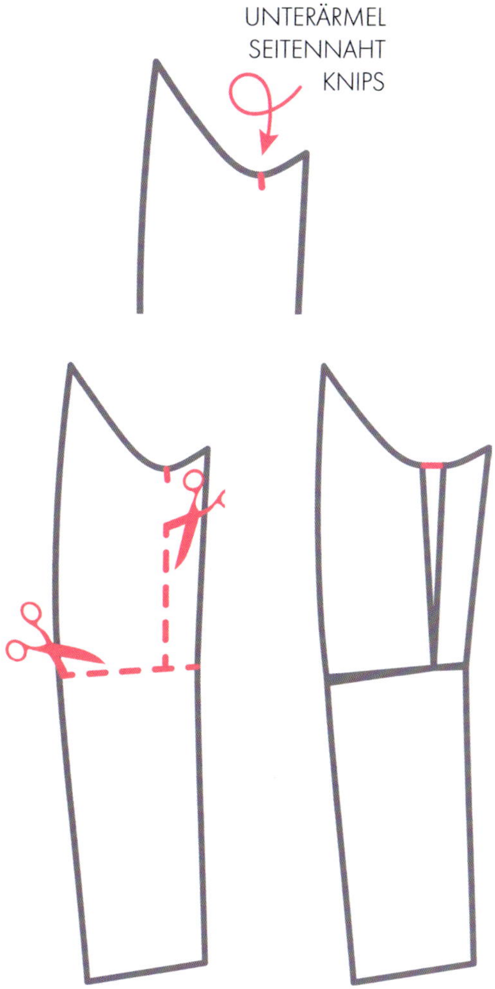

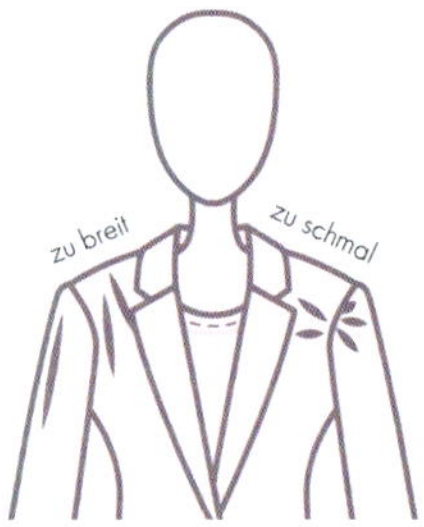

SCHULTER ENGER/WEITER MACHEN

Wenn du eher schmale oder sehr breite Schultern hast und dein Blazer hinten an den Schulterblättern oder unter den Achseln spannt, kann die Schulternaht zu kurz sein. Fällt die Schulternaht ungewollt über die Schulter, dann ist sie zu lang.

Bei einem Blazer sollte der Ärmel deines Oberteils genau über dem „Knubbel" deiner Schulter anfangen.

SCHULTERBREITE MESSEN UND VERGLEICHEN

Um herauszufinden, um wie viele Zentimeter du das Schnittmuster an den Schultern enger oder breiter machen musst, vergleiche deine Schulterbreite mit dem Schnittmuster. Miss dafür einmal von dem einen „Knubbel" über den Nacken bis zum anderen „Knubbel". Stehe dabei locker, so als würdest du auf jemanden warten. Teile diesen Wert dann durch 2.

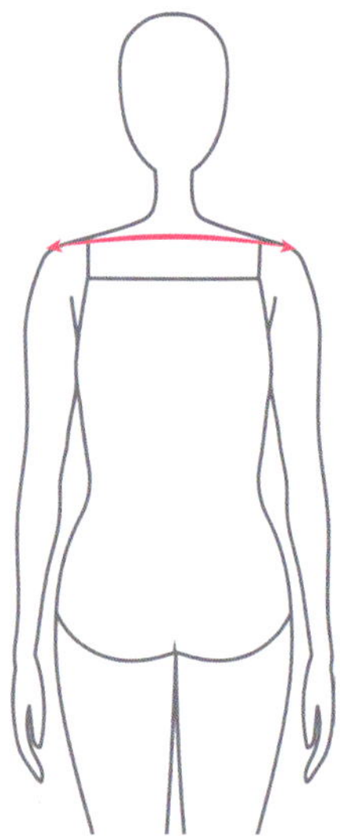

Um bei deinem Schnittmuster die Schulterbreite auszumessen, miss vom Schulterpunkt waagerecht bis zur Bruchkante bzw. die hintere Mitte. Vergleiche diese Länge mit deinem Wert. Um die entstandene Differenz kannst du dein Schnittmuster an den Schultern enger oder breiter machen.

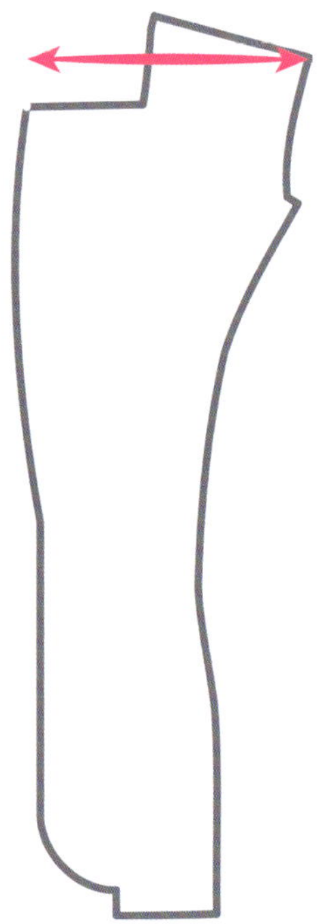

HILFSLINIEN EINZEICHNEN UND SCHNITTMUSTER AUFSCHNEIDEN

Um die Schulterbreite anzupassen, zeichnest du sowohl beim Vorder- als auch beim Rückteil eine senkrechte Linie ca. 2,5 cm von der äußeren Ecke (Ärmel-Schulter-Ecke) parallel zur vorderen Mitte ca. 20 cm nach unten. Danach zeichnest du im oberen Drittel des Armausschnitts eine waagerechte Linie, die im rechten Winkel auf die senkrechte Linie trifft.

Im nächsten Schritt schneidest du die senkrechte Linie von oben ein. Anschließend schneidest du die waagerechte Linie durch.

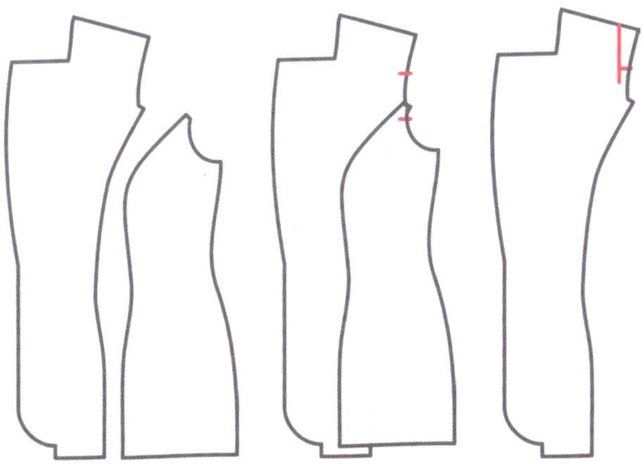

SCHULTERN ENGER ODER BREITER MACHEN

Wenn du das Schnittmuster an den Schultern enger machen möchtest, dann schiebst du das kleine Teil der Schulter um die gewünschte Länge zur Mitte und verkürzt dadurch die Schulternaht.

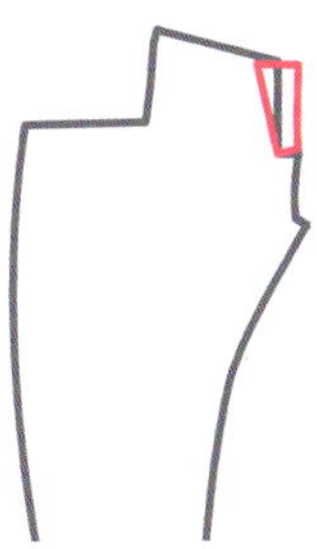

Möchtest du die Schultern breiter machen, schiebst du das kleine Stück nach außen.

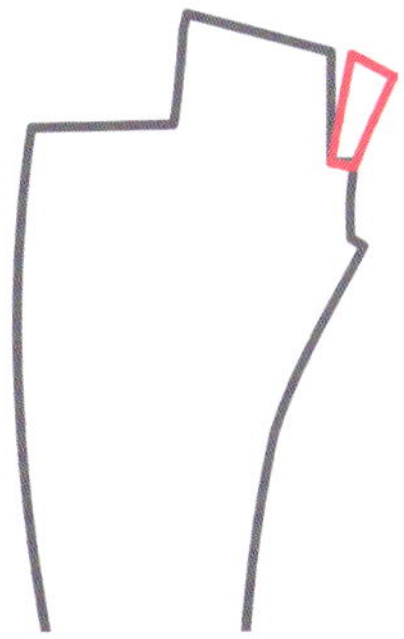

SCHULTERNAHT NEU ZEICHNEN

Durch das Verschieben der Schulter verläuft die Schulternaht jetzt nicht mehr gleichmäßig zum Armloch. Und auch das Armloch passt nicht mehr 100 % übereinander. Deswegen müssen die Schulternaht und auch das Armloch neu harmonisch eingezeichnet werden.

Der Ärmelschnitt muss in der Regel nicht verändert werden.

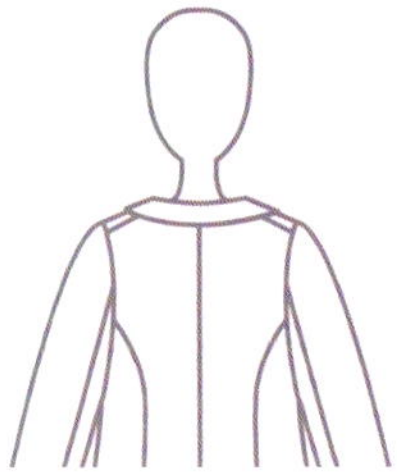

SCHULTERNAHT VERLEGEN

Wenn dein Blazer beim Tragen immer nach hinten zieht, kannst du die Schulternaht ein wenig nach vorne verlegen und dem Blazer so etwas mehr Halt verschaffen.

SITZ DER SCHULTERNAHT

Die Schulternaht sitzt in der Regel auf der höchsten Stelle der Schulter. An diesem Punkt sollte auch der höchste Punkt der Ärmelrundung sein. Bei dem Blazerschnitt wurde die Schulternaht um ca. 1 cm nach vorne verlegt. Sie sitzt also nicht auf der höchsten Stelle deiner Schulter, sondern weiter vorne.

DIFFERENZWERT ERMITTELN

Um zu wissen, um wie viel du die Schulternaht nach vorne verlegen musst, markierst du am verrutschten Blazer am Vorderteil den höchsten Punkt deiner Schulter. Die Differenz zur verrutschten Schulternaht ist der Wert, um den du die Naht nach vorne verlegst. In der Regel sollten das nicht mehr als 1–1,5 cm sein.

VORDERES SCHULTERSTÜCK ABTRENNEN UND AN RÜCKTEIL KLEBEN

Schneide das Schulterstück parallel zur Schulternaht um die gewünschte Länge auseinander.

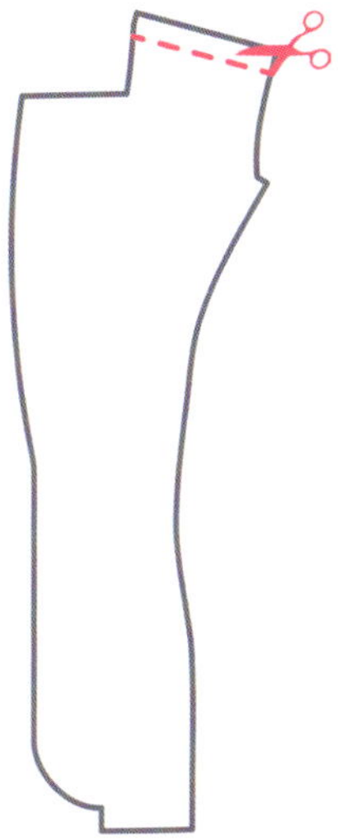

Klebe das abgeschnittene Stück dann an das Rückteil.

Enthält dein Schnittmuster bereits eine Nahtzugabe, dann musst du diese vorher entfernen und nach dem Zusammenkleben wieder hinzufügen.

MARKIERUNG DER SCHULTERNAHT IM ÄRMEL ANPASSEN

Der höchste Punkt der Ärmelrundung trifft jetzt nicht mehr auf die Schulternaht, sondern auf den Punkt des Rückteils, wo das vordere Schulterstück angeklebt wurde. Zeichne dir daher am Ärmel eine neue Markierung ein, wo der Ärmel auf die Schulternaht trifft. Hast du z.B. die Schulter um 1cm nach vorne verlegt, liegt die neue Markierung ebenfalls 1cm von der höchsten Stelle der Ärmelrundung entfernt in Richtung Vorderteil.

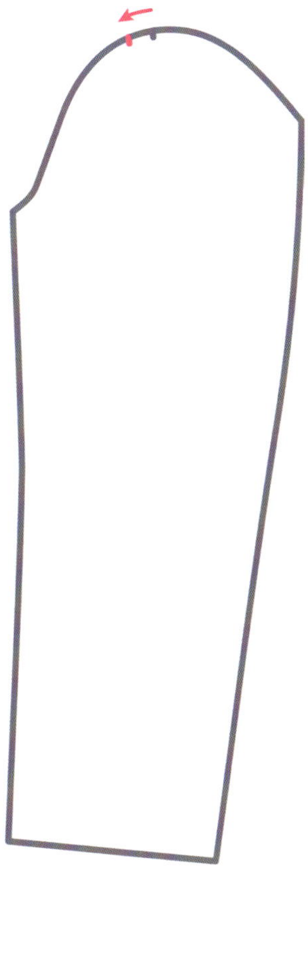

BRUSTPUNKT VERSCHIEBEN

Die Wiener Naht des Blazers ist eine gerundete Teilungsnaht, die dem Ärmel entspringt und am Saum endet. Sie formt das spätere Kleidungsstück und schafft so den nötigen Platz für die Brust.

WANN MUSST DU DEN BRUSTPUNKT VERSCHIEBEN?

Wenn dein Brustpunkt höher oder tiefer als der Durchschnitt liegt, solltest du deinen Brustpunkt im Schnittmuster entsprechend anpassen.

ORIGINAL-BRUSTPUNKT ERMITTELN

Miss als Erstes aus, wo dein Brustpunkt liegt. Miss hierfür von der Halsansatzkante bis zur breitesten Stelle der Brust (oft ist das die Brustwarze) oder halte dir das Schnittmuster des Vorderteils an deinen Körper und markiere dir den Punkt direkt auf dem Schnittteil. Übertrage die Markierung anschließend auch auf das seitliche Vorderteil.

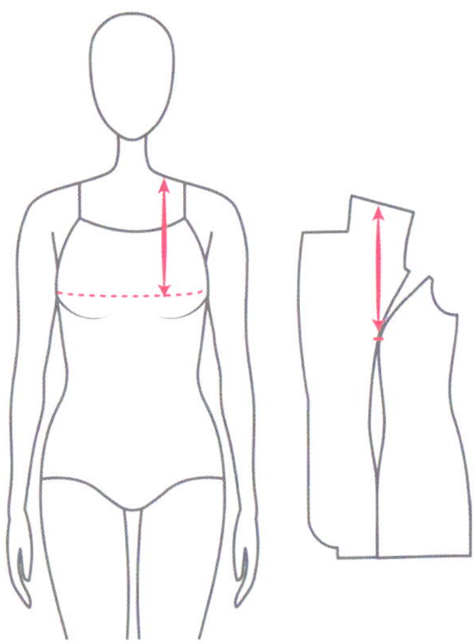

NEUE RUNDUNG EINZEICHNEN

Zeichne die Rundungen der Vorderteile harmonisch neu ein. Der stärkste Teil der Rundung ist in Höhe des neuen Brustpunkts.

Wiederhole das Einzeichnen auch am vorderen Schnittteil und kopiere dir die Schnittteile auf ein neues Stück Schnittmusterpapier.

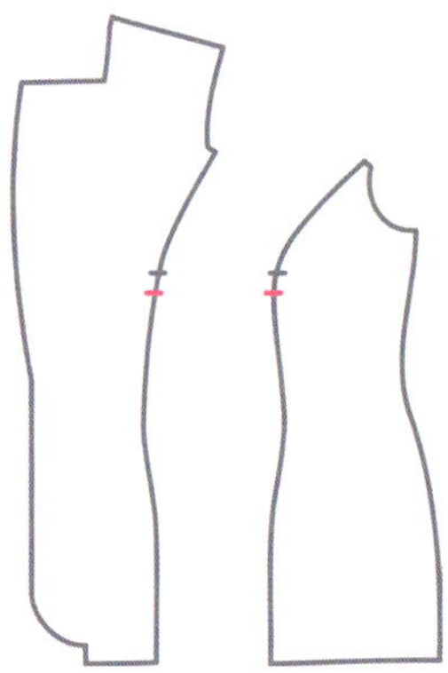

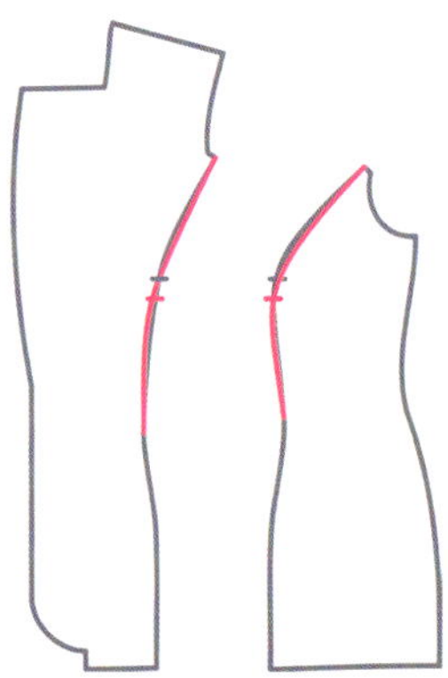

„BEULE" OBERHALB DER BRUST ENTFERNEN

Da nicht alle Brüste gleich geformt sind, kann es passieren, dass beim Blazer oberhalb der Brust etwas zu viel Stoff ist.

PASSFORM RICHTIG DEUTEN

Ein offen getragener Blazer wirft seitlich oberhalb der Brust immer Falten! Entscheidend ist, wie der Blazer sitzt, wenn er geschlossen ist und deine Brust den Blazer vollständig ausfüllt. Hast du dann oberhalb der Brust zu viel Stoff, kannst du dies in wenigen Schritten anpassen.

STOFF HARMONISCH WEGNEHMEN

Ziehe den Blazer auf links an, schließe ihn und stecke dir den Stoff an die Wiener Naht, bis sich die Naht glatt an deinen Körper anlegt.

Nähe die gesteckte Linie in einem harmonischen Verlauf von oben bis zum Brustpunkt.

Hinweis: Wenn du eine große Brust hast, den Blazer aber niemals geschlossen, sondern immer offen tragen wirst, kannst du auch trotz der größeren Brust den Schnittbogen α wählen. Darin ist weniger Platz für die Brüste, sodass die „Beulen" per se weniger sein werden.

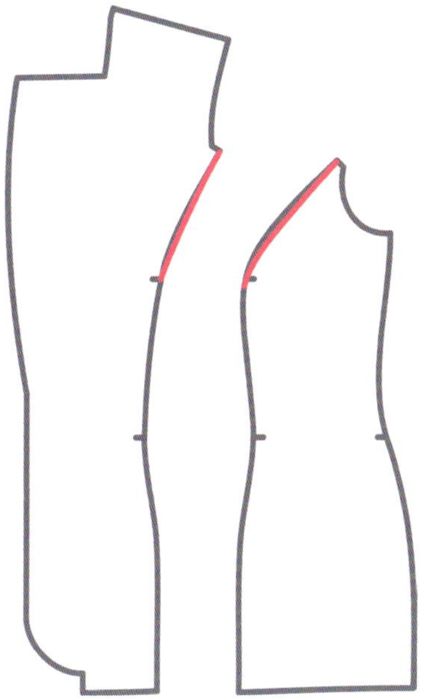

TAILLE UND HÜFTE ANPASSEN

Durch die Wiener Nähte lässt sich der Blazer in der Weite gut an deinen Körper anpassen.

WEITE IN DER TAILLE ANPASSEN

Wenn du an der Taille etwas mehr oder etwas weniger Stoff haben möchtest, dann wird dieses „Mehr" bzw. „Weniger" gleichmäßig an allen Schnittteilen verteilt.

Markiere dir an jedem Schnittteil, um wie viel du den Schnitt verändern möchtest und zeichne eine neue harmonisch verlaufende Linie ein.

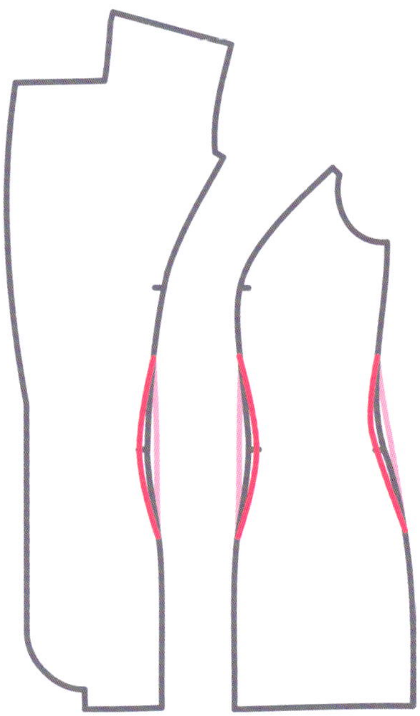

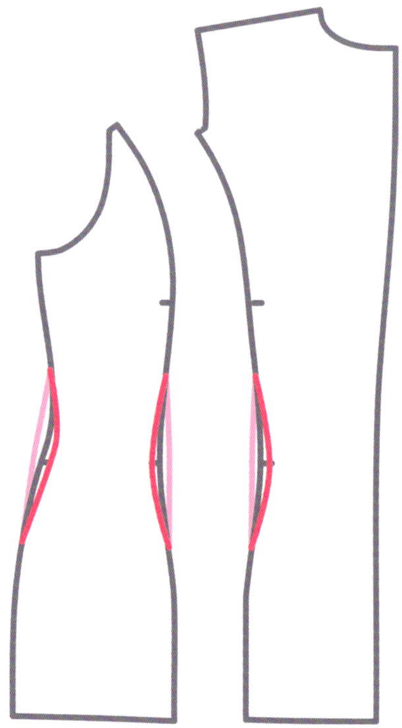

Achtung: Es müssen nicht zwingend immer Vorder- und Rückteil angepasst werden. Wenn du nur etwas mehr Weite am Vorderteil benötigst, kannst du die Änderungen auch nur dort vornehmen.

Denkbar ist auch, dass du vorne etwas mehr, und hinten etwas weniger Stoff brauchst.

WEITE AN DER HÜFTE ENTFERNEN ODER ZUGEBEN

Wenn dein Körper den Schnitt an der Hüfte nicht ausfüllt und seitlich absteht, dann ziehe den Blazer auf links an und stecke den Stoff an der Seitennaht weg. Nähe die neue Seitennaht in einem harmonischen Verlauf.

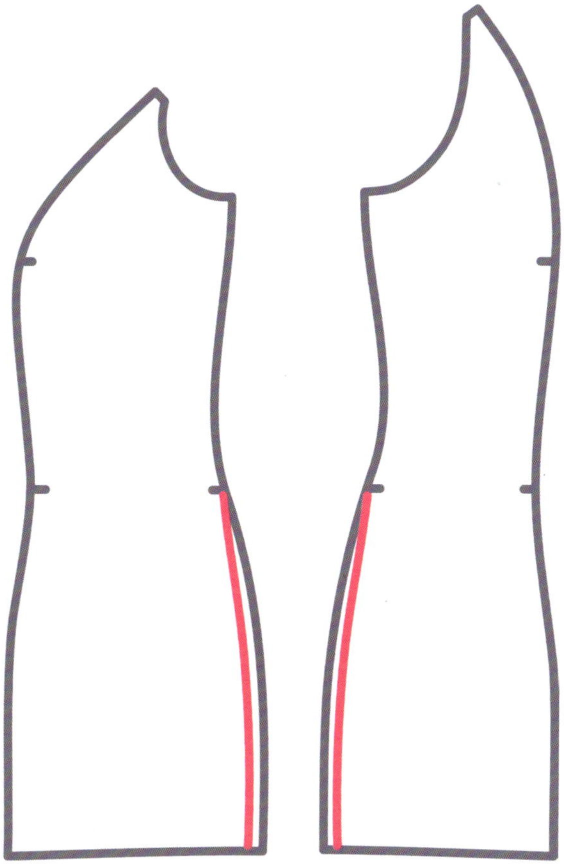

Fehlt dir insgesamt Weite an der Hüfte, dann kannst du diese ab Höhe der Taille an allen Schnittteilen gleichmäßig verteilt hinzufügen.

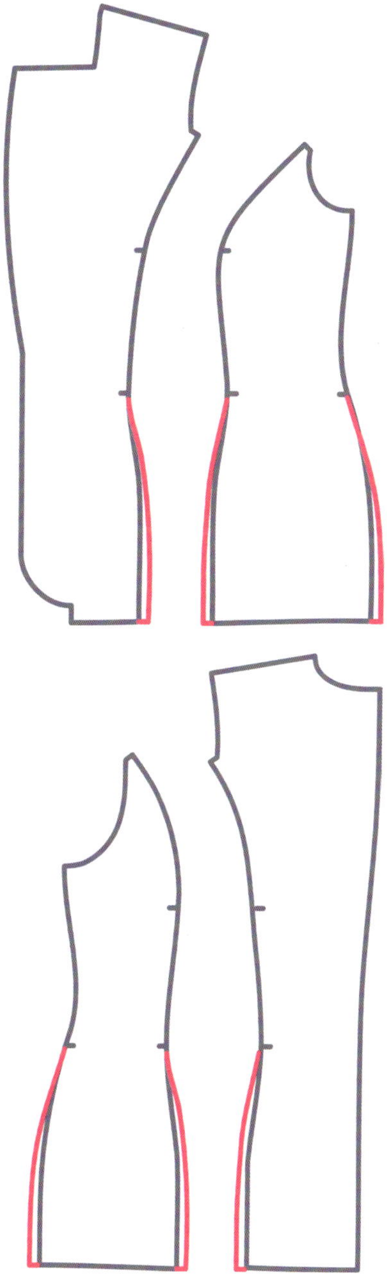

KLEID/ SHIRT

HIER DOWNLOADEN

https://www.einfach-naehen.de/kavk-businessoutfit-naehen/

MASSTABELLEN

Das Kleid/Shirt ist ein lässiges Oberteil mit abgerundetem Saum, das locker um den Körper fällt und gerade bei heißen Temperaturen nicht am Körper klebt. Es ist ein alltagstauglicher Basic-Schnitt, der besonders toll ausschaut, wenn du ihn aus weich fließenden Stoffen wie z.B. Viskosejersey nähst.

Körpermaße	34	36	38	40	42	44	46	48	50	52	54	56	58
Oberbrustumfang	82	85	88	92	96	100	106	112	118	124	130	138	146
Brustumfang α	84	87	90	94	98	102	108	114	120	126	132	140	148
Brustumfang β	89	92	95	99	103	107	113	119	125	131	137	145	153
Brustumfang γ	94	97	100	104	108	112	118	124	130	136	142	150	158
Taillenumfang	66	69	72	76	80	84	91	97	104	110	117	125	134
Hüftumfang	91	94	97	101	105	109	115	120	126	131	137	144	151

Fertigmaße	34	36	38	40	42	44	46	48	50	52	54	56	58
Brustweite α	95	98	101	105	109	113	119	125	130	136	142	150	158
Brustweite β	100	103	106	110	114	118	124	129	134	140	146	154	162
Brustweite γ	105	108	111	115	119	123	129	134	139	144	150	158	166
Taillenweite	101	104	107	111	115	119	125	132	140	145	151	159	166
Hüftweite	103	106	109	113	117	121	126	134	139	147	152	161	168

STOFFEMPFEHLUNG

Für das Kleid/Shirt eignen sich dehnbare fließende Stoffe wie z.B. Viskose-, Modal- oder Tencel-Jersey.

Stoffbreite 140	34	36	38	40	42	44	46	48	50	52	54	56	58
Oberstoff	1,5 m	1,5 m	1,5 m	1,5 m	1,5 m	1,5 m	1,5 m	2 m	2 m	2 m	2 m	2 m	2 m
Futterstoff	2 m	2 m	2 m	2 m	2 m	2 m	2 m	2,5 m	2,5 m	2,5 m	2,5 m	2,5 m	2,5 m

LAGEPLAN

Konfektionsgröße 34–46
(Stoffverbrauch 150/200 cm)

Konfektionsgröße 48–58
(Stoffverbrauch 200/250 cm)

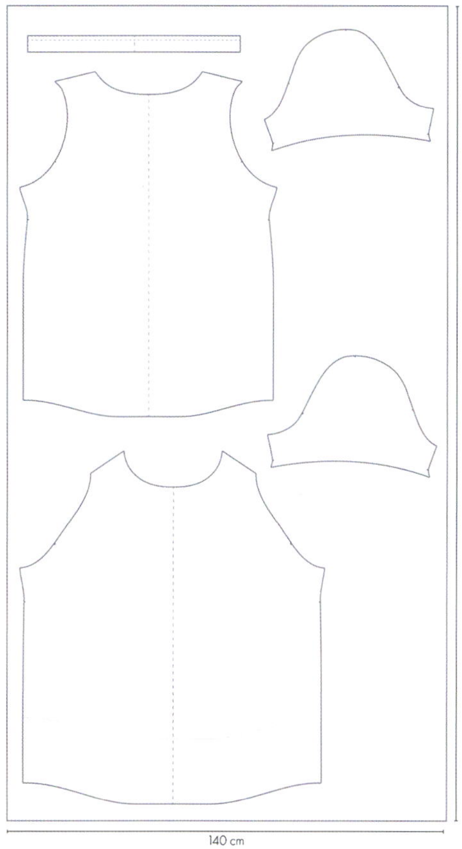

HINWEIS

Um für das Kleid/Shirt nicht mehr Stoff als nötig zu verbrauchen, solltest du die einzelnen Schnittteile im Ganzen zuschneiden (siehe Abbildungen). Ansonsten wirst du vermutlich mehr Stoff benötigen, als in der Tabelle zum Stoffverbrauch angegeben.

Wenn du einen Motivstoff gewählt hast, kann sich der Stoffverbrauch ebenfalls erhöhen.

NÄHANLEITUNG KLEID

1. SCHULTERNÄHTE SCHLIESSEN

Lege Vorder- und Rückteil rechts auf rechts aufeinander, fixiere die Schulterkanten und nähe sie zusammen.

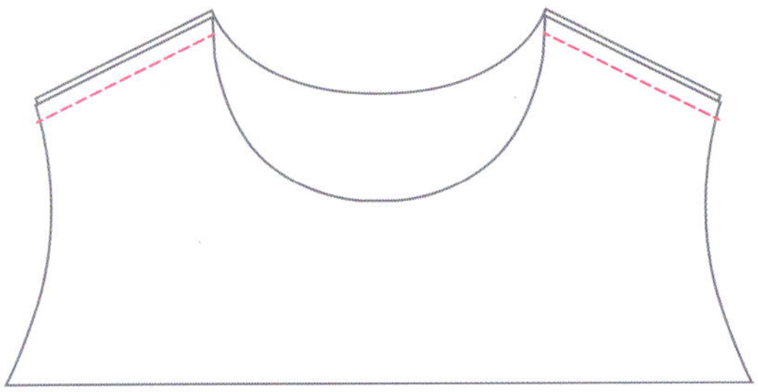

2. ÄRMEL ANNÄHEN

Klappe Vorder- und Rückteil auseinander und stecke die Ärmel rechts auf rechts an den passenden Armausschnitt. Orientiere dich dabei an den Knipsen (A) und nähe beide Ärmel an das Kleid/Shirt an (B).

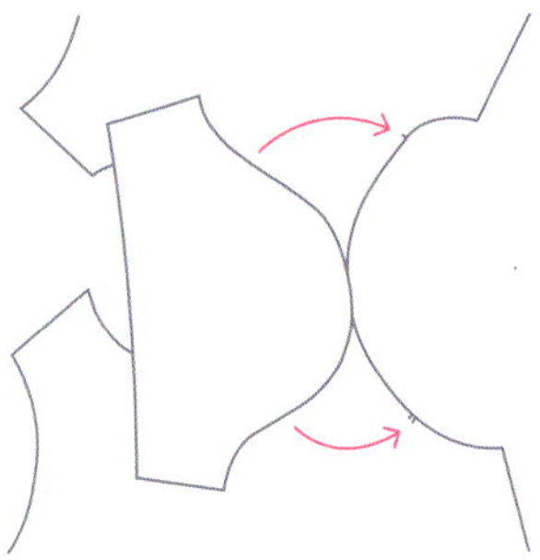

(A)

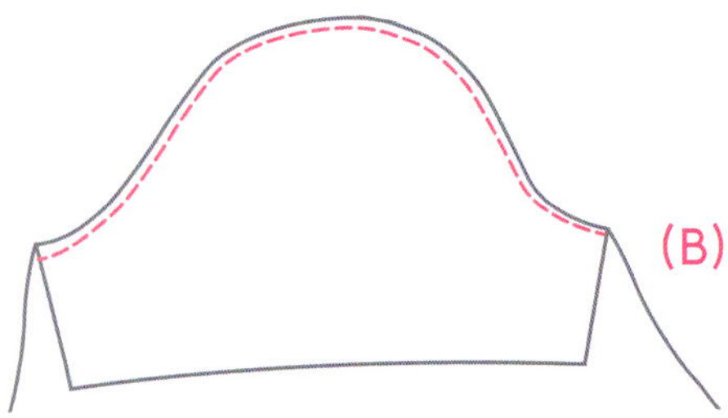

(B)

3. SEITENNÄHTE SCHLIESSEN

Lege das Vorderteil rechts auf rechts auf das Rückteil und stecke die Ärmel und Seitennähte, beginnend an der Achselnaht und von dort erst Richtung Ärmelsaum und anschließend Richtung Saum, fest und nähe dann die gesamte Seitennaht in einem Rutsch zusammen.

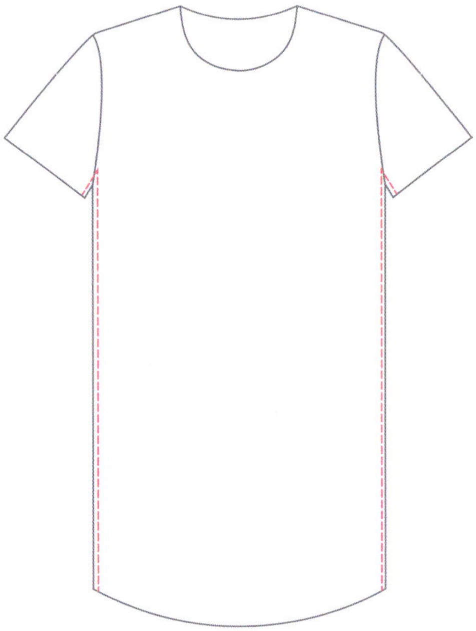

4. RUNDHALSBÜNDCHEN NÄHEN

4.1. Nähe die kurzen Seiten rechts auf rechts zusammen (A) und falte den so entstandenen Ring anschließend der Länge nach links auf links (B).

(A)

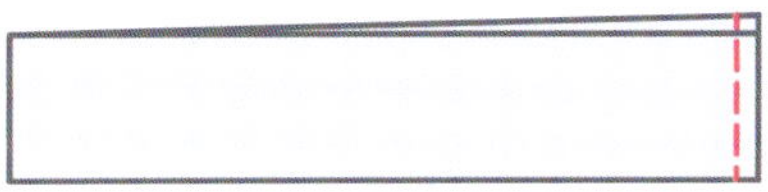

(B)

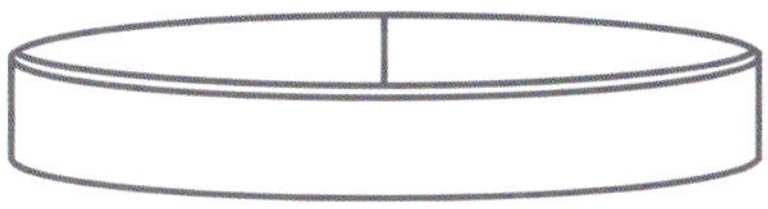

4.2. Teile das Halsbündchen und den Ausschnitt in vier Viertel. Achtung: Am Ausschnitt sind das nicht die Schulternähte!

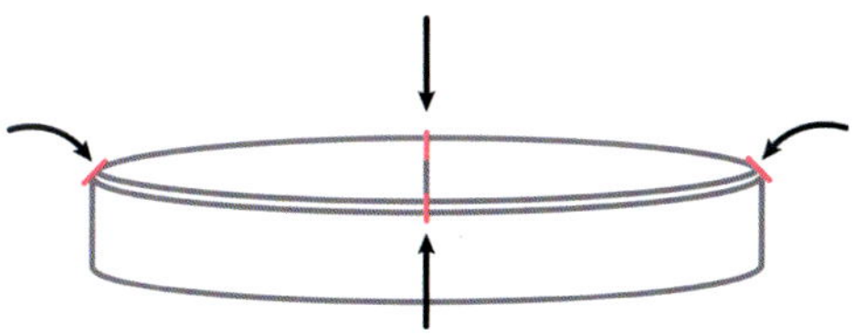

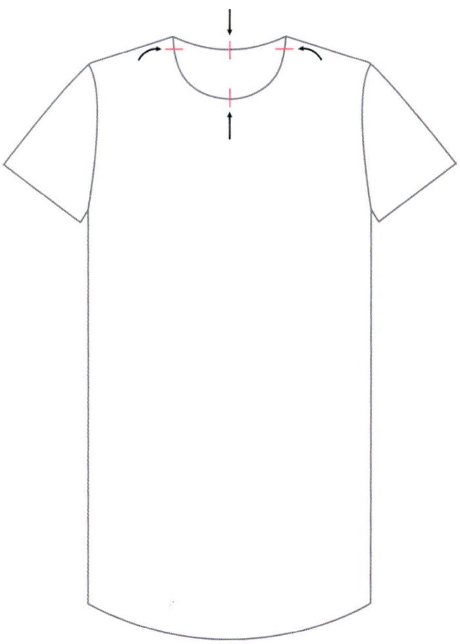

Stecke beides anhand der Markierungen rechts auf rechts aufeinander und nähe das Halsbündchen gleichmäßig gedehnt an den Ausschnitt.

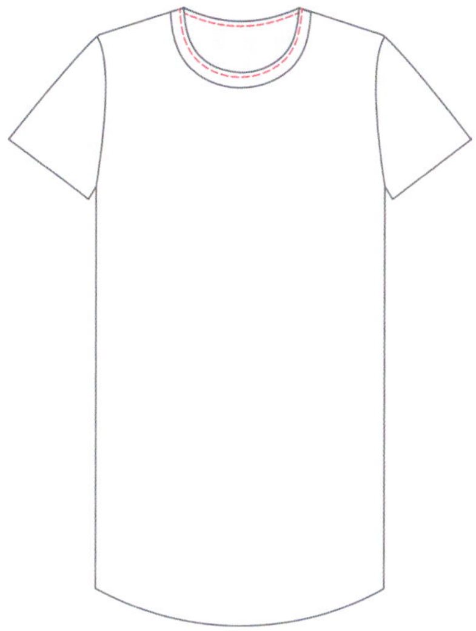

Steppe die Nahtzugabe am Halsloch dann knappkantig ab.

5. SÄUME NÄHEN

Schlage sowohl die Ärmel als auch den Saum 2 bzw. 3 cm nach innen ein und nähe sie im Abstand von 1,5 bzw. 2 cm von rechts fest.

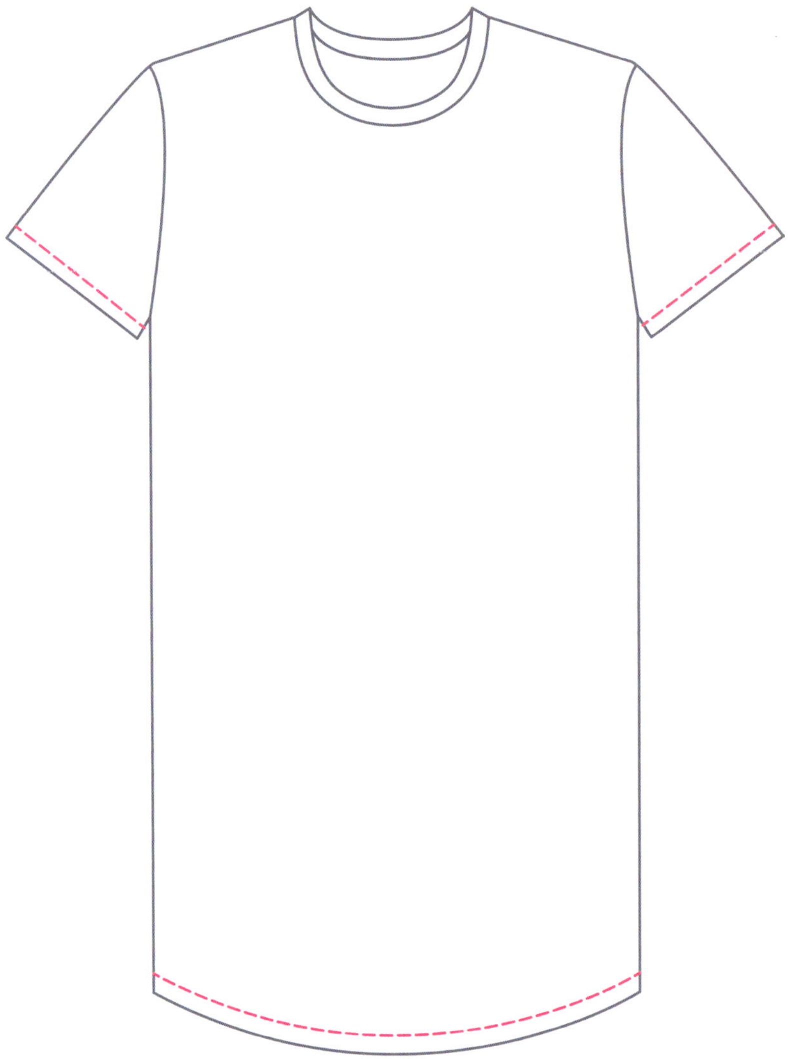

DESIGNBEISPIELE

SCHNITTANPASSUNG KLEID/SHIRT

„Schnittanpassung ist ein Geben und Nehmen: Mal gibt man was dazu, mal nimmt man was weg.“

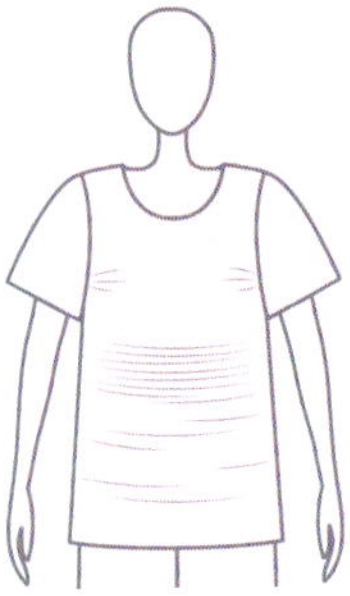

RUMPF WEITER/ENGER MACHEN

Wenn dein Oberteil an Bauch oder Hüfte spannt oder zu labberig fällt, kann das verschiedene Ursachen haben: Du hast dich vermessen, die falsche Größe gewählt, im falschen Maßstab ausgedruckt, falsch abgepaust oder die Nahtzugaben sind fehlerhaft. Oder du hast ein anderes Material ausgesucht, als zu dem Schnittmuster empfohlen wird. Und selbst wenn du alles richtig gemacht hast, kann es sein, dass dir die Passform an dir persönlich nicht gefällt. Wie du das Oberteil enger oder weiter machen kannst, zeige ich dir hier.

WEITE BESTIMMEN FÜR SCHNITTANPASSUNG

Als Erstes bestimmst du, um wie viel du dein Oberteil weiter oder enger machen möchtest.

Oberteil zu weit: Abstecken

Wenn dein Oberteil zu weit ist, kannst du es am besten auf links anziehen und die Seitennähte so abstecken (lassen), dass es die richtige Körpernähe für dich hat. Dann kannst du das Oberteil entlang der Stecknadeln vom Ärmelsaum über die Seitennaht bis zum Saum enger nähen.

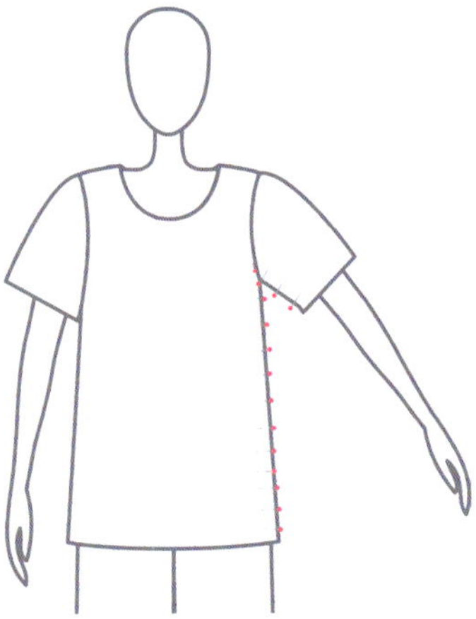

Oberteil zu eng: Ausmessen

Wenn dein Oberteil zu eng ist, kannst du versuchen, die Nähte in dem Bereich aufzutrennen und etwas schmaler zu nähen.

Das geht aber nicht, wenn das Oberteil deutlich zu eng ist. In dem Fall musst du die entsprechende Stelle an deinem Körper ausmessen und den Wert mit dem Schnittmuster vergleichen und entsprechend hinzufügen.

Aber Achtung: Bei körpernahen Oberteilen aus dehnbaren Stoffen (z.B. ein enges T-Shirt) ist das Schnittmuster immer kleiner als die tatsächlichen Körpermaße, da sich der Stoff beim Tragen dehnt. Hier also nicht die vollen gemessenen Zentimeter dazugeben, sondern etwas weniger. Als grobe Orientierung kannst du dein Maß x 0,8 nehmen und mit dem Schnitt vergleichen.

NEUE SEITENNÄHTE IM SCHNITT-MUSTER EINZEICHNEN

Wenn du dich bei der Größen- und Stoffauswahl an die Anleitung gehalten hast und du das Oberteil auch für zukünftige Projekte enger oder weiter machen möchtest, dann kannst du die Änderungen auf dein Schnittmuster übertragen.

Orientiere dich hierfür an den Seitenlinien und zeichne sie um die entsprechenden Zentimeter neu ein. Wenn du das Oberteil enger machen möchtest, nimmst du von den Kanten an Vorder- und Rückteil etwas weg. Möchtest du das Oberteil weiter machen, fügst du etwas hinzu.

Wichtig: die Seitennähte von Vorder- und Rückteil müssen nach der Änderung wieder gleich lang sein.

OBERTEIL NUR AN BRUST ZU ENG: FBA (FULL BUST ADJUSTMENT)

Wenn dein Oberteil nur im Brustbereich zu eng ist und du eine größere Brust als ein B-Körbchen hast, dann brauchst du nur im Vorderteil für deine Brust mehr Platz. Die Methode zur Anpassung nennt sich FBA (Full Bust Adjustment) und wird auf Seite 116/117 erklärt.

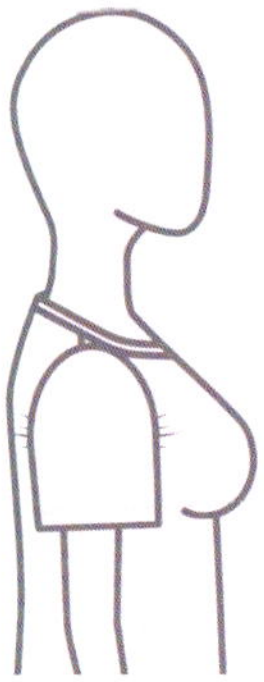

ACHSEL VERTIEFEN

Wenn dein Oberteil unter den Armen zwickt oder du die Arme nicht frei bewegen kannst, dann kann das Armloch zu weit oben unter der Achsel sitzen. Mit dieser Anleitung kannst du das Armloch vertiefen und so mehr Bewegungsfreiheit bekommen.

ARMLOCHTIEFE AUSMESSEN

Um festzustellen, um wie viel Zentimeter du das Armloch vertiefen musst, kannst du das Oberteil anziehen und dir an der Seitennaht unterhalb der Achsel mit einer Stecknadel oder Kreide eine Markierung setzen, wo das neue Armloch beginnen soll.

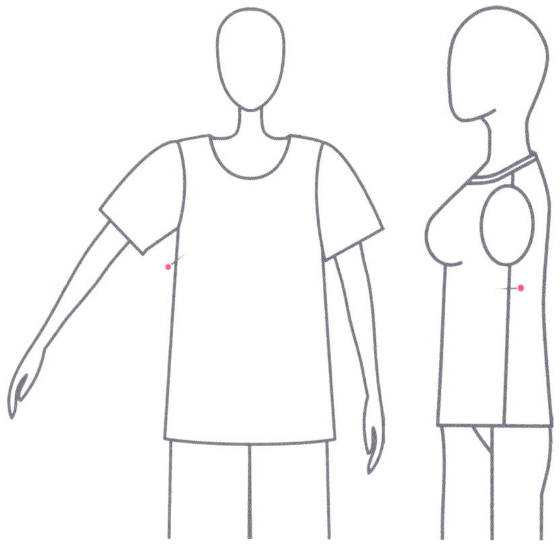

ACHSELPUNKT NACH UNTEN VERSETZEN

Markiere an Vorder- und Rückteil an der jeweiligen Seitennaht, wo das neue Armloch beginnen soll. Zeichne von dort den Armausschnitt nach und lass die Linie harmonisch in das ursprüngliche Armloch übergehen. Möchtest du das Armloch z.B. um 1 cm vertiefen, dann beginnt deine Linie 1 cm unterhalb des Achselpunktes.

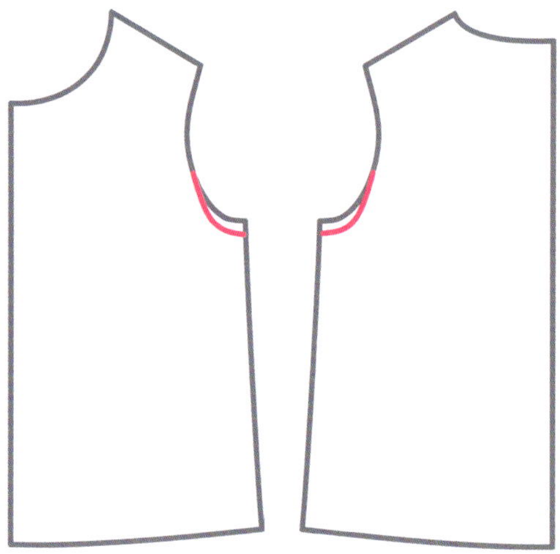

ARMKUGEL IN DER HÖHE ANPASSEN

Im zweiten Schritt musst du die Armkugel am Ärmelschnittteil anpassen. Suche dir hierfür den höchsten Punkt der Rundung am Ärmel. Das ist in der Regel auch der Punkt, der später auf die Schulternaht trifft. Zeichne dir hier die Länge, um die du das Armloch vertieft hast, oberhalb der Rundung ein und zeichne die Rundung des Ärmels neu.

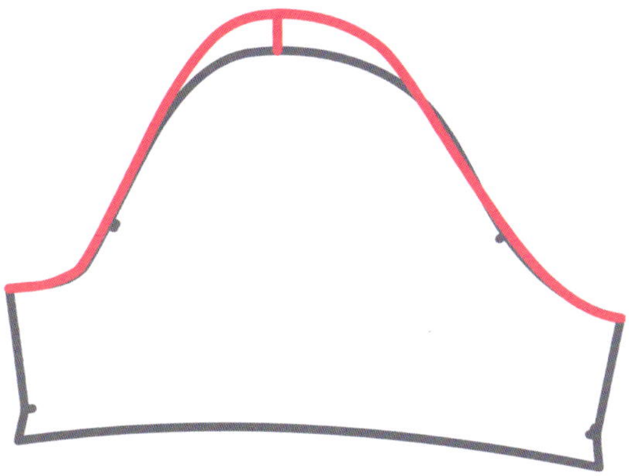

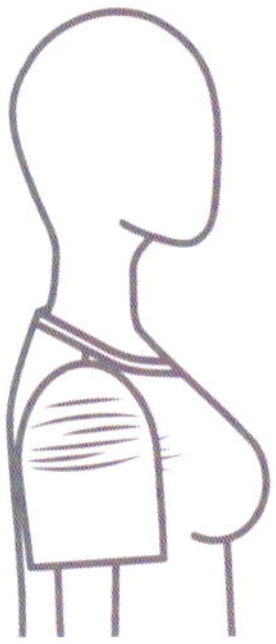

ARMLOCH VERGRÖSSERN/VERKLEINERN

Wenn bei deinem Oberteil der Armausschnitt insgesamt zu klein oder zu groß ist, kannst du das Armloch komplett vergrößern bzw. verkleinern.

WERT FÜR DIE ANPASSUNG AUSMESSEN

Miss erst von der Schulter nach vorne bis zu der Stelle, wo das Oberteil in der Achsel sitzen soll. Und dann noch einmal von der Schulter nach hinten bis zum Achselpunkt. Vergleiche diese Werte mit deinem Schnittmuster und du weißt, um wie viel Zentimeter du das Armloch vergrößern bzw. verkleinern musst.

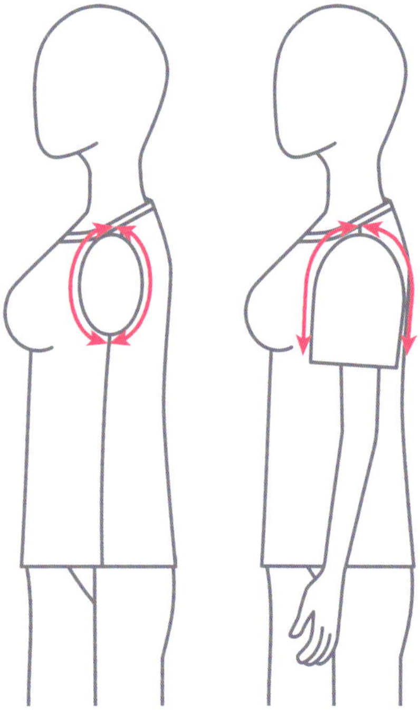

NAHTZUGABE BERÜCKSICHTIGEN

Wenn bei deinem Schnittmuster bereits die Nahtzugabe im Schnitt enthalten ist, musst du auf der Nahtlinie messen und nicht auf der Kante des Schnittmusters. Hat dein Schnittmuster zum Beispiel 1,5 cm Nahtzugabe enthalten, ist die Nahtlinie 1,5 cm vom Rand entfernt.

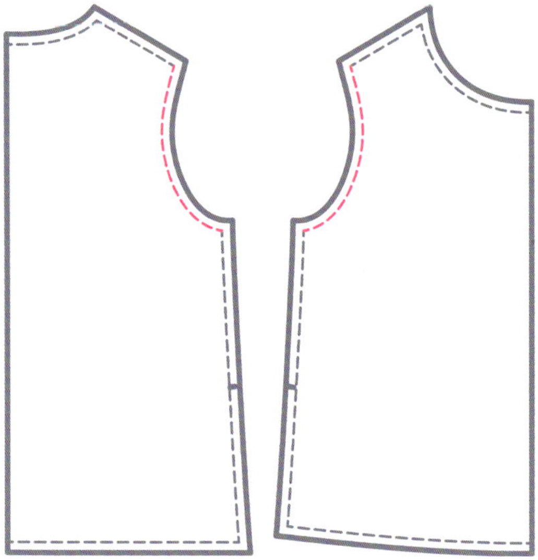

ARMLOCH VERGRÖSSERN

Wenn du das Armloch vergrößern möchtest, gibst du am Vorderteil den errechneten Wert seitlich an der Achsel dazu und lässt die neue Linie harmonisch zur Seitennaht auslaufen. Dasselbe wird dann auch am Rückteil gemacht.

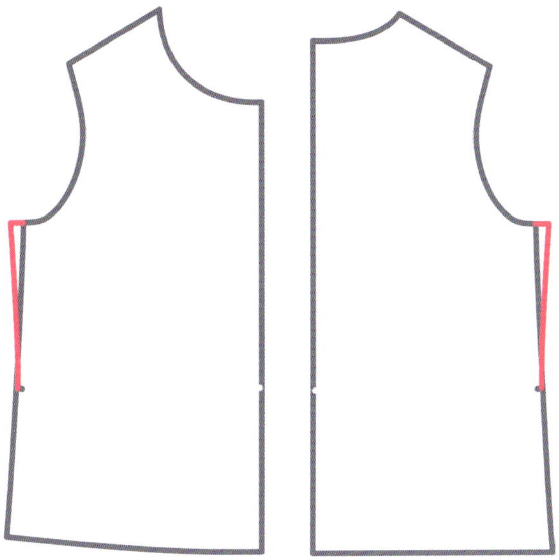

ARMLOCH VERKLEINERN

Wenn du das Armloch verkleinern möchtest, dann nimmst du den errechneten Wert an Vorder- und Rückteil jeweils der Achsel seitlich weg und zeichnest eine neue harmonische Verbindung zur Seitennaht ein.

ÄRMEL AN ACHSEL ANPASSEN

Damit der Ärmel in das Armloch passt, musst du auch am Ärmel den jeweils errechneten Wert dazugeben bzw. wegnehmen. Zeichne dafür am Ärmel jeweils am vorderen und am hinteren Achselpunkt ein, um wie viel Zentimeter du anpassen möchtest und verbinde die neuen Achselpunkte harmonisch mit der Rundung des Ärmels.

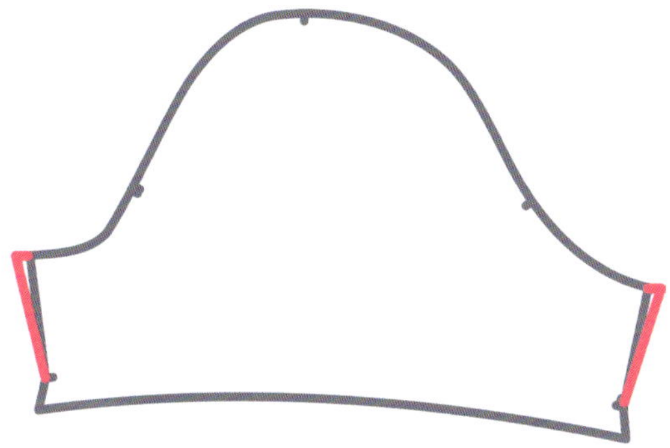

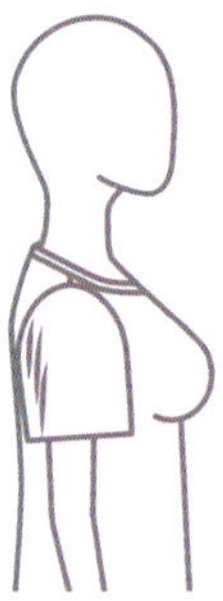

ARMKUGEL ABFLACHEN/ERHÖHEN

Wenn der Ärmel bei deinem Oberteil am Oberarm Falten wirft, kannst du durch das Abflachen oder Erhöhen der Armkugel eine bessere Passform erhalten.

ÄRMEL WIRFT SENKRECHTE FALTEN: ARMKUGEL ERHÖHEN

Wirft der Ärmel Längsfalten, dann ist die Armkugel zu flach und du musst sie etwas erhöhen. Denn ist im oberen Teil der Armkugel zu wenig Länge, dehnt sich der Stoff am Oberarm und kann sich nicht glatt legen.

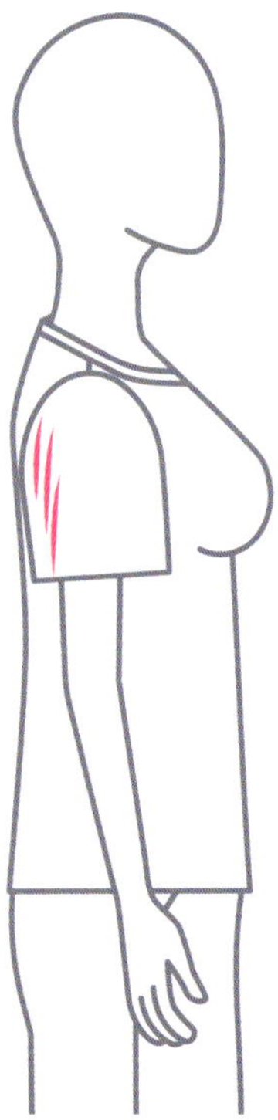

ÄRMEL WIRFT WAAGERECHTE FALTEN: ARMKUGEL ABFLACHEN

Wirft der Ärmel hingegen Querfalten, dann muss man die Armkugel abflachen. Denn ist im oberen Teil der Armkugel zu viel Länge, staucht sich der Stoff am Oberarm und kann sich nicht glatt legen.

ARMKUGEL ERHÖHEN: RUNDUNG STEILER ZEICHNEN

Um die Armkugel zu erhöhen, suchst du dir den höchsten Punkt der Armkugel. Dies ist der Punkt, der später auf die Schulternaht trifft. Zeichne dort einen neuen höchsten Punkt ein. In der Regel reichen hier bereits 0,5–1,5 cm Erhöhung aus. Der neue höchste Punkt wird dann mit den ursprünglichen Linien nach vorne und hinten harmonisch verbunden.

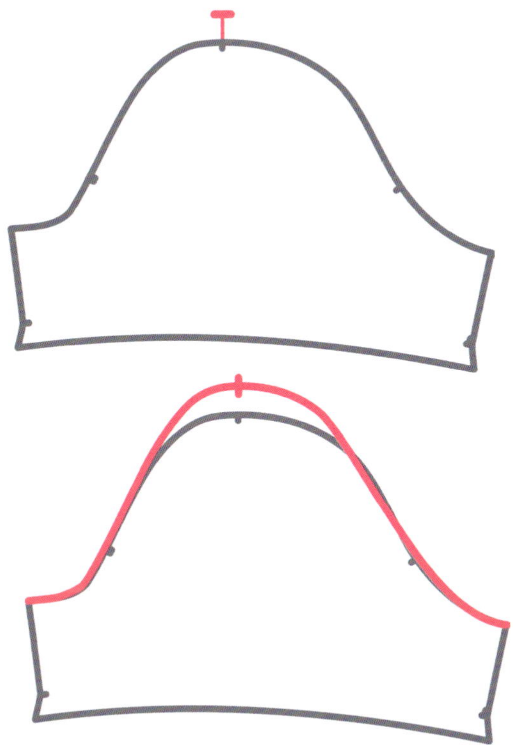

Bei einem bereits fertig eingenähten Ärmel kannst du den Ärmel an der Rundung auftrennen und an der Ärmelrundung etwas Nahtzugabe herauslassen. Dadurch erhältst du etwas mehr Stoff für die Schulter und die senkrechten Falten werden minimiert.

ARMKUGEL ABFLACHEN: RUNDUNG KÜRZER ZEICHNEN

Um die Armkugel abzuflachen, suchst du dir den höchsten Punkt der Armkugel. Zeichne dort einen neuen höchsten Punkt ein, der etwa 0,5–1,5 cm unterhalb des ursprünglichen Schulterpunktes liegt. Der neue, niedrigere höchste Punkt wird dann mit den ursprünglichen Linien nach vorne und hinten harmonisch verbunden.

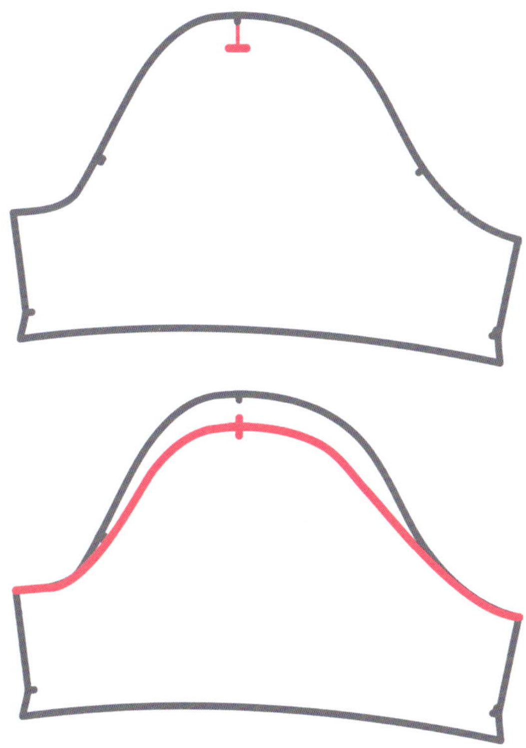

Bei einem bereits fertig eingenähten Ärmel kannst du den Ärmel an der Rundung auftrennen und an der Rundung den Ärmel etwas mehr in die Schulternaht schieben. Dadurch nimmst du Stoff aus der Schulter und der Ärmel kann sich ohne die waagerechten Falten glatter anlegen.

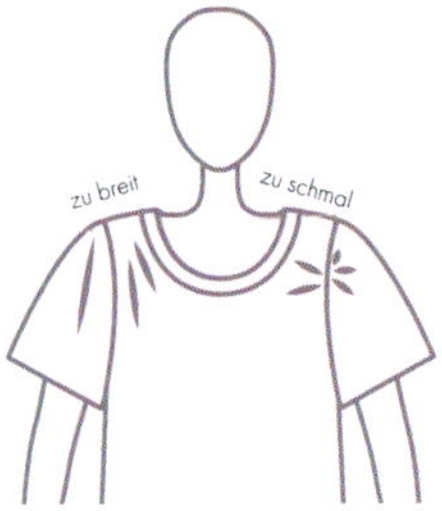

SCHULTER ENGER/WEITER MACHEN

Wenn du eher schmale oder sehr breite Schultern hast und dein Oberteil hinten an den Schulterblättern oder unter den Achseln spannt, kann die Schulternaht zu kurz sein. Fällt die Schulternaht ungewollt über die Schulter, dann ist sie zu lang.

Bei einem Schnittmuster sollte der Ärmel deines Oberteils genau über dem „Knubbel" deiner Schulter anfangen. Es gibt aber auch Oberteile, bei denen die Ärmelansatznaht absichtlich über die Schulter fällt („oversize"). Beim Shirt/Kleid aus diesem Buch sind die Schultern nicht überschnitten oder oversize, sondern die Nähte sollten auf dem Schulterpunkt sitzen.

SCHULTERBREITE MESSEN UND VERGLEICHEN

Um herauszufinden, um wie viele Zentimeter du das Schnittmuster an den Schultern enger oder breiter machen musst, vergleiche deine Schulterbreite mit dem Schnittmuster. Miss dafür einmal von dem einen „Knubbel" über den Nacken bis zum anderen „Knubbel". Stehe dabei locker, so als würdest du auf jemanden warten. Teile diesen Wert dann durch 2.

Um bei deinem Schnittmuster die Schulterbreite auszumessen, miss vom Schulterpunkt waagerecht bis zur Bruchkante bzw. die hintere Mitte. Vergleiche diese Länge mit deinem Wert. Um die entstandene Differenz kannst du dein Schnittmuster an den Schultern enger oder breiter machen.

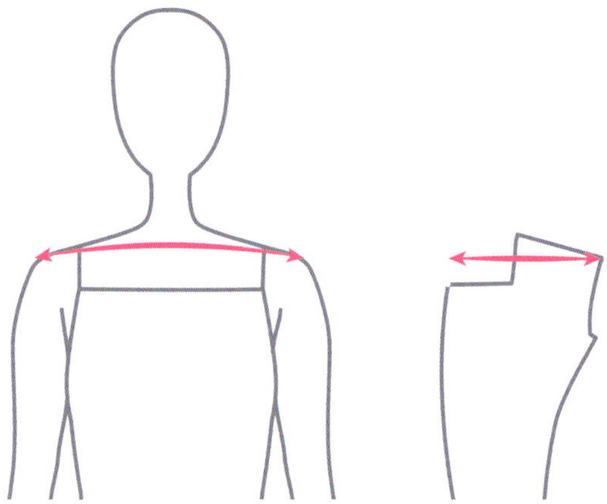

HILFSLINIEN EINZEICHNEN UND SCHNITTMUSTER AUFSCHNEIDEN

Um die Schulterbreite anzupassen, zeichnest du sowohl beim Vorder- als auch beim Rückteil eine senkrechte Linie ca. 2,5 cm von der äußeren Ecke (Ärmel-Schulter-Ecke) parallel zur vorderen Mitte ca. 20 cm nach unten. Danach zeichnest du im oberen Drittel des Armausschnitts eine waagerechte Linie, die im rechten Winkel auf die senkrechte Linie trifft.

Im nächsten Schritt schneidest du die senkrechte Linie von oben ein. Danach schneidest du die waagerechte Linie durch.

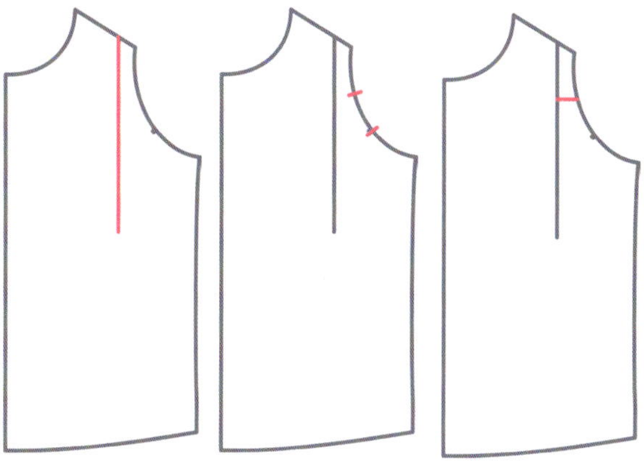

SCHULTERN ENGER ODER BREITER MACHEN

Wenn du das Schnittmuster an den Schultern enger machen möchtest, dann schiebst du das kleine Teil der Schulter um die gewünschte Länge zur Mitte und verkürzt dadurch die Schulternaht.

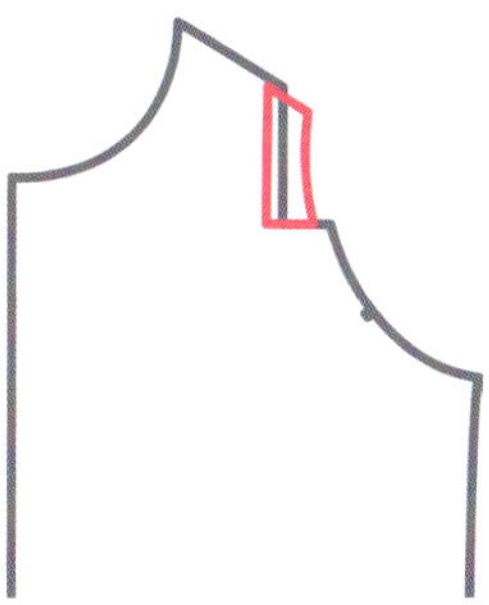

Möchtest du die Schultern breiter machen, schiebst du das kleine Stück nach außen.

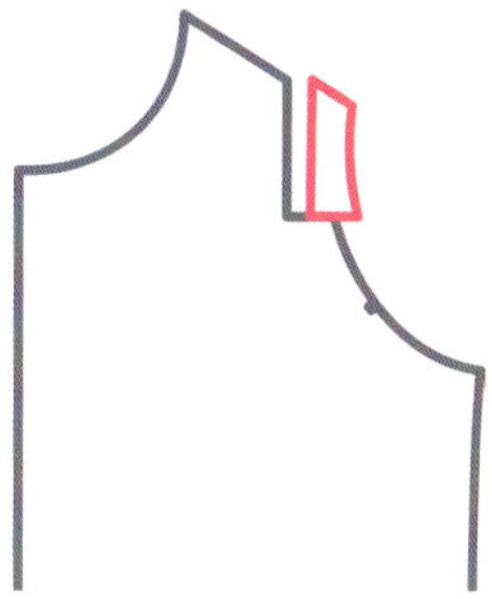

SCHULTERNAHT NEU ZEICHNEN

Durch das Verschieben der Schulter verläuft die Schulternaht jetzt nicht mehr gleichmäßig zum Armloch. Und auch das Armloch passt nicht mehr 100 % übereinander. Deswegen müssen die Schulternaht und auch das Armloch neu harmonisch eingezeichnet werden.

Der Ärmelschnitt muss in der Regel nicht verändert werden.

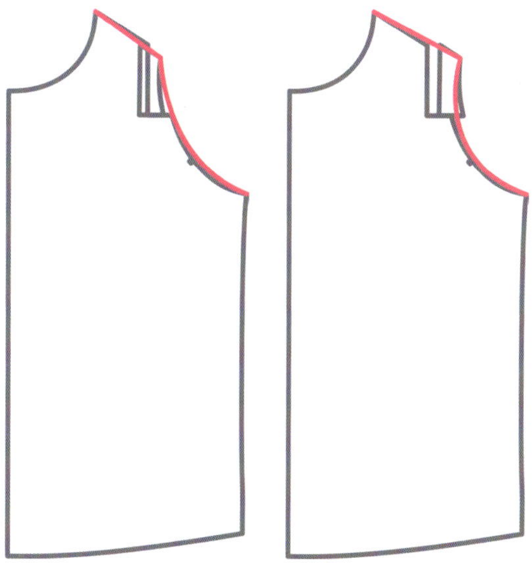

SCHULTERNAHT VERLEGEN

Wenn dein Oberteil beim Tragen immer nach hinten zieht, kannst du die Schulternaht ein wenig nach vorne verlegen und dem Oberteil so etwas mehr Halt verschaffen.

SITZ DER SCHULTERNAHT

Die Schulternaht sitzt in der Regel auf der höchsten Stelle der Schulter. An diesem Punkt sollte auch der höchste Punkt der Ärmelrundung sein.

Es gibt auch Schnittmuster, bei denen die Schulternaht bereits etwas nach vorne verlegt wurde. Auch bei diesen Schnitten trifft der höchste Punkt der Ärmelrundung auf den höchsten Punkt der Schulter. Die Markierung für die Schulternaht ist dann nicht der höchste Punkt der Ärmelrundung, sondern etwas weiter vorne.

DIFFERENZWERT ERMITTELN

Um zu wissen, um wie viel du die Schulternaht nach vorne verlegen musst, markierst du am verrutschten Oberteil am Vorderteil den höchsten Punkt deiner Schulter. Die Differenz zur verrutschten Schulternaht ist der Wert, um den du die Naht nach vorne verlegst. In der Regel sollten das nicht mehr als 1–1,5 cm sein.

VORDERES SCHULTERSTÜCK ABTRENNEN UND AN RÜCKTEIL KLEBEN

Schneide das Schulterstück parallel zur Schulternaht um die gewünschte Länge auseinander.

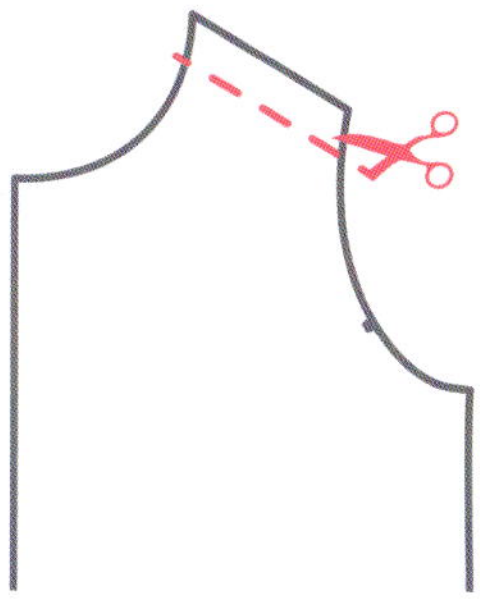

Klebe das abgeschnittene Stück dann an das Rückteil.

Enthält dein Schnittmuster bereits eine Nahtzugabe, dann musst du diese vorher entfernen und nach dem Zusammenkleben wieder hinzufügen.

MARKIERUNG DER SCHULTERNAHT IM ÄRMEL ANPASSEN

Der höchste Punkt der Ärmelrundung trifft jetzt nicht mehr auf die Schulternaht, sondern auf den Punkt des Rückteils, wo das vordere Schulterstück angeklebt wurde. Zeichne dir daher am Ärmel eine neue Markierung ein, wo der Ärmel auf die Schulternaht trifft. Hast du z. B. die Schulter um 1 cm nach vorne verlegt, liegt die neue Markierung ebenfalls 1 cm von der höchsten Stelle der Ärmelrundung entfernt in Richtung Vorderteil.

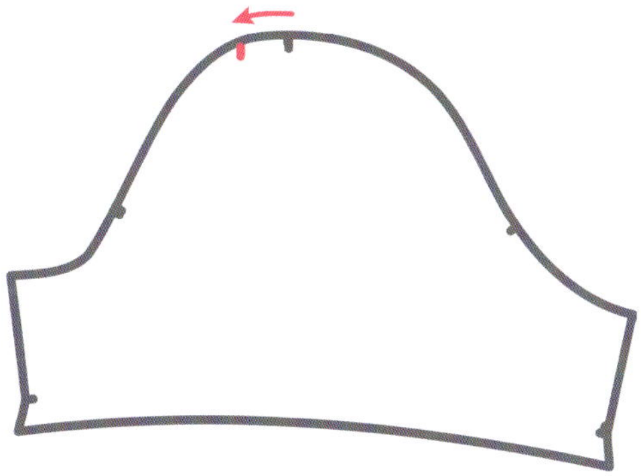

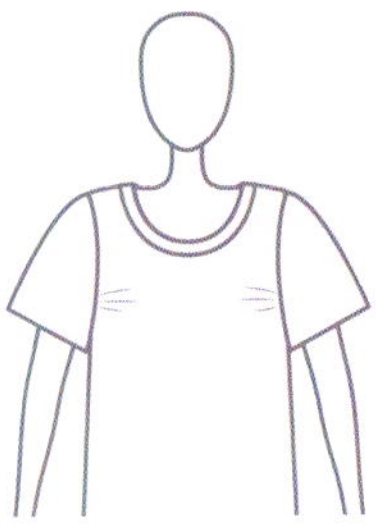

GROSSE BRUST/ FULL BUST ADJUSTMENT

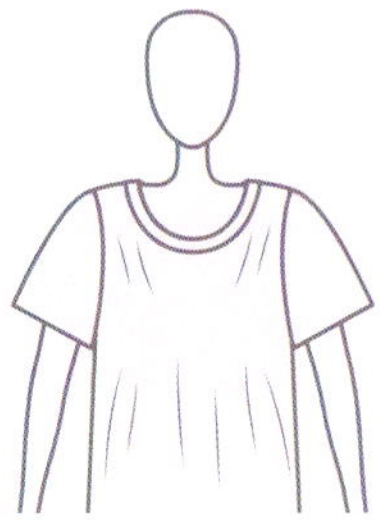

Wenn deine Brust deutlich größer als ein B-Körbchen ist, kannst du ihr mit der Full-Bust-Adjustment-Methode (FBA) mehr Platz schaffen.

HINWEIS

Bei den einfach-nähen-Schnittmustern wird bereits bei der Konstruktion auf 3 Cup-Größen gradiert. Hier brauchst du nur in Ausnahmefällen extra Mehrweite für die Brust hinzufügen.

TYPISCHE FEHLER BEI DER GRÖSSENWAHL MIT GROSSER OBERWEITE

Die meisten Schnittmuster sind für ein jugendliches B-Körbchen ausgelegt. Das bedeutet, dass alle Frauen, die eine größere Brust haben, dies bei der Größenwahl berücksichtigen müssen, damit das Oberteil später auch gut sitzt. Da in den meisten Maßtabellen nur das Maß für Brust, Taille und Hüfte angegeben ist, führt das bei Frauen mit einer größeren Oberweite dazu, dass die Ausgangsgröße anhand des Brustumfangs und damit falsch gewählt wird.

OBERTEIL ZU GROSS

Wenn die Größe nach dem Brustumfang gewählt wird, passt das Oberteil vermeintlich nur an der Brust, der Rest ist aber viel zu groß und sackig. Dann beginnt man, die Schultern einzurücken, das Armloch zu verkleinern und den Rücken zu verschmälern. Dabei muss es genau anders herum sein. Alles passt, nur an der Brust ist zu wenig Stoff. Mit einer FBA schafft man im Vorderteil für die Brust mehr Platz, der Rest bleibt unverändert.

OBERTEIL SPANNT AN DER BRUST UND IST VORNE ZU KURZ

Passt das Oberteil an den Schultern, den Armen und im Rücken gut, aber es spannt vorne an den Brüsten, unter der Achsel kneift es und der Saum ist zu kurz, hast du zwar grundsätzlich die richtige Konfektionsgröße im Schnitt gewählt, aber die größere Oberweite nicht berücksichtigt. Auch dann kannst du mit einer FBA nur am Vorderteil mehr Platz schaffen, ohne den Schnitt insgesamt anpassen zu müssen.

RICHTIGE GRÖSSE MIT OBERBRUSTUMFANG WÄHLEN

Um in einem Schnittmuster trotz großer Oberweite die richtige Ausgangsgröße zu finden, wählst du die Größe nicht nach deinem Brust-, sondern deinem Oberbrustumfang aus und fügst diesem Wert dann pauschal 5 cm dazu. Das entspricht ungefähr dem Wert, der für ein B-Körbchen für die Brust in der Konstruktion berücksichtigt wurde.

Bei den Schnittmustern von *einfach nähen* wählst du die Konfektionsgröße nach deinem Oberbrustumfang aus und bestimmst im Anschluss mit deinem Brustumfang den entsprechenden Schnittbogen.

OBERBRUST- UND BRUSTUMFANG FÜR FBA AUSMESSEN

Für die FBA-Methode muss du wissen, um wie viel Zentimeter du im Vorderteil mehr Platz brauchst. Der Wert ergibt sich aus der Differenz zwischen Brust- und Oberbrustumfang. Wenn du immer einen BH trägst, solltest du diesen auch beim Ausmessen tragen.

BRUSTUMFANG MESSEN

Für den Brustumfang wird das Maßband in Höhe der breitesten Stelle der Brust einmal waagerecht um den Körper geführt. Stehe dabei locker, so wie du z. B. stehst, wenn du auf jemanden wartest.

OBERBRUSTUMFANG MESSEN

Führe danach das Maßband oberhalb der Brust in Höhe des Brustansatzes um den Körper. Das Maßband bleibt im Rücken auf gleicher Höhe wie beim Brustumfang und wird von dort schräg nach vorne über den Brustansatz geführt.

DIFFERENZ ZWISCHEN OBERBRUST- UND BRUSTUMFANG ERRECHNEN

Für die FBA brauchst du die Hälfte der Differenz zwischen Brust- und Oberbrustumfang.
Beispiel: BU 115 cm – OBU 109 cm = 6 cm
Differenz 6 cm: 2 = 3 cm
Dein Schnittmuster sollte also um 3 cm für die Brust weiter gemacht werden.

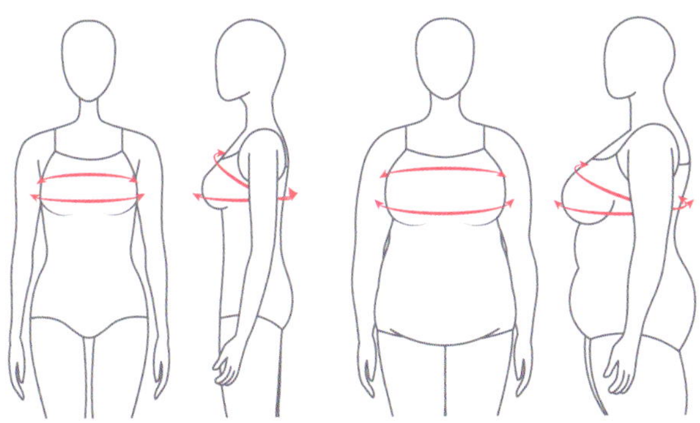

BRUSTPUNKT EINZEICHNEN

Für die FBA brauchst du noch deinen Brustpunkt. Das ist der Punkt, an dem die größte Wölbung deiner Brust ist. Bei Mehrgrößenschnitten ist der Brustpunkt immer für ein jugendliches B-Körbchen ausgelegt. Der Brustpunkt kann aber je nach Brustform und Alter tiefer und/oder weiter seitlich liegen und sollte daher gleich mit angepasst werden.

Miss von deiner Schulter gerade zum breitesten Punkt deiner Brust und dann noch einmal von diesem Punkt bis zur Seite und zeichne dir die Position im Vorderteil ein.

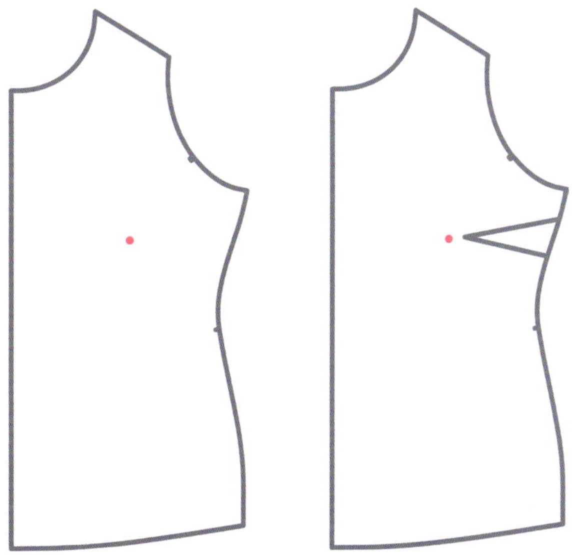

Du kannst ihn auch ganz einfach direkt einzeichnen, ohne zu messen. Lege dafür das Schnittmuster oben an deiner Schulter an deinen Oberkörper auf, sodass die Bruchkante senkrecht zwischen deinen Brüsten entlangläuft. Markiere dir den stärksten Punkt deiner Brust direkt auf dem Schnitt.

LINIEN EINZEICHNEN UND VORDERTEIL AUFSCHNEIDEN

Zeichne dir parallel zur vorderen Mitte eine senkrechte Linie vom Saum bis zum Brustpunkt.

Verbinde das untere Drittel des Armlochs mit dem Brustpunkt und zeichne zusätzlich vom Brustpunkt im rechten Winkel eine waagerechte Linie zur Seitennaht ein. Wenn bereits ein Abnäher im Schnitt eingezeichnet ist, sollte die waagerechte Linie mittig durch den Abnäher verlaufen.

Schneide die senkrechte Linie von unten über den Brustpunkt bis ins Armloch ein. Das Armloch nicht durchschneiden, sondern ein paar Millimeter davor enden. Schneide die waagerechte Linie von außen nach innen auf und ende kurz vor dem Brustpunkt.

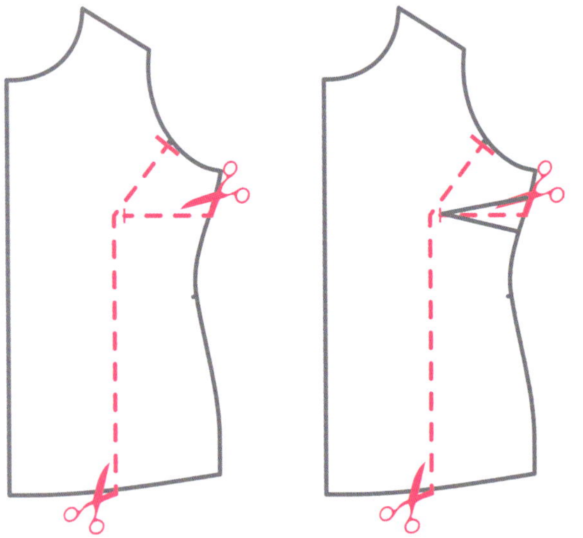

VORDERTEIL AUSEINANDERZIEHEN

Ziehe das untere äußere Teil parallel zum Saum nach unten, sodass sich ein senkrechter Spalt in der Breite des von dir errechneten Differenzwertes ergibt; im Beispiel waren es 3 cm. Dabei öffnet sich die waagerechte Linie und ein Abnäher entsteht bzw. der bestehende Abnäher wird größer. Gleichzeitig „verformt" sich das Armloch etwas. Das zieht sich aber wieder gerade, sobald später der Abnäher geschlossen ist.

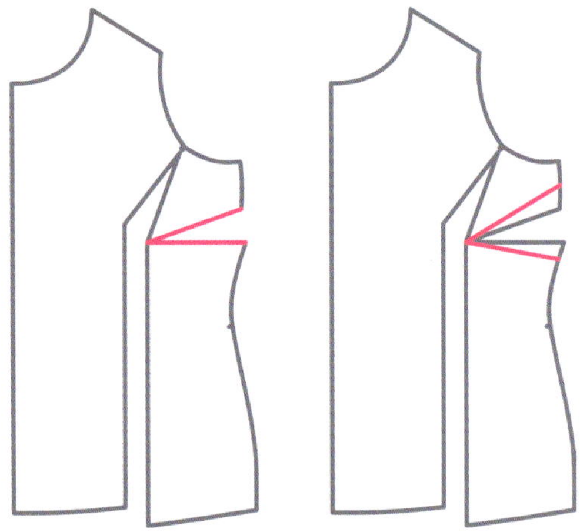

SAUMLÄNGE ANPASSEN

Durch das Aufziehen ist der äußere Teil unten etwas länger geworden. Diese Länge wird für die größere Brust benötigt.

Damit der Saum wieder gleich lang ist, wird das Schnittmuster oberhalb des kürzeren Saums waagerecht durchtrennt und nach unten geschoben, bis der Saum wieder auf einer einheitlichen Länge ist.

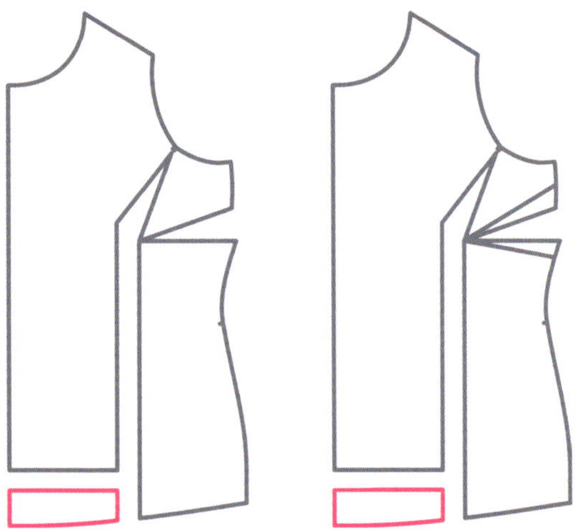

ABNÄHERSPITZE ZUM BRUSTPUNKT VERLEGEN

Durch das Auseinanderziehen ist ein Abnäher entstanden, dessen Spitze jetzt aber nicht mehr zum Brustpunkt zeigt, sondern tiefer liegt. Deswegen muss die Position des Abnähers jetzt verschoben werden. Die Spitze des Abnähers soll in Höhe des Brustpunkts liegen und – je nach Größe – zwischen 2–5 cm vor dem Brustpunkt enden.

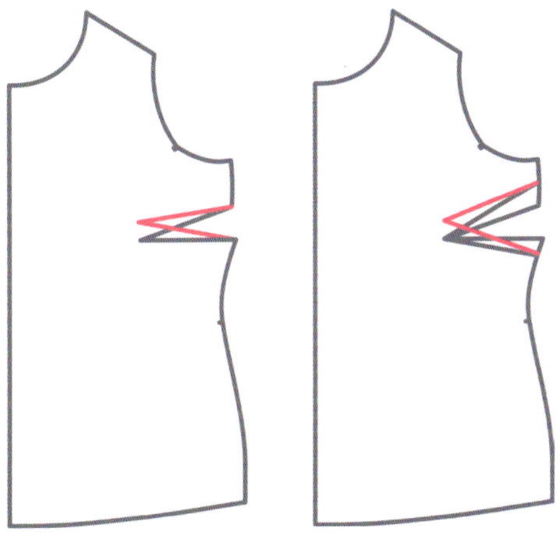

ABNÄHERDACH ZEICHNEN

Damit später die Stoffkanten am seitlichen Abnäher bündig aufeinanderpassen, muss ein sogenanntes „Abnäherdach" eingezeichnet werden.

PAPIER UNTER DEN ABNÄHER LEGEN

Lege hierfür unter den Abnäher ein Stück Papier, das ein paar Zentimeter über die Kante hinaus steht.

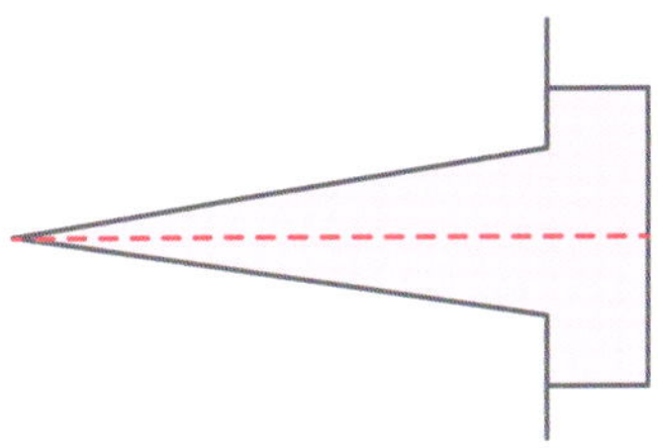

ABNÄHER FALTEN

Falte das Schnittmuster so zusammen, dass die Schenkel des Abnähers aufeinandertreffen und so liegen, wie sie später im zusammengenähten Zustand aussehen. Das dahinter geklebte Papier wird mit gefaltet.

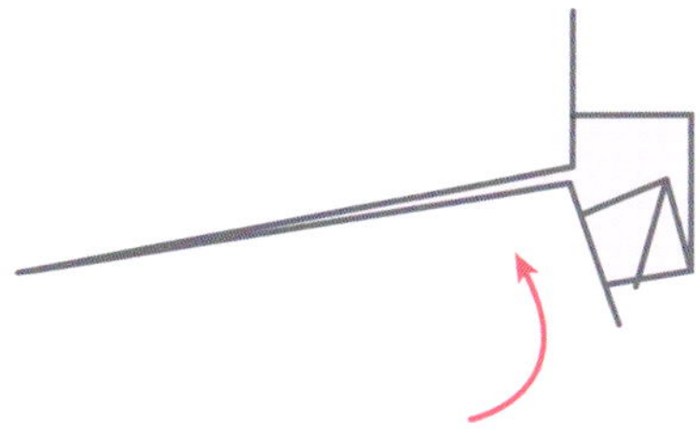

ÜBERSTEHENDES PAPIER ABSCHNEIDEN

Schneide das überstehende Papier, das hinter den Abnäher geklebt wurde, an der Kante des Schnittmusters entlang weg.

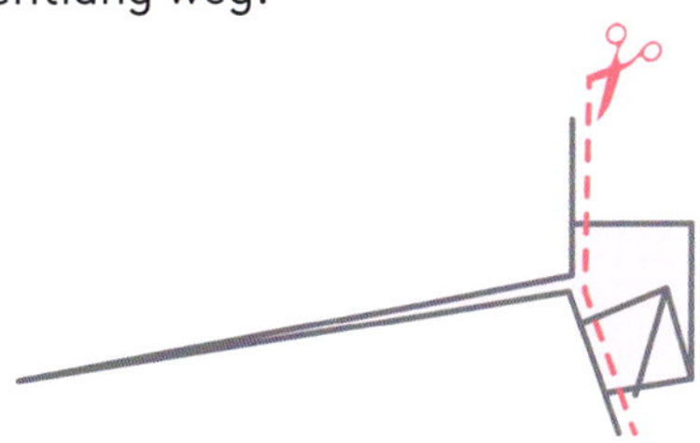

SCHNITTTEIL MIT FERTIGEM ABNÄHERDACH AUSSCHNEIDEN

Wenn du das Schnittmuster wieder auseinanderklappst, ist an der Kante das Abnäherdach entstanden. Das Schnittmuster wird nun einschließlich des Abnäherdachs ausgeschnitten.

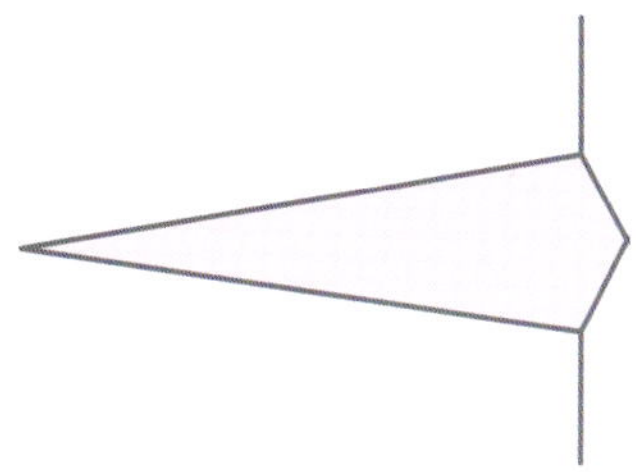

HOSE

HIER DOWNLOADEN

https://www.einfach-naehen.de/kavk-businessoutfit-naehen/

MASSTABELLEN

Die Hose ist eine klassische, weit geschnittene Hose mit seitlichen Eingrifftaschen, Reißverschluss und Gürtelschlaufen. Auf Wunsch können hinten Taschenklappen aufgenäht werden.

ACHTUNG: Wähle bei Hosenstoffen ohne Elasthan 1–2 Konfektionsgröße größer.

Körpermaße	34	36	38	40	42	44	46	48	50	52	54	56	58
Taillenumfang	66	69	72	76	80	84	91	97	104	110	117	125	134
Hüftumfang α	87	90	93	97	101	105	111	116	122	127	133	140	147
Hüftumfang β	91	94	97	101	105	109	115	120	126	131	137	144	151
Hüftumfang γ	94	97	100	104	108	112	118	123	129	134	140	147	154

Fertigmaße	34	36	38	40	42	44	46	48	50	52	54	56	58
Bundumfang hoch	64	67	70	74	78	82	89	95	102	108	115	123	132
Bundumfang niedrig	69	72	75	79	83	87	93	100	106	112	119	127	135
Hüftumfang α	88	91	93	97	102	106	111	117	122	128	133	140	147
Hüftumfang β	91	94	97	101	105	109	115	120	126	131	137	144	151
Hüftumfang γ	94	97	100	104	108	112	118	123	129	134	140	147	154

STOFFEMPFEHLUNG

Für die Hose eignen sich Hosenstoffe mit und ohne Elasthan. Außerdem benötigst du einen 12 cm langen Hosenreißverschluss, einen Knopf und etwas Einlage, um den Bund zu verstärken.

Stoffbreite 140	34	36	38	40	42	44	46	48	50	52	54	56	58
Stoffbreite 140 cm	2,5 m	2,5 m	2,5 m	2,5 m	2,5 m	2,5 m	3 m	3 m	3 m	3 m	3 m	3 m	3 m
Bügeleinlage	90 x 30 cm	90 x 30 cm	90 x 30 cm	90 x 30 cm	90 x 30 cm	90 x 40 cm	90 x 40 cm	90 x 40 cm	90 x 40 cm	90 x 50 cm	90 x 50 cm	90 x 50 cm	90 x 50 cm

LAGEPLAN

Konfektionsgröße 34-44
(Stoffverbrauch 250 cm)

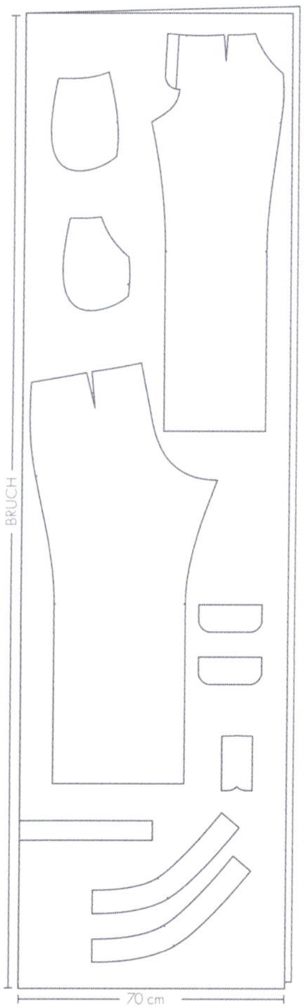

Bügeleinlage

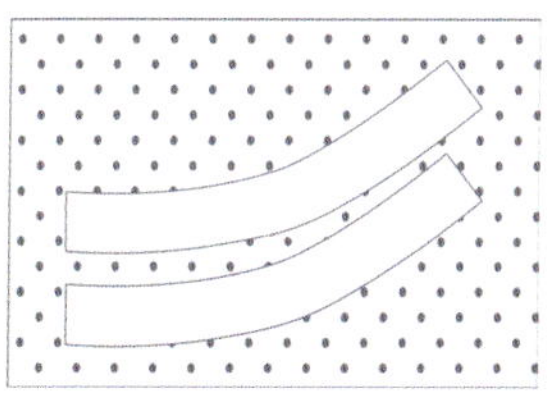

Konfektionsgröße 46-58
(Stoffverbrauch 300 cm)

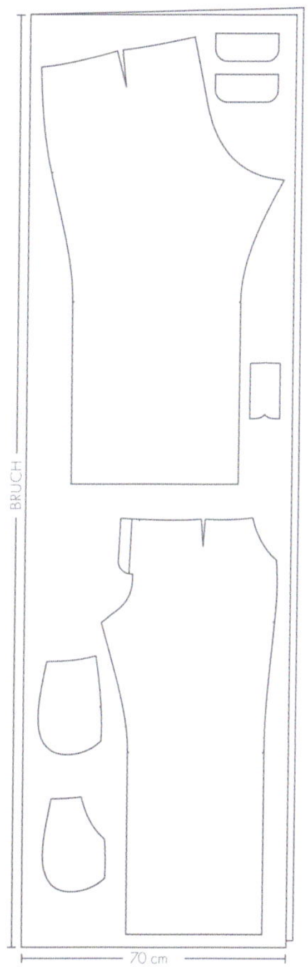

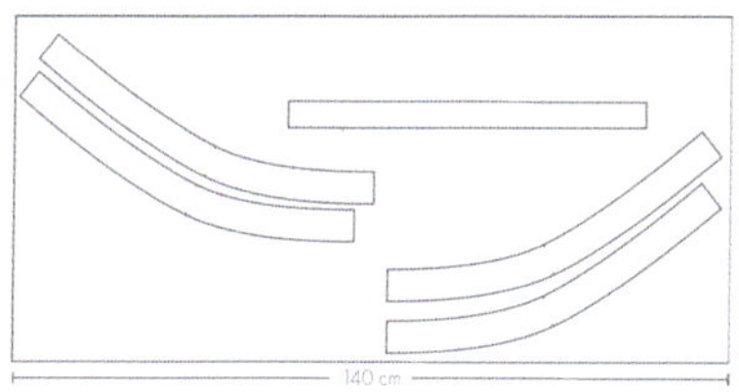

NÄHANLEITUNG HOSE

1. ABNÄHER NÄHEN

Schließe die Abnäher an den Vorder- und Hinterhosenteilen. Übertrage die Abnäher dazu auf die linken Stoffseiten der Schnittteile und klappe sie so rechts auf rechts zusammen, dass beide Abnäherschenkel genau aufeinanderliegen. Starte mit dem Nähen am Bund und ende einen Stich außerhalb der Abnäherspitze. Verriegele die Fadenenden an der Spitze nicht, sondern schneide die Fäden lang ab und verknote sie.

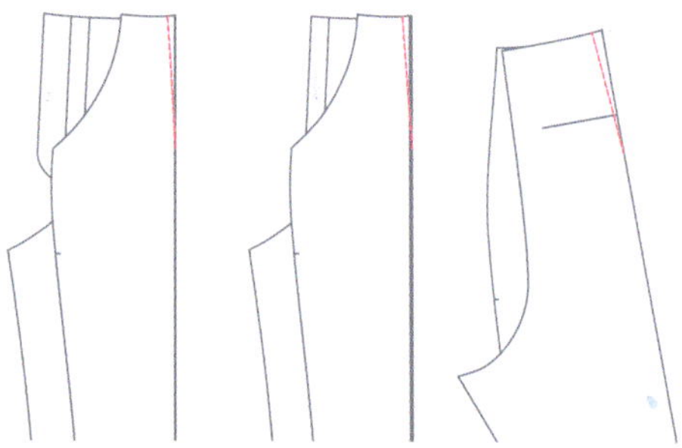

2. EINGRIFFTASCHEN NÄHEN

2.1. Stecke den vorderen Taschenbeutel rechts auf rechts an die Eingriffskante eines Vorderhosenteils und nähe ihn fest.

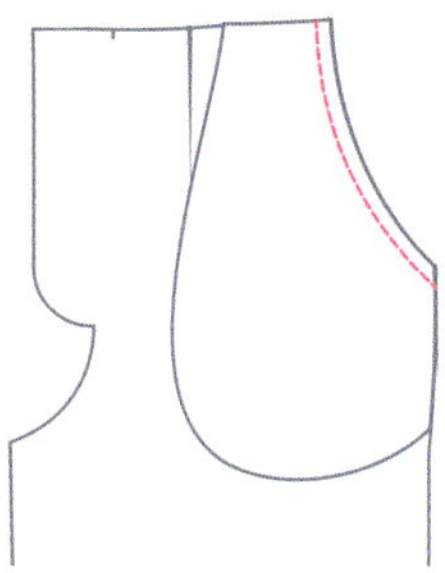

2.2. Klappe den Beutel am Eingriff nach innen um, bügle die Kante und steppe sie von rechts ab.

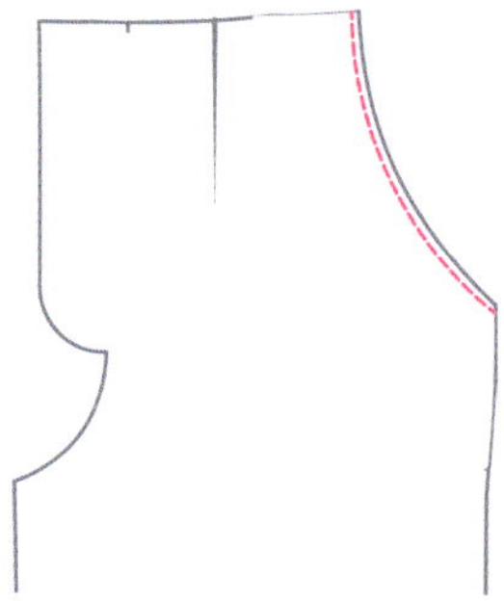

2.3. Platziere den jeweils hinteren Taschenbeutel rechts auf rechts auf dem vorderen Taschenbeutel und nähe ihn an der Rundung zusammen.

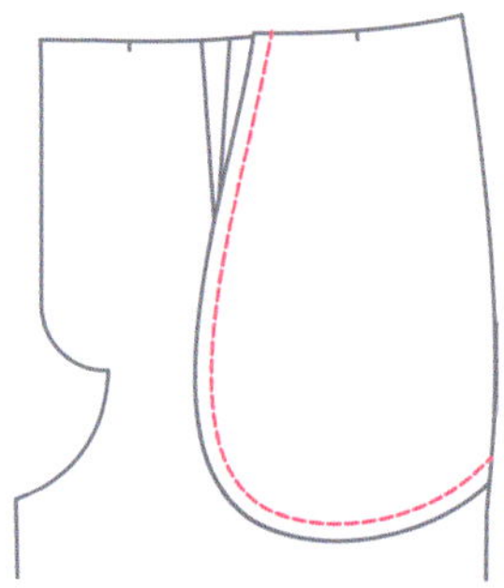

2.4. Fixiere die Taschen oben neben dem Eingriff und seitlich unter dem Eingriff mit ein paar Stichen innerhalb der Nahtzugabe.

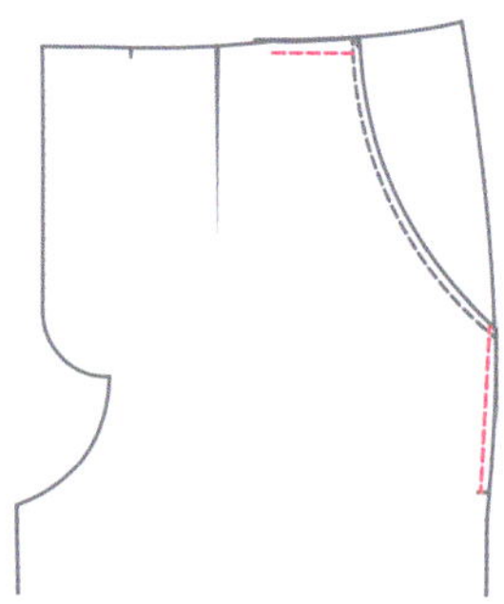

3. REISSVERSCHLUSS NÄHEN

3.1. Zeichne dir an beide Vorderhosenteile die vordere Mitte auf die linke Stoffseite. Lege beide Vorderhosenteile rechts auf rechts und nähe sie an der Schrittnaht zusammen. Die Naht reicht dabei 1cm in den Reißverschlussübertritt hinein und trifft auf die vordere Mitte.

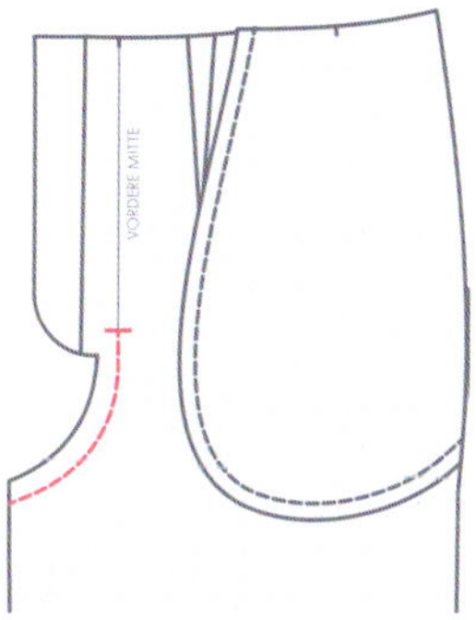

3.2. Klappe den Untertritt links auf links zusammen, versäubere die untere und seitliche offene Kante, steppe die Bruchkante knapp ab und platziere den Reißverschluss bündig auf die versäuberte Kante. Der Stopper des Reißverschlusses liegt im Abstand von 1cm von der oberen Kante entfernt.

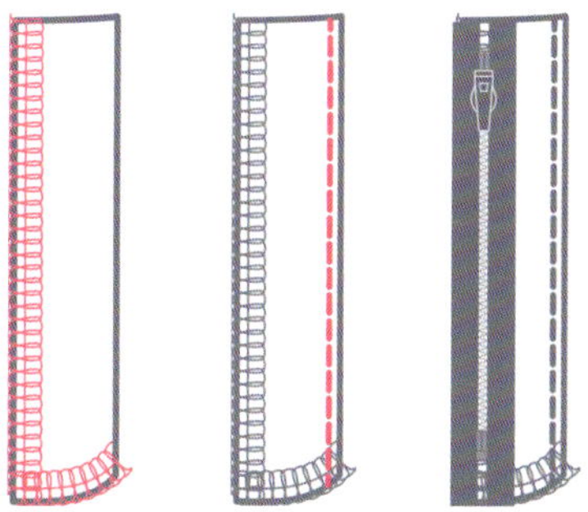

3.3. Bügle die Reißverschlusskante des rechten Vorderhosenteils um 1cm nach innen. Schiebe den Untertritt mit dem Reißverschluss so unter die rechte Vorderhose, dass die Kante der Hose knapp an den Reißverschlusszähnchen liegt. Der Rest des Reißverschlusses sowie der Untertritt sind sichtbar. Nähe den Untertritt von rechts knapp an der Kante der Vorderhose fest.

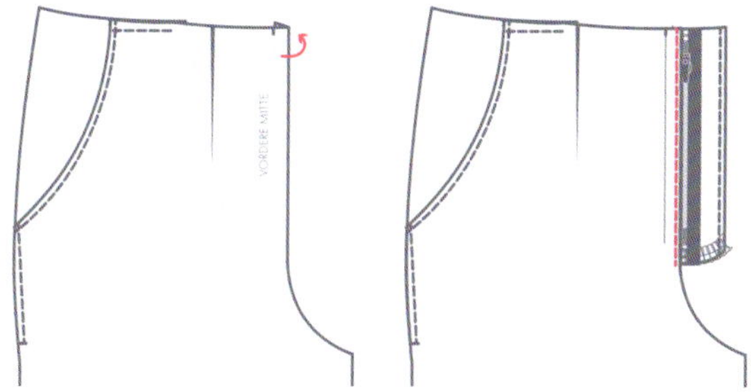

3.4. Klappe den Untertritt nach links weg und stecke ihn fest, damit er beim weiteren Nähen nicht versehentlich angenäht wird. Bügle nun den Eingriff des linken Vorderhosenteils an der vorderen Mitte nach innen.

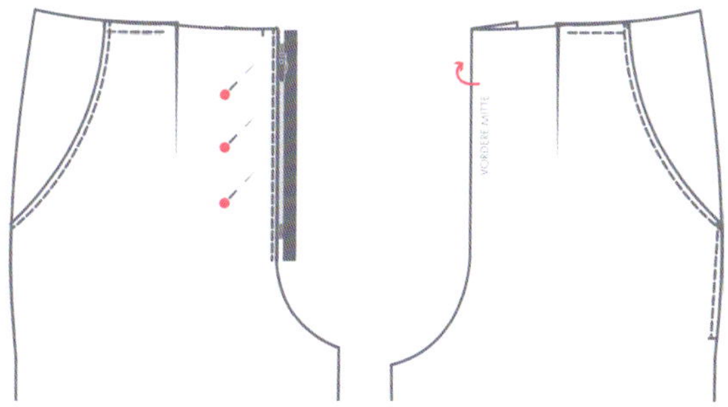

3.5. Lege die linke Vorderhose rechts auf rechts auf die rechte Vorderhose und bringe die vorderen Mitten exakt übereinander. Der Obertritt verdeckt dabei den Reißverschluss und den Untertritt. Fixiere den Obertritt rechts von den Reißverschlusszähnchen am Reißverschluss.

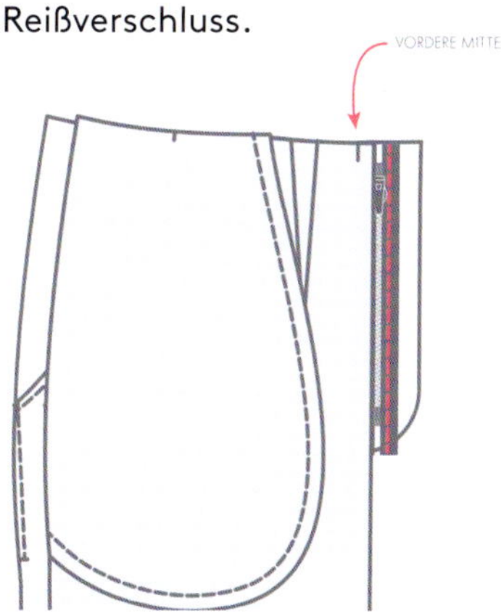

3.6. Zeichne die Naht des Eingriffs auf das linke Vorderhosenteil, indem du durch den Stoff fühlst, wo der Obertritt ist. Nähe den Obertritt von rechts fest.

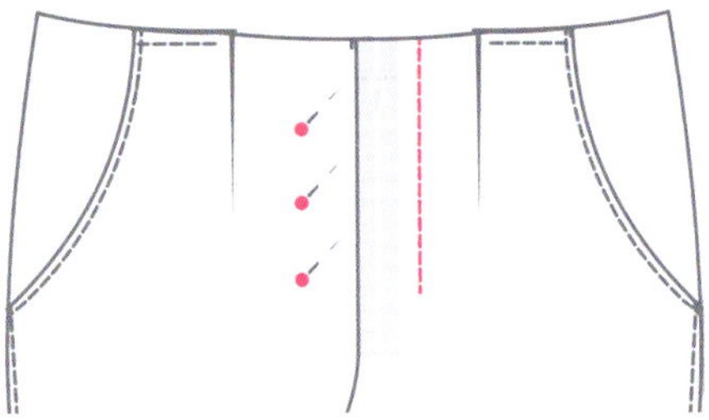

3.7. Klappe den Untertritt unter den Reißverschluss und steppe alle Lagen an der unteren Kante des Eingriffs ab.

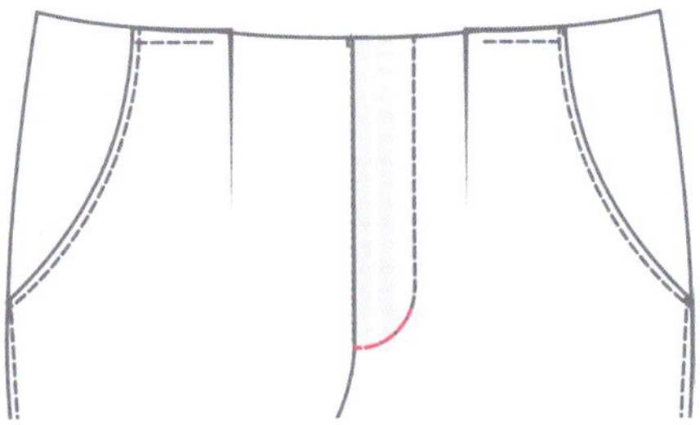

4. TASCHENKLAPPEN NÄHEN

4.1. Nähe je zwei Taschenklappen rechts auf rechts zusammen, die obere Kante bleibt zum Wenden offen. Schneide Nahtzugaben an den Rundungen zickzackförmig zurück. Wende dann die Taschenklappen, steppe die Klappen knappkantig ab und versäubere die obere Kanten jeweils mit der Overlock oder dem Zickzackstich.

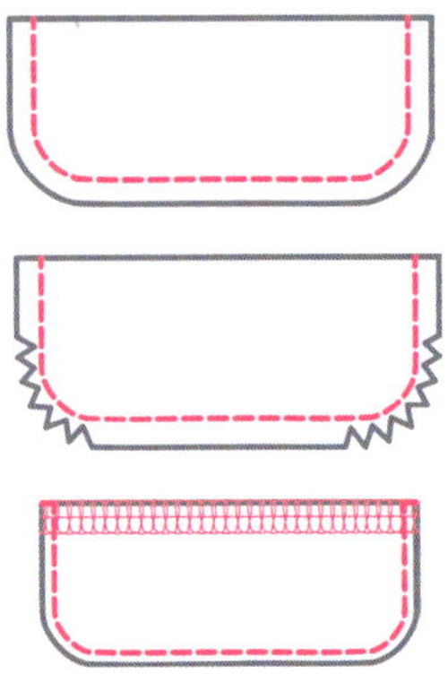

4.2. Platziere je eine Taschenklappe rechts auf rechts auf der Hinterhose, die runden Ecken der Klappen zeigen dabei nach oben, und nähe sie fest.

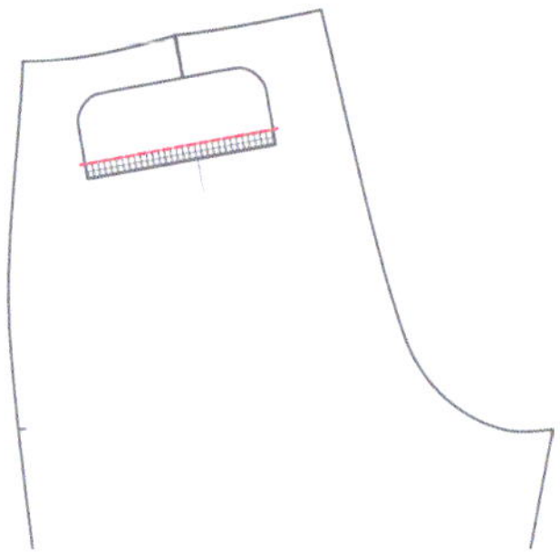

4.3. Klappe sie anschließend wieder nach unten und steppe sie an der oberen Kante von rechts knappkantig fest.

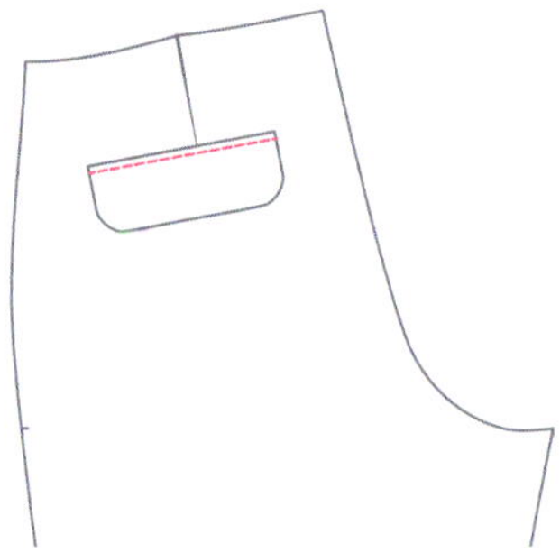

5. HOSE ZUSAMMENNÄHEN

5.1. Nähe die beiden Hinterhosenteile rechts auf rechts an der Schrittnaht zusammen.

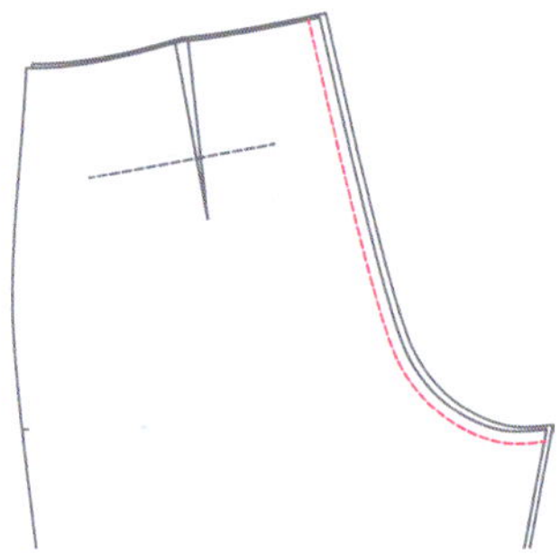

5.2. Lege beide Hosenteile rechts auf rechts aufeinander und nähe sie sowohl an den Außen- als auch den Innenseiten zusammen.

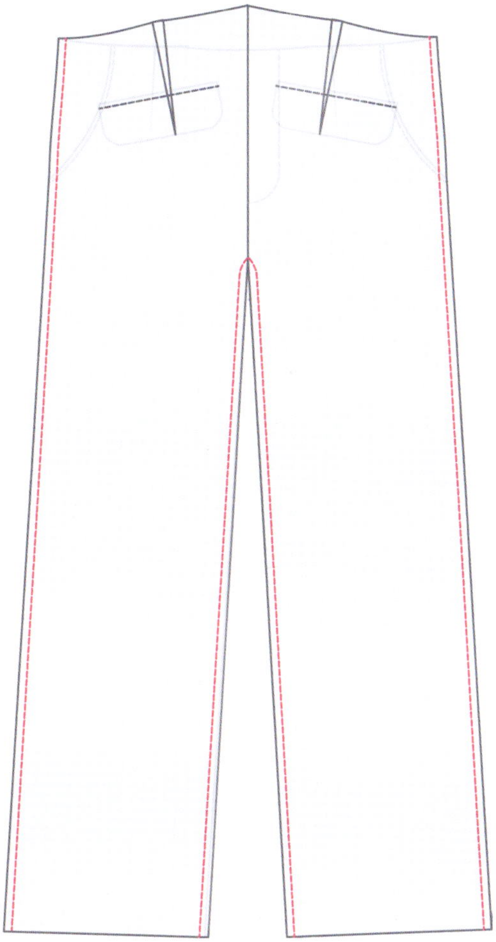

6. GÜRTELSCHLAUFEN NÄHEN

Bügle die langen Kanten des Gürtelschlaufenstreifens um 1 cm jeweils zur Mitte. Falte den Streifen anschließend noch mal entlang der langen Seite mittig und bügle den Streifen gut. Steppe beide langen Seiten knappkantig ab und schneide den Streifen in gleichmäßig lange Gürtelschlaufen.

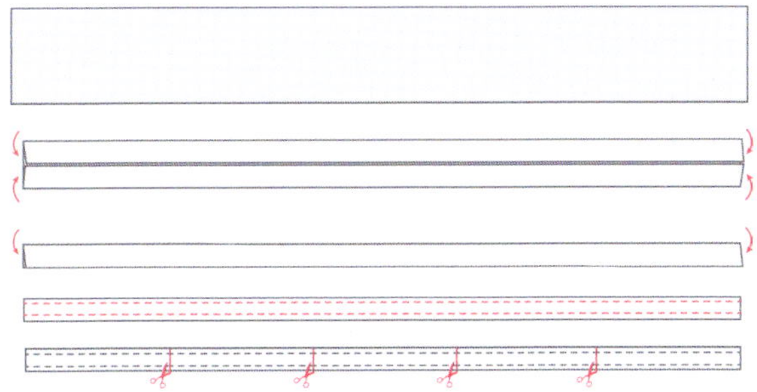

7. BUND NÄHEN

7.1. Bebügle zwei gegengleiche Bundteile mit Vlies und nähe dann jeweils zwei Bundteile rechts auf rechts an der hinteren Mitte zusammen. Klappe sie dann auseinander und bügle jeweils die obere Kante um 1 cm nach innen.

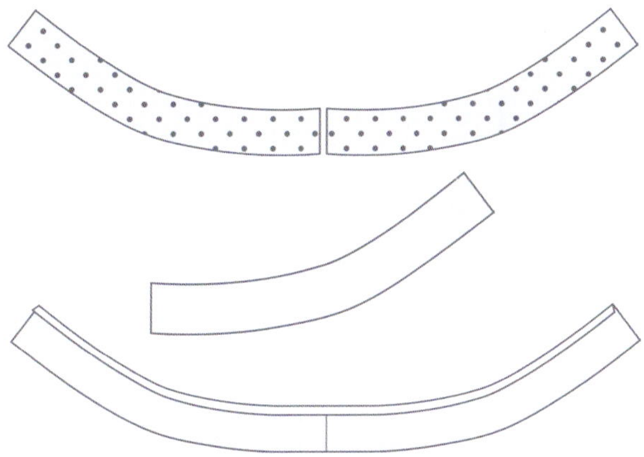

7.2. Fixiere 5 Schlaufen auf Höhe der Falten und Abnäher mit ein paar Stichen innerhalb der Nahtzugabe.

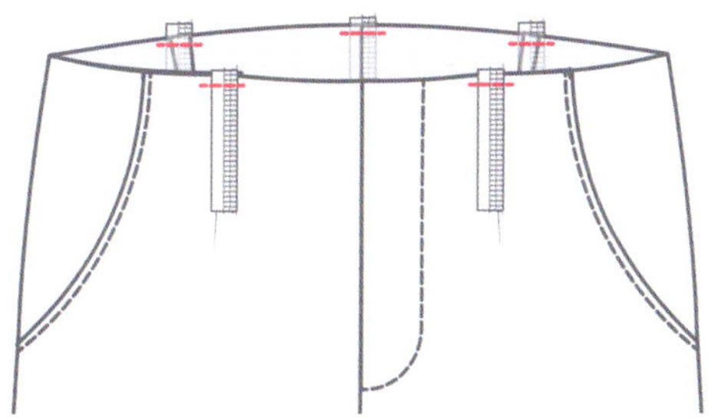

7.3. Fixiere den verstärkten Bund rechts auf rechts und den zweiten rechts auf links mit der Unterkante an die Oberkante der Hose (die Hose liegt also zwischen den beiden Bundteilen). Orientiere dich dabei an den Markierungen und starte in der hinteren Mitte. Nähe die drei Lagen zusammen.

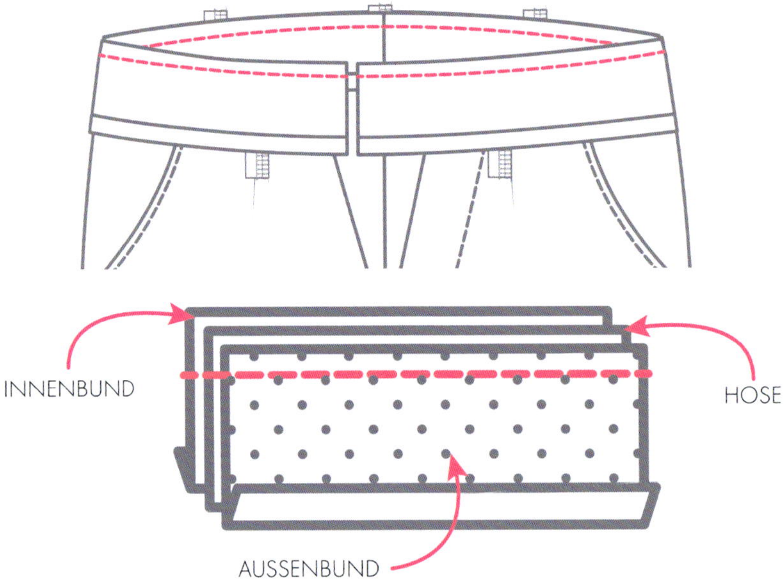

7.4. Nähe dann auch die beiden kurzen Seiten zusammen. Hier darauf achten, dass nur die beiden Bundteile aufeinanderliegen und die Hose nicht mitgefasst wird.

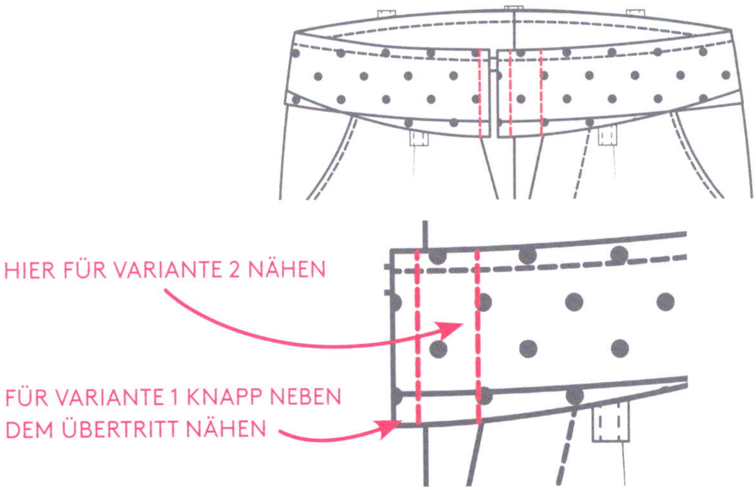

Wenn der Bund bündig mit dem Reißverschluss enden soll (Variante 2), dann kürze den Bund an der linken Vorderhose entsprechend der Markierung.

7.5. Klappe die Bundteile nach oben, schlage die Nahtzugaben nach innen und nähe den Bund an der Oberkante von rechts bündig zusammen.

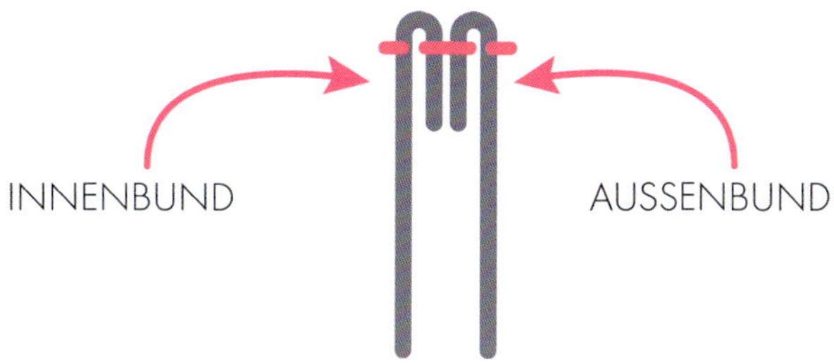

VARIANTE 1

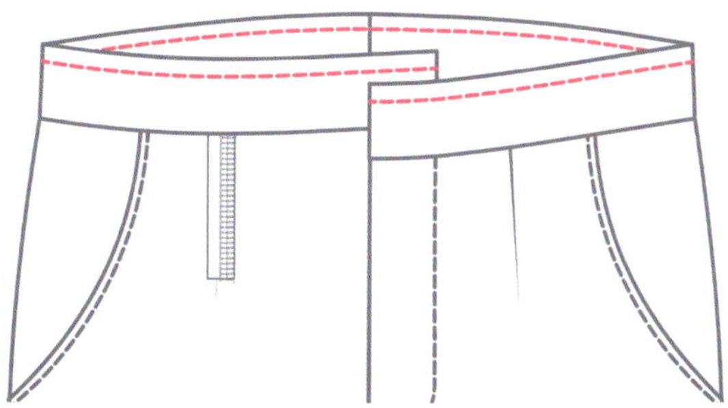

VARIANTE 2

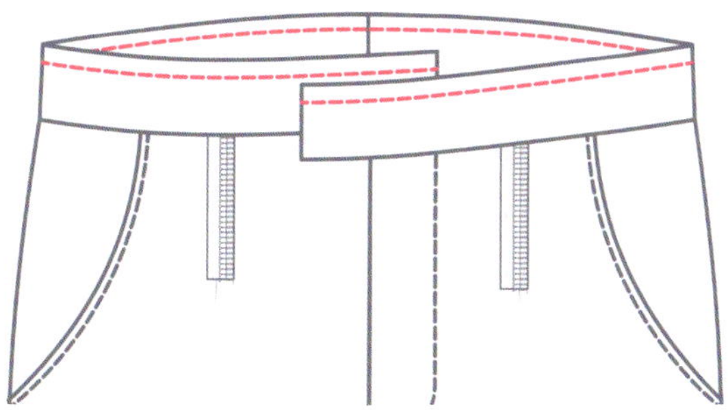

7.6. Klappe die Gürtelschlaufenenden 1 cm um und die Schlaufe dann auf den Bund. Nähe sie am Bund fest. Streiche sie dann glatt nach unten und nähe sie an der Hose fest.

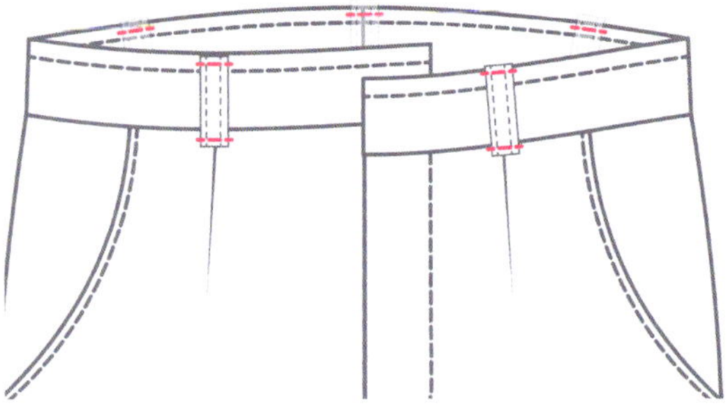

8. KNOPF & KNOPFLOCH

Markiere die Knopf- und Knopflochpositionen, nähe das Knopfloch nach Anleitung deiner Nähmaschine und bringe den Knopf an.

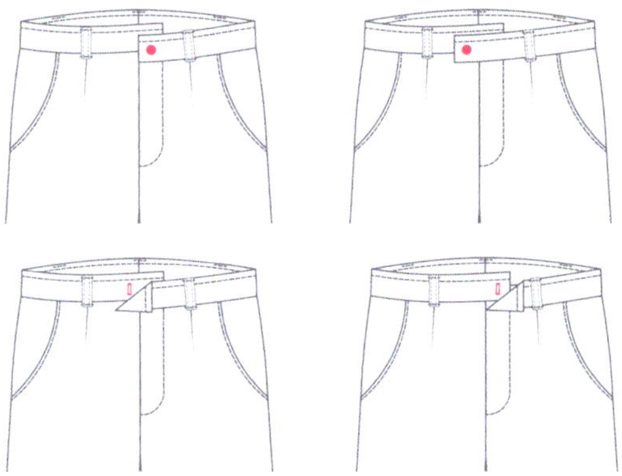

9. SÄUMEN

Schlage die Säume um 3 cm nach innen und nähe sie von rechts fest.

DESIGNBEISPIELE

SCHNITTANPASSUNG HOSE

„Schnittanpassung ist kein Übel, sondern eine Chance.“

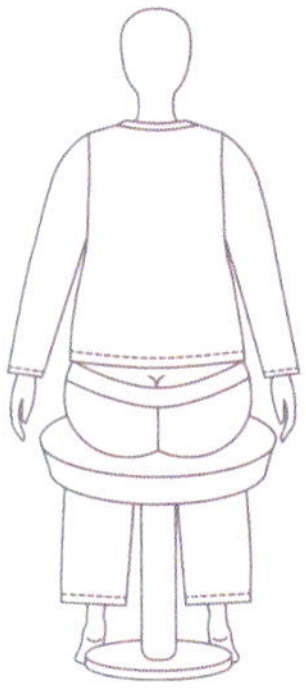

LEIBHÖHE FÜR MEHR PO VERLÄNGERN

Wenn deine Hose im Sitzen hinten zu kurz ist, wurde entweder im Schnitt zu wenig Leibhöhe gradiert, oder du hast mehr Po, als standardmäßig bei Schnittmustern berücksichtigt wird.

TATSÄCHLICHE LEIBHÖHE AM SCHNITTMUSTER AUSMESSEN

Als Erstes musst du ermitteln, wie sich deine tatsächliche Leibhöhe von der deines Schnitts unterscheidet. Setz dich gerade auf einen Stuhl und miss von deiner Taille bzw. dem Punkt, an dem der Hosenbund später sitzen soll, einmal von der Taille über deinen Po bis zum Schrittkreuz (hintere Leibhöhe).

Vergleiche diese Werte mit dem Schnittmuster. Achtung: Wird bei deinem Schnittmuster noch ein Bund angenäht, muss dieser bei der Länge entsprechend berücksichtigt werden.

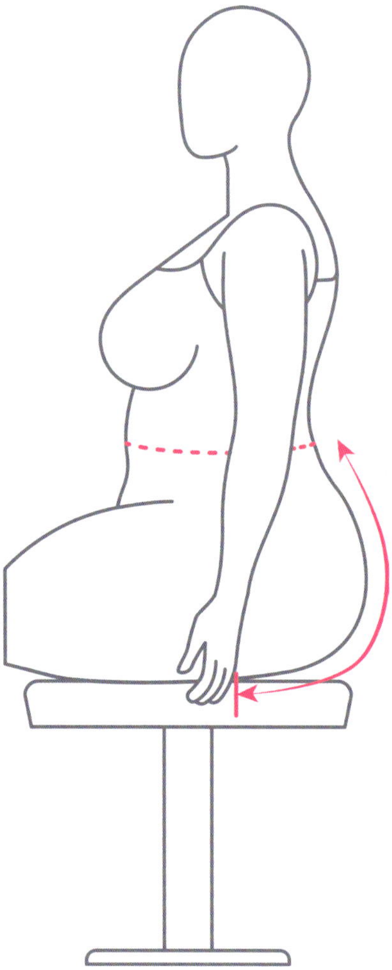

LEIBHÖHE EINSCHNEIDEN UND LÄNGE AM PO VERÄNDERN

Damit du dein Schnittmuster anpassen kannst, schneidest du die Linie der Leibhöhe von der inneren Schrittnaht ausgehend ein. Achtung: Nur ein-, nicht durchschneiden!

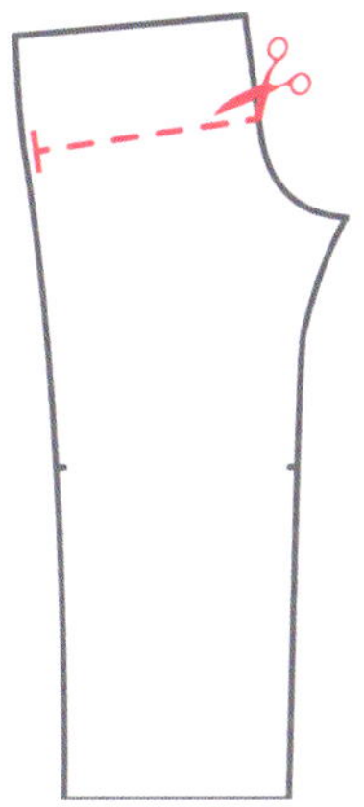

Jetzt kannst du das obere Teil so weit wie deine benötigte Weite aufschieben. Im Anschluss kannst du die Schrittnaht im Verlauf noch einmal schön nachzeichnen.

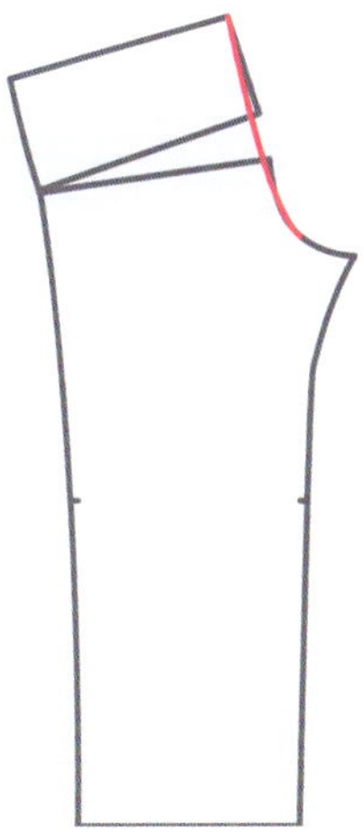

HOSE HINTEN MEHR ALS 5 CM ZU KURZ: MEHRFACH EINSCHNEIDEN

Wenn deine Hose hinten mehr als 5 cm zu kurz ist, dann solltest du die Länge, die du hinzugeben möchtest, auf mehrere Keile verteilen.

Dazu schneidest du das Schnittteil für die Hinterhose im oberen Drittel 2x parallel zur Bundkante ein und schiebst die einzelnen Teile um jeweils die Hälfte der Länge, die du insgesamt erhöhen möchtest, auseinander. Ist deine Hose hinten z. B. um 8 cm zu kurz, schiebst du beide Schnitte um jeweils 4 cm auseinander.

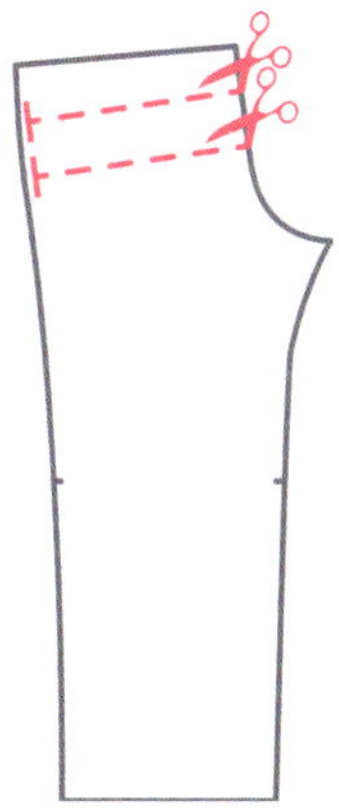

Danach werden sowohl die Schrittnaht als auch die Seitennaht in einem harmonischen Verlauf neu eingezeichnet.

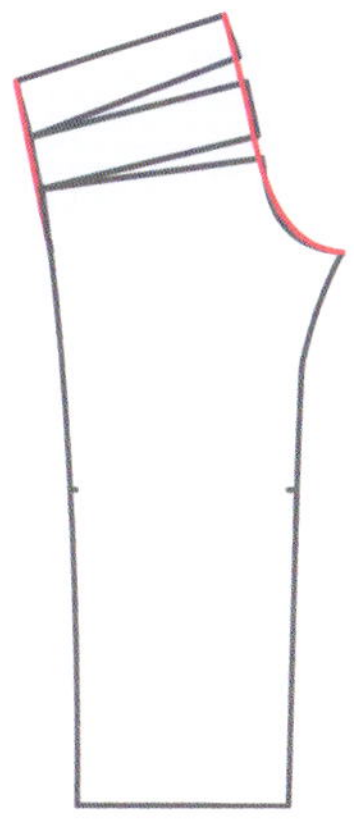

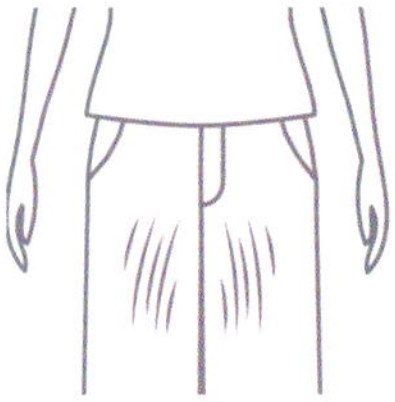

OBERSCHENKEL WEITER/ENGER MACHEN

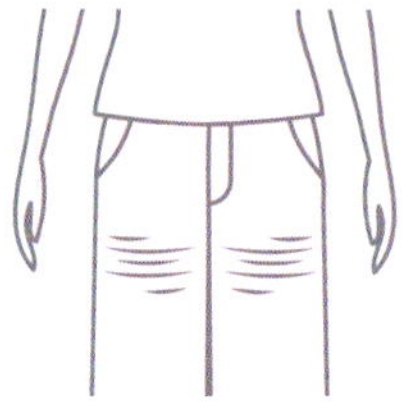

Wenn deine Hose am Oberschenkel spannt und sich Querfalten bilden, ist das ein Zeichen dafür, dass deine Hose dort mehr Weite benötigt. Wirft sie starke Längsfalten am Oberschenkel oder ist sie dir dort gefühlt zu weit, braucht die Hose am Oberschenkel weniger Weite.

VERGLEICHE OBERSCHENKELUMFANG MIT HOSENBEINWEITE

Als Erstes musst du deinen Oberschenkelumfang ausmessen. Gemessen wird an der stärksten Stelle und am besten im Sitzen. Abhängig davon, wie weit oder eng du deine Hose am Oberschenkel haben möchtest, kannst du dann noch ein paar Zentimeter hinzufügen oder wegnehmen.

Als Nächstes misst du den Oberschenkel deines Schnittmusters. Dafür misst du mittig zwischen Hüft- und Knielinie jeweils am Vorder- und am Rückteil und addierst die Werte. Den Wert deines Schnittmusters kannst du nun von der deines eigenen Oberschenkels abziehen. Jetzt weißt du, wie viel Weite du hinzufügen oder entfernen musst.

Achtung: Wenn du eine Hose aus einem dehnbaren Stoff nähst, dann solltest du das auch bei der Anpassung berücksichtigen und von deinem Wert ein paar Zentimeter abziehen. Sonst werden die Hosenbeine weiter als gewollt.

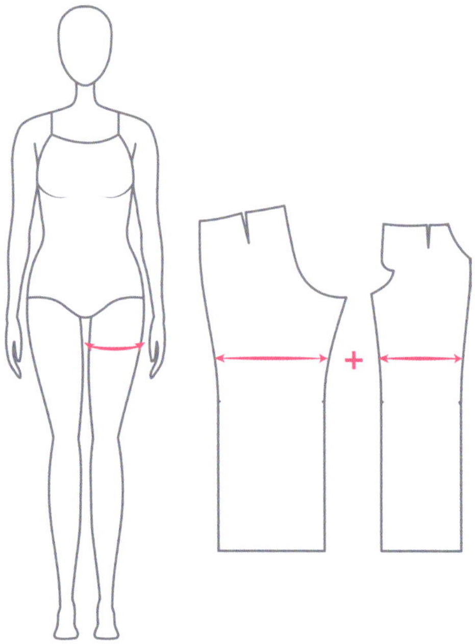

SCHNITT AM OBERSCHENKEL AUFSCHNEIDEN

Als Erstes schneidest du entlang der Knielinie den Schnitt sowohl an der Vorderhose als auch an der Hinterhose parallel zum Saum komplett durch. Von der unteren Kante ziehst du dir mittig im 90-Grad-Winkel eine senkrechte Linie hoch bis zu deinem Bund.

Danach zeichnest du eine waagerechte Linie in Höhe der stärksten Stelle deines Oberschenkels.

Dann schneidest du die senkrechte Linie von unten bis kurz vor den Bund auf und die waagerechten Linien jeweils von der Mitte bis kurz vor Ende.

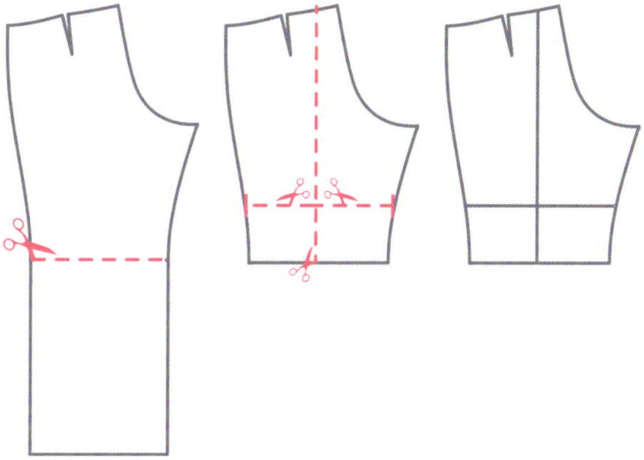

SCHNITTTEILE AUSEINANDERZIEHEN ODER ZUSAMMENSCHIEBEN

Wenn du die Hose am Oberschenkel weiter machen möchtest, dann schiebst du die Schnittteile in der Mitte nach außen, sodass ein Spalt in Form einer Raute entsteht. Dieser Spalt beträgt beim Kreuz die Hälfte des Werts, den du insgesamt dazugeben möchtest.

Möchtest du die Hose am Oberschenkel enger machen, dann schiebst du die Schnittteile ineinander, bis sie in der Mitte beim Kreuz die Hälfte des Werts überlappen.

TEILE ZUSAMMENKLEBEN UND SEITENNAHT ANGLEICHEN

Wenn du die Änderungen vorgenommen hast, kannst du alle Teile wieder zusammenkleben. Die Seiten treffen dabei an den Ecken der Schnittkante aufeinander. Zeichne dann eine neue, harmonisch verlaufende Seitennaht ein.

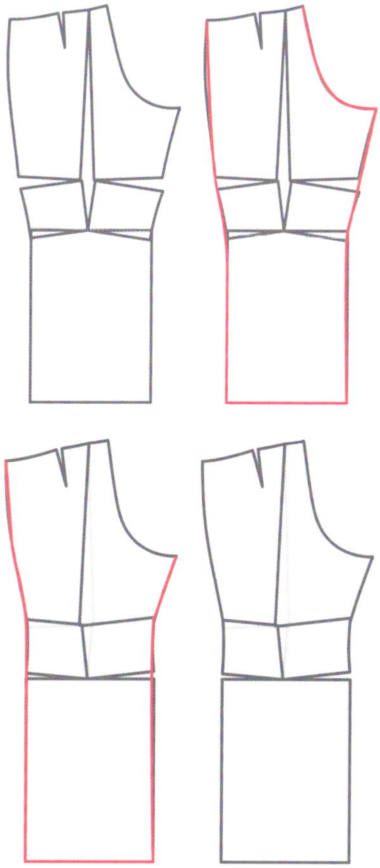

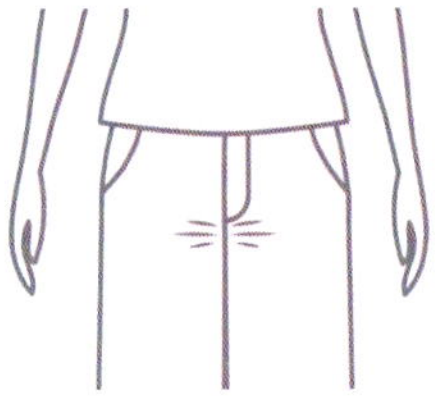

SCHRITT FALTEN VORNE

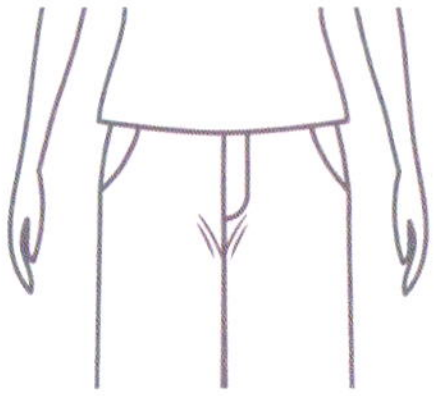

Wenn deine Hose vorne im Schritt Falten wirft, kann das verschiedene Ursachen haben.

JE FESTER DER STOFF, DESTO MEHR QUERFALTEN IM SCHRITT

Die Faltenbildung im Schritt hängt nicht nur mit der Schnittführung zusammen, sondern auch mit dem Material, das gewählt wurde. Je fester der Stoff, desto weniger kann sich die Hose beim Tragen dehnen und desto eher entstehen die typischen Querfalten im Schritt.

VORDERE SCHRITTNAHT ABFLACHEN

Um die Querfalten im Schritt zu beseitigen und mehr Platz zu schaffen, muss die Schrittnaht der Vorderhose flacher werden. Oft reichen schon 0,5–1 cm.

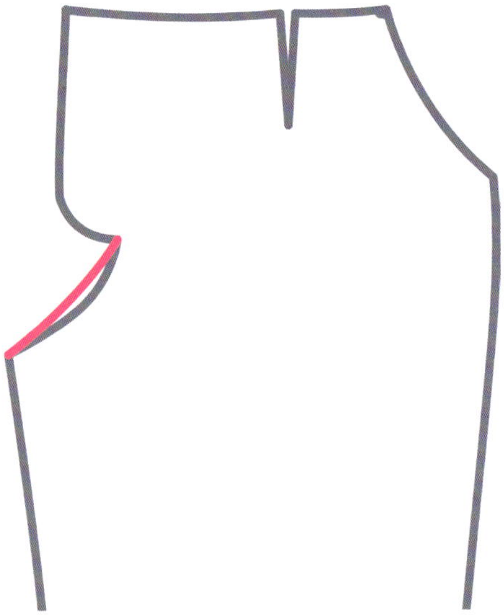

HINTERE SCHRITTNAHT KURVIGER ZEICHNEN

Wenn du die Falten nicht nur vorne hast, sondern die Hose gleichzeitig auch hinten im Schritt kneift, dann solltest du auch die Hinterhose im Schritt anpassen. Die Schrittnaht hinten ist dann zu flach und muss etwas kurviger gezeichnet werden. Auch hier reichen in der Regel 0,5–1 cm.

KURZE UND LANGE Y-FALTEN IM SCHRITT

Y-Falten können nur im vorderen Schrittbereich unterhalb des Reißverschlusses oder auch bis runter in die innere Beinnaht gehen. Bei den eher kurzen Falten ist die Kurve der Schrittnaht für deine Figur zu flach und muss kurviger sein. Wenn die Falten auch an der Innenbeinnaht sind, dann ist die Schrittnaht insgesamt zu lang und muss eingekürzt werden.

BEI KURZEN Y-FALTEN: SCHRITTNAHT KURVIGER

Wenn du nur die kurzen Y-Falten beseitigen möchtest, dann muss von der vorderen Schrittnaht etwas Stoff weggenommen werden. Wende die Hose dafür auf links und nähe die Kurve unterhalb des Reißverschlusses etwas runder bis zum Schrittkreuz. 0,5–1 cm reichen hier schon oft aus. Diese Änderung kannst du dann auf dein Schnittmuster übertragen. Zeichne hierfür die vordere Schrittnaht etwas kurviger ein.

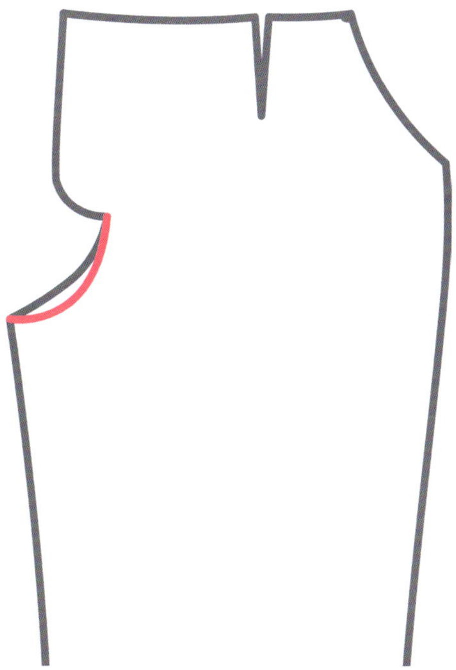

BEI LANGEN Y-FALTEN: SCHRITTNAHT EINKÜRZEN

Bei langen Y-Falten im Schritt muss zusätzlich zur Anpassung der Schrittkurve auch die Länge der vorderen Schrittnaht eingekürzt werden. Wenn du eine fertig genähte oder gekaufte Hose anpassen möchtest, wird dafür die Schrittnaht von links nach rechts etwas weggenäht. Beim Schnittmuster wird die Linie um 0,5–1 cm eingekürzt und mit der Linie der Innenbeinnaht harmonisch verbunden.

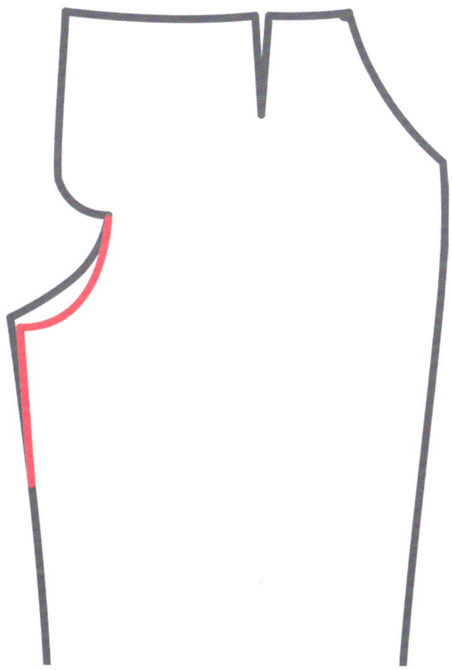

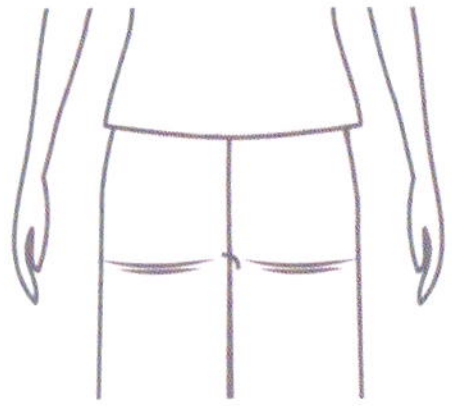

SCHRITT QUERFALTEN HINTEN

Wenn deine Hose Falten unter dem Po wirft, weil sich dort der Stoff etwas staucht, ist das erst einmal ganz normal. Die Hose braucht hinten Platz, damit sie auch im Sitzen passt. Dieses „Mehr" an Stoff rutscht beim Stehen und Laufen automatisch etwas runter. Liegt die Hose an den Oberschenkeln auch noch eng an, staucht sich der Stoff unter dem Po, weil der Stoff nicht weiter runterfallen kann.

Diese Querfalten unter dem Po können mit ein paar einfachen Änderungen am Schnittmuster zumindest etwas vermindert werden.

GRÜNDE FÜR DIE QUERFALTEN: FLACHER PO

Ein Grund für die Querfalten unter dem Po kann sein, dass die Leibhöhe hinten für dich zu hoch ist. Insbesondere bei Frauen mit einem flachen Po können solche Falten entstehen, da der Stoff nicht ausreichend ausgefüllt wird. Wenn du dir nicht sicher bist, dann zieh die Hose im Stehen mal hoch und schaue, ob die Falten dann weniger werden. Wenn sich der Stoff glatt(er) anlegt, dann ist die Leibhöhe zu hoch und muss eingekürzt werden.

TATSÄCHLICHE LEIBHÖHE MESSEN UND MIT SCHNITTMUSTER VERGLEICHEN

Um zu ermitteln, um wie viele Zentimeter du dein Schnittmuster abändern musst, misst du im Sitzen die Strecke von deinem Schritt über den Po bis zur Taille bzw. zu dem Punkt an deinem Rücken, wo die Hose später sitzen soll. Diese Strecke vergleichst du mit dem Schnittteil für die hintere Hose.

Nicht vergessen, dass später dort noch der Bund angenäht wird. Die Bundhöhe musst du beim Vergleichen noch dazurechnen. Ist in deinem Schnittmuster bereits eine Nahtzugabe enthalten, musst du diese von den Schnittteilen abziehen, um die tatsächliche Länge zu ermitteln.

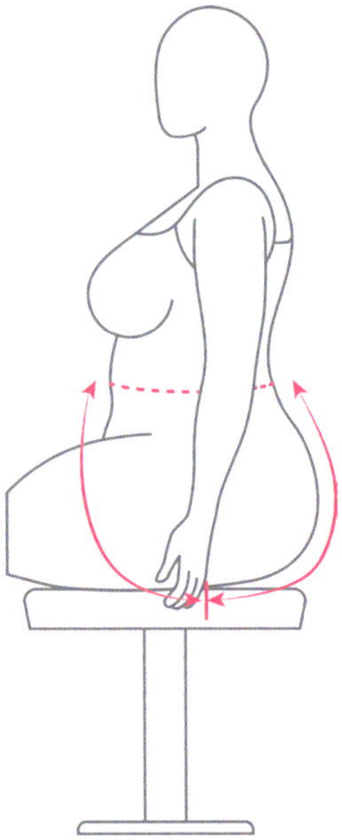

HOSE HINTEN EINSCHNEIDEN UND LÄNGE FÜR DEN PO EINKÜRZEN

Um die Leibhöhe in deinem Schnittmuster anzupassen, zeichnest du eine Linie etwas oberhalb der Hälfte der hinteren Schrittnaht parallel zur Bundkante bis zur Seitennaht. In manchen Schnittmustern ist für die Änderung der Leibhöhe auch eine Linie eingezeichnet, an der du dich orientieren kannst. Die Linie wird dann eingeschnitten bis kurz vor die Seitennaht, die Linie also nicht vollständig durchschneiden!

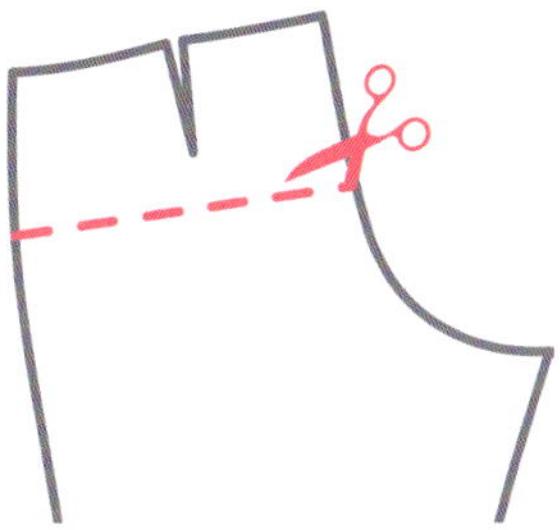

Dann schiebst du das obere Teil so weit wie deine benötigte Länge nach unten, sodass sich an der hinteren Schrittnaht die Schnittteile überlappen. Möchtest du die Hose hinten z. B. um 2 cm einkürzen, dann beträgt die Überlappung 2 cm.

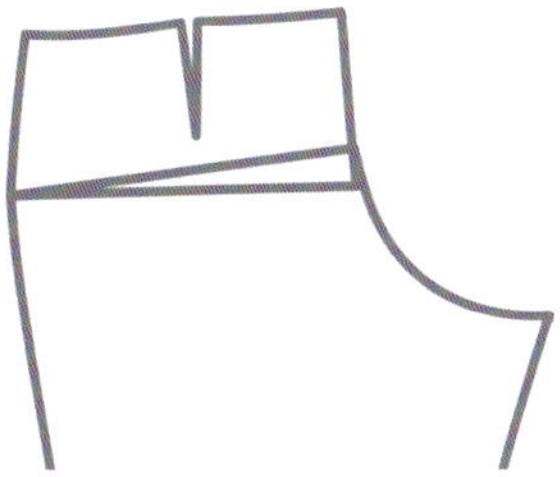

Im Anschluss musst du die Schrittnaht im Verlauf noch einmal harmonisch nachzeichnen.

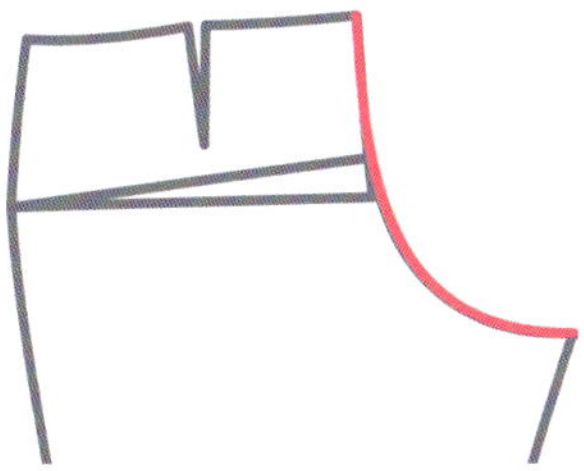

SCHRITTNAHT KÜRZEN BEI QUERFALTEN UNTER DEM PO

Ein weiterer Grund kann sein, dass die Schrittnaht hinten zu lang ist und sich der Stoff deswegen nicht ausreichend in den Schritt ziehen kann.

Hier kann es schon reichen, die Schrittnaht an der Hinterhose um 0,5–1 cm zu kürzen. Dafür setzt du an der Schrittnaht eine Markierung im entsprechenden Abstand und zeichnest die Linie für die Innenbeinnaht neu harmonisch ein. Die neue Linie sollte ca. 3–5 cm unterhalb des Schritts auf die Originallinie treffen, damit die Hose am Oberschenkel nicht zu eng wird.

Wenn du nicht nur in der Länge zu viel Stoff hast, sondern auch deine Oberschenkel die Hose nicht ausreichend ausfüllen und sich deswegen zu viel Stoff unter dem Po staucht, kannst du die Schrittnaht etwas kürzen.

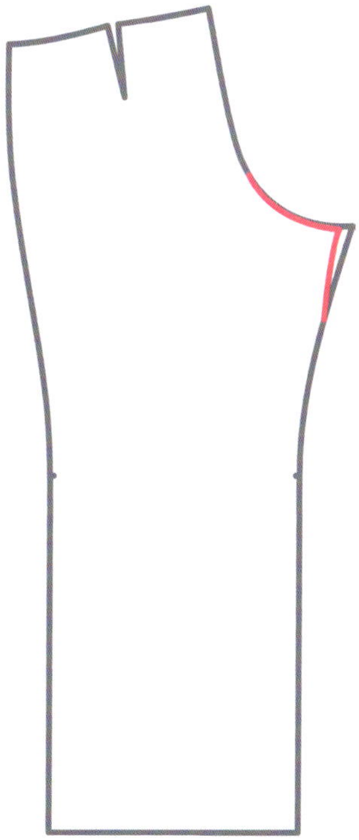

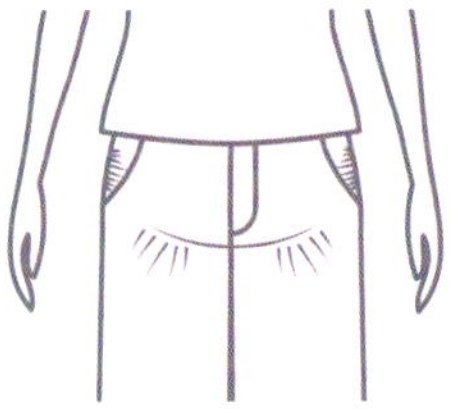

HOSE SPANNT AM UNTERBAUCH

Wenn deine Hose am Unterbauch spannt, vielleicht sogar die Eingrifftaschen aufklaffen, der Rest der Hose aber super passt, kannst du dein Schnittmuster in wenigen Schritten ganz leicht an deinen Unterbauch anpassen.

AUSMESSEN DER BENÖTIGTEN LÄNGE UND WEITE

Als Erstes musst du ermitteln, wie viel mehr Platz dein Unterbauch braucht. Hierfür brauchst du einmal die Länge und einmal die Weite, um die du das Schnittmuster verändern musst.

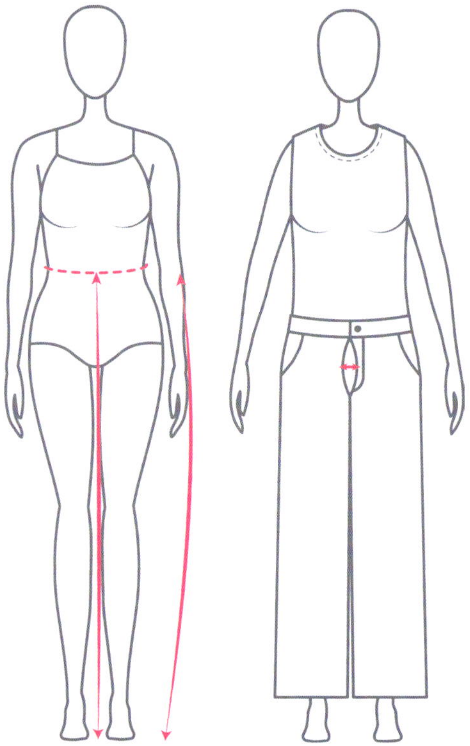

Für die Länge misst du einmal die Strecke von deiner Taille bis zum Boden an der Seite entlang und einmal von der vorderen Mitte des Bauchs auf Höhe der Taille bis zum Boden. Die Differenz der beiden Werte ergibt die Mehrlänge, die du deinem Schnitt gleich hinzufügst.

Für die Weite ziehst du am besten deine zu enge Hose an und trennst nur die vordere Mitte auf. Ziehe die Seitennähte gerade und miss die Lücke, die an der vorderen Mitte entsteht. Teile den Wert durch 2 und du erhältst die benötigte Mehrweite.

REISSVERSCHLUSSÜBERTRITT ENTFERNEN

Zum Abändern des Schnittmusters benötigst du das Schnittteil für die Vorderhose. Sollte bei deinem Schnitt ein Reißverschlussübertritt enthalten sein, schneide diesen ab und lege ihn für später zur Seite.

HILFSLINIEN EINZEICHNEN

Ziehe als Erstes eine senkrechte Gerade von der Mitte des Hosensaums zur Bundkante.

Zeichne anschließend eine Horizontale auf Höhe der breitesten Stelle deines Unterbauchs.

Ziehe zuletzt eine Diagonale von der äußersten Ecke zum Schnittpunkt der beiden eben eingezeichneten Linien. Ist eine Eingriffstasche bei deinem Schnittmuster vorgesehen, lege das Schnittteil an, um die äußerste Ecke zu sehen.

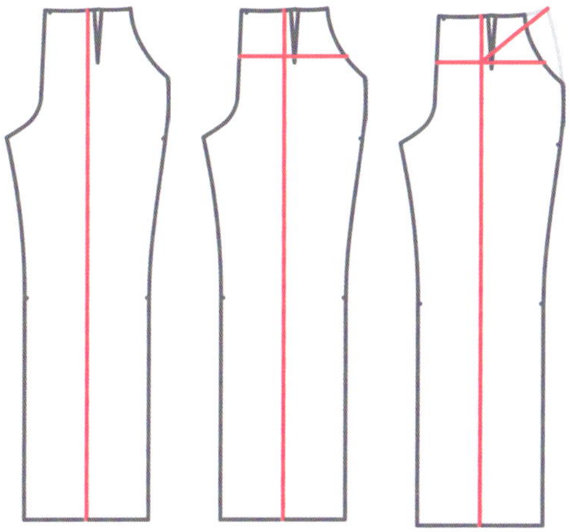

SCHNITTMUSTER EINSCHNEIDEN

Schneide das Schnittmuster von der vorderen Mitte bis kurz vor die äußere Ecke ein und schneide es ein weiteres Mal vom Bund in Richtung Bauch durch.

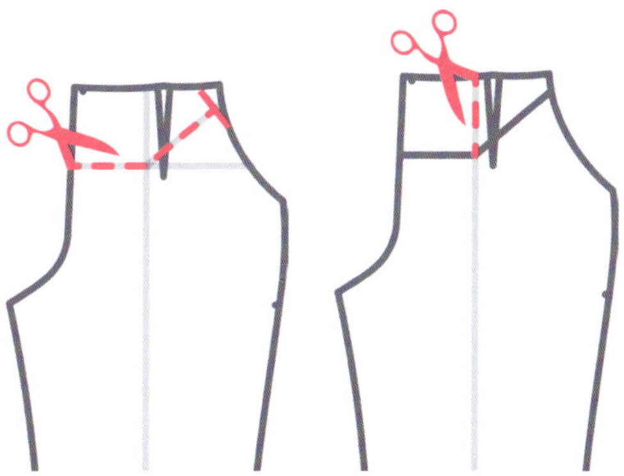

WEITE & LÄNGE EINSCHIEBEN

Drehe zuerst den oberen Teil um die benötigte Länge nach oben und klebe den rechten Teil fest. Drehe dann das linke Teil wieder zurück, sodass die Unterkante waagerecht liegt und schiebe es um die gewünschte Mehrweite nach links Richtung Schrittnaht.

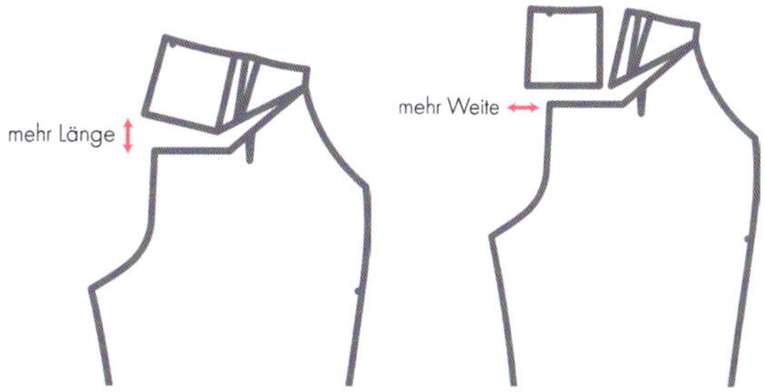

SCHNITTMUSTER NEU ZEICHNEN

Durch die Änderung ist ein (neuer) Abnäher entstanden. Wenn du dich mit der Verschiebung von Abnähern gut auskennst, kannst du aus mehreren Abnähern auch einen großen machen. Zeichne das angepasste Schnittteil auf ein neues Stück Papier. Passe dabei bereits bestehende Abnäher an und übertrage alle Markierungen.

REISSVERSCHLUSSÜBERTRITT ANPASSEN

Lege den Reißverschlussübertritt an seine ursprüngliche Position und gebe das Stück Mehrlänge, das durch die Anpassung hinzugekommen ist, in der Länge dazu. Beachte dabei, dass du auch einen längeren Hosenreißverschluss benötigst!

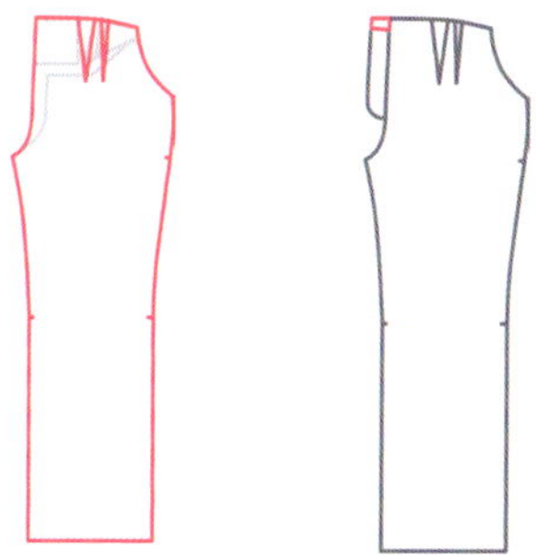

DESIGNÄNDERUNGEN

„Verändere das Design nach deinen eigenen Vorstellungen - immer mit der Sicherheit, dass es hinterher auch passt."

HALSAUSSCHNITTE

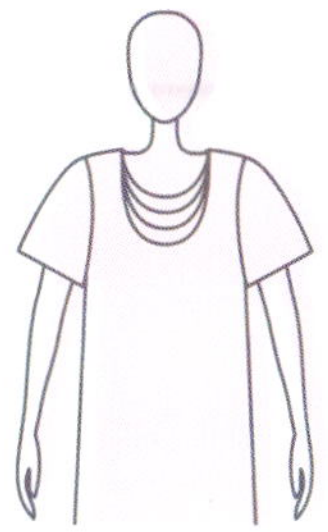

AUSSCHNITTTIEFE

Die Ausschnitttiefe ist reine Geschmackssache. Passe deinen Schnitt so an, wie es dir am besten gefällt.

GEWÜNSCHTE TIEFE MESSEN UND NEU EINZEICHNEN

Zeichne dir im Schnitt ein, wie tief der neue Ausschnitt werden soll und schneide ihn entsprechend aus.

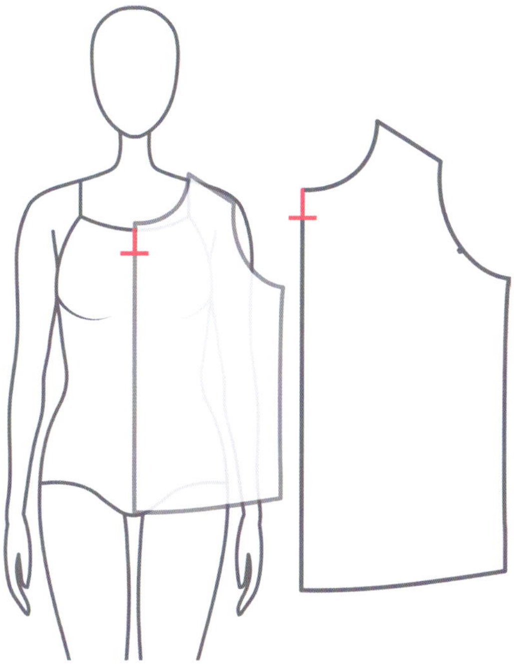

NEUER HALSAUSSCHNITT TRIFFT IM RECHTEN WINKEL AUF VORDERE MITTE

Wenn dir der Halsausschnitt im Original zu tief ist, dann verlängere zuerst die vordere Mitte nach oben. Zeichne dir dann den Halsausschnitt neu ein. Wichtig ist, dass er zur vorderen Mitte im rechten Winkel ist und genau auf die Schulternaht trifft.

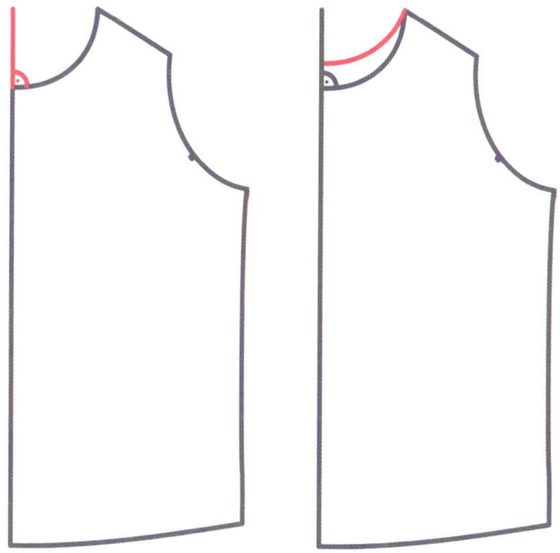

Möchtest du den Ausschnitt tiefer setzen, dann muss die neue Halslinie unterhalb des ursprünglichen Ausschnitts im rechten Winkel auf die vordere Mitte treffen.

SCHULTERNAHT VERLÄNGERN ODER KÜRZEN, UM HALSAUSSCHNITT IN DER BREITE ZU ÄNDERN

Wenn du den Halsausschnitt insgesamt weiter oder enger machen möchtest, dann musst du auch die Schulternaht verändern. Diese Änderung nimmst du dann nicht nur am Vorderteil, sondern auch am Rückteil vor, damit die Schulter bei beiden Schnittteilen wieder gleich lang ist.

HALSBÜNDCHEN NEU BERECHNEN

Da sich die Größe des Halsausschnitts verändert hat, muss die Länge des Bündchens entsprechend angepasst werden.

Miss den neuen Ausschnitt und schneide das Bündchen mit einer Breite von 4,5 cm und der neuen Länge mit dem Faktor 0,8 bei Jersey und 0,9 bei Sweat zu.

Hast du ein Oberteil mit einem Rundhalsausschnitt, kannst du daraus ganz leicht einen V-Ausschnitt machen – und umgekehrt.

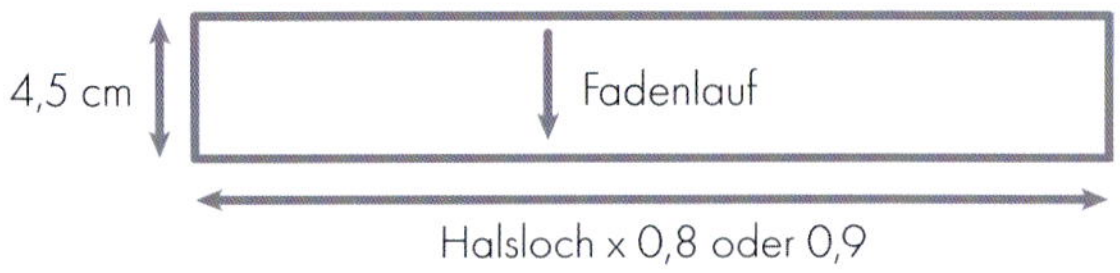

V-AUSSCHNITT

Hast du ein Oberteil mit einem Rundhalsausschnitt, kannst du daraus ganz leicht einen V-Ausschnitt machen – und umgekehrt.

NEUEN AUSSCHNITT ZEICHNEN

Zeichne von dem markierten Punkt, bis zu welcher Stelle der Ausschnitt gehen soll, in einem leicht runden Verlauf den neuen Ausschnitt ein. Das Ende trifft dabei oben ca. auf das letzte Drittel des Original-Ausschnitts.

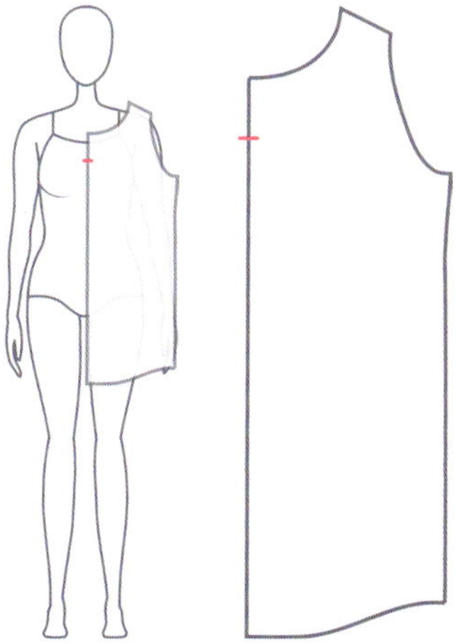

HALSBÜNDCHEN NEU BERECHNEN

Da sich die Größe des Ausschnitts verändert hat, muss die Länge des Halsausschnitts neu berechnet werden.

Miss den neuen Ausschnitt aus und schneide das Bündchen mit einer Breite von 5 cm und der neuen Länge mit dem Faktor 0,9 zu.

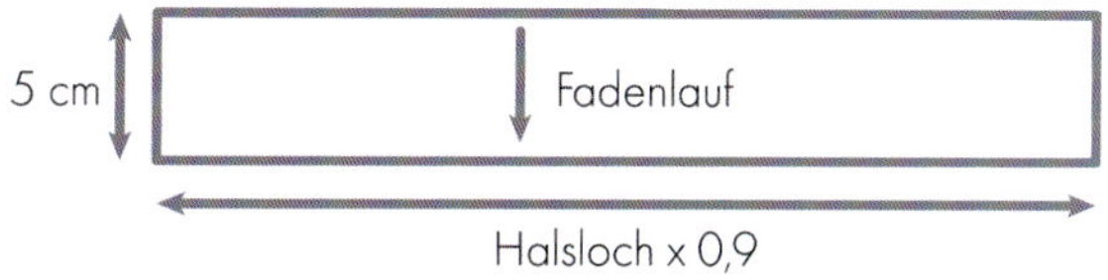

V-AUSSCHNITT NÄHEN

Nähe das Halsbündchen wie gewohnt an den Halsausschnitt an.

Ziehe das Kleid/Shirt auf links und lege das Vorderteil in den Bruch. Nähe den Teil des Halsausschnitts, der über den Bruch übersteht, in Verlängerung zum Bruch ab.

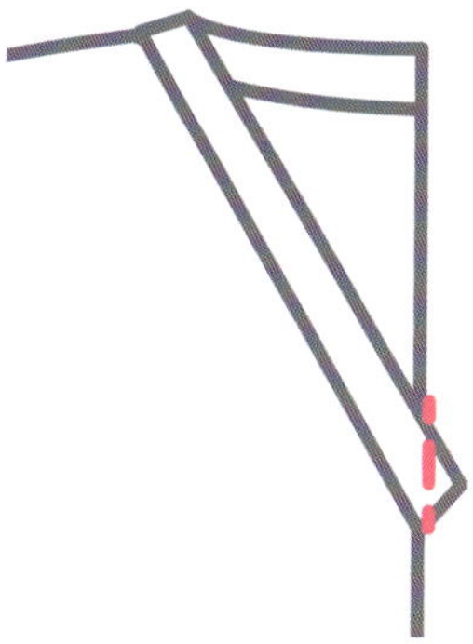

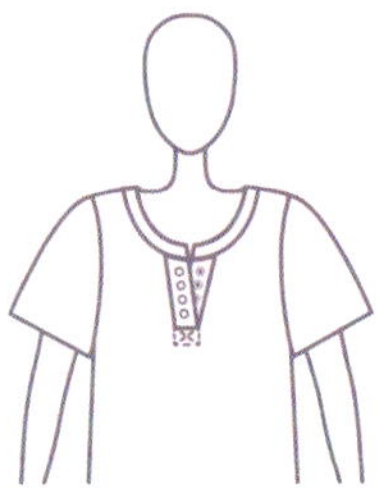

KNOPFLEISTE

Ein absoluter Klassiker ist ein Shirt mit Knopfleiste. Wie du so eine Knopfleiste ganz einfach selbst konstruieren kannst, erkläre ich dir hier.

KNOPFLEISTE NÄHEN

Größe und Länge der Knopfleiste kannst du ganz individuell gestalten. Für eine Knopfleiste brauchst du 2 Blenden, deren Größe sich nach der Größe der finalen Knopfleiste richten:

Länge: gewünschte Länge + 2 cm
Breite: (fertige Breite + 1 cm) * 2

Lege die beiden Blenden jeweils links auf links der Länge nach zur Hälfte zusammen.

Lege die beiden Leisten mittig auf die rechte Seite des Vorderteils an den Halsausschnitt. Die offenen Kanten berühren sich.

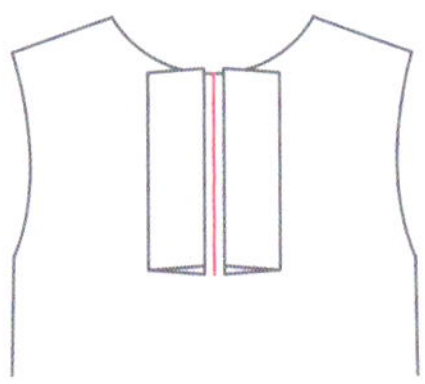

Nähe die Blenden mit je 1 cm Nahtzugabe fest. Ende 2 cm vor dem jeweiligen Leistenende.

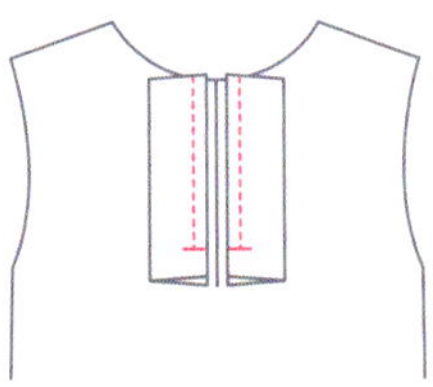

Achtung: Beide Nähte müssen exakt auf der gleichen Höhe enden.

Schneide das Vorderteil zwischen den Leistenteilen bis ca. 1,5 cm vor Ende der Nähte mittig ein. Schneide dann von der Mitte schräg bis jeweils an das Nahtende.

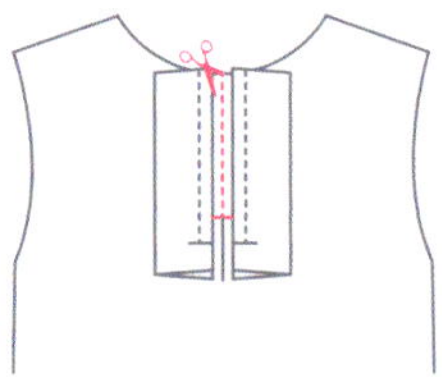

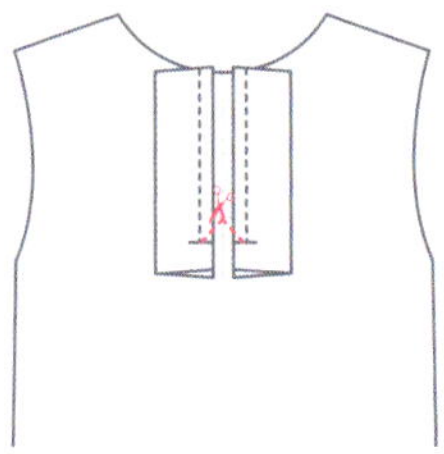

Schlage die beiden Leisten nach innen ein, lege sie ordentlich übereinander und stecke sie unten fest. Nähe knapp an den Kanten der Leisten die Nahtzugaben fest.

Nähe unten waagerecht beide Leisten zusammen und verbinde sie mit einem Rechteck + Kreuz.

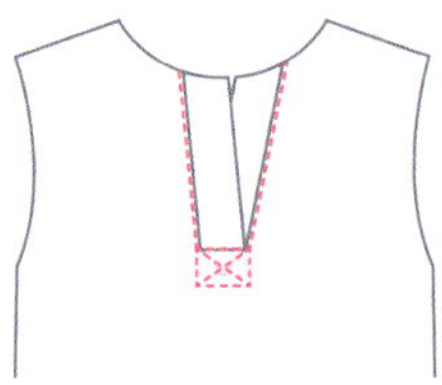

ANBRINGEN DES HALSBÜNDCHENS BEI SHIRT MIT KNOPFLEISTE

Miss die komplette Länge des Halsausschnitts inkl. der Knopfleiste und multipliziere dies mit 0,8. Schneide anschließend das Bündchen mit einer Höhe von 4 cm zu.

Lege den Streifen rechts auf rechts auf das Vorderteil. Der Anfang des Bündchenstreifens schaut ca. 1,5 cm an der Kante der Knopfleiste über. Falte das Ende des Bündchens einmal um die Knopfleiste auf die linke Seite des Vorderteils.

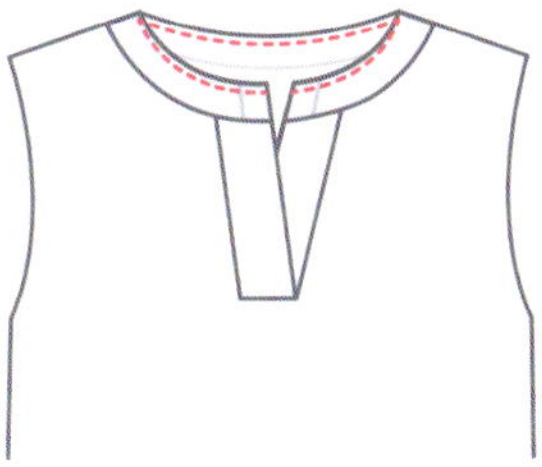

Verteile im Anschluss das Bündchen gleichmäßig auf den Halsausschnitt und nähe das Bündchen rundherum fest.

Schlage das Bündchen nach innen und steppe es im Anschluss von rechts einmal knappkantig fest. Überstehender Stoff kann später zurückgeschnitten werden.

JERSEYDRUCKKNÖPFE ANBRINGEN

Entweder wählst du für die Knopfleiste echte Knopflöcher und nähst passende Knöpfe an. Wie das gemacht wird, kannst du auf Seite 55–57 lesen. Oder du entscheidest dich für Druckknöpfe.

Ein Druckknopfset besteht aus einem männlichen und einem weiblichen Stück. Und zum Befestigen noch jeweils ein kleines Krönchen. Bei den meisten Sets ist ein passendes Werkzeug dabei. Die Werkzeuge sind bei allen Herstellern sehr ähnlich.

Damit der Druckknopf später korrekt angebracht wird und gut schließt, ist es wichtig, dass die einzelnen Teile richtig in das Werkzeug eingelegt werden. Hier die Anleitung des Herstellers beachten.

Zuerst wird der „Junge" an der gewünschten Stelle angebracht. Dazu wird der Stoff zwischen „Junge" und „Krönchen" platziert und die Markierung genau in die Mitte des Druckknopfs gelegt.

ANBRINGEN MIT DEM HAMMER

Wenn du den Druckknopf mit dem Hammer anbringen möchtest, empfehle ich dir, eine feste Unterlage unter das Werkzeug zu legen. Schlage mit dem Hammer möglichst gerade auf das Werkzeug, damit es nicht verrutscht.

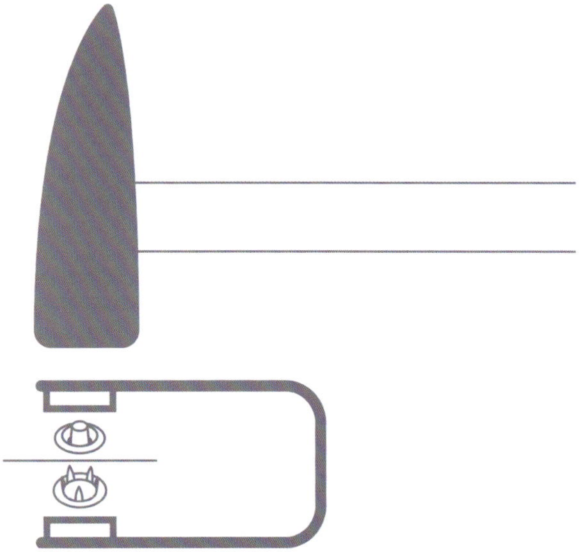

Wenn der „Junge" angebracht ist, lege die Knopfleiste übereinander und drücke den „Jungen" etwas in den Stoff, sodass du einen Abdruck bekommst. Dieser Abdruck ist die Mitte für das Gegenstück: dem „Mädchen". Das „Mädchen" wird mit der linken Seite in das Werkzeug gelegt. Die linke Seite ist die, auf die das Metall gebogen wurde.

ANBRINGEN MIT DER ZANGE

Die Zange hat den Vorteil, dass die beiden Gegenstücke beim Zusammenpressen nicht verrutschen können. Und wenn du die beiden Pärchen richtig positioniert hast, brauchst du die Zange nur mit ein bisschen Druck zusammendrücken und schon ist der Druckknopf befestigt.

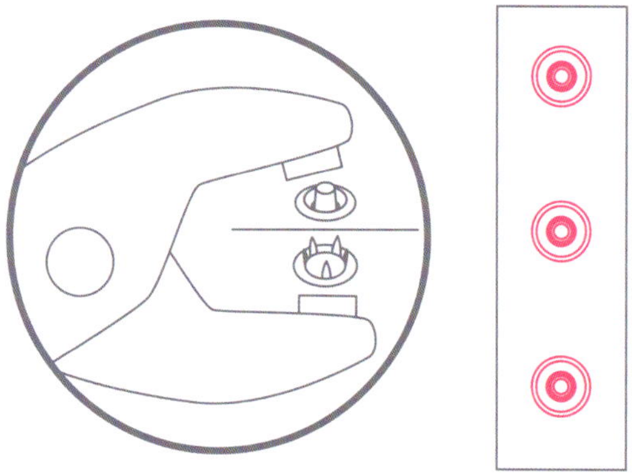

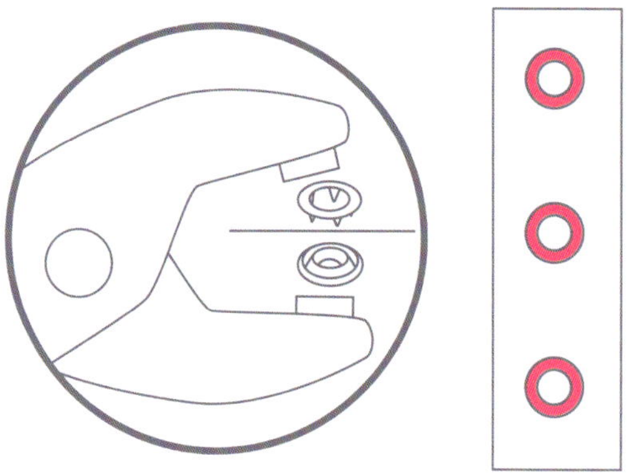

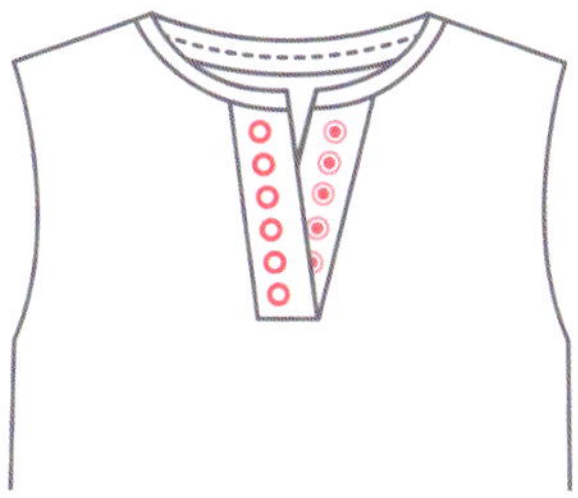

Nachdem „Junge“ und „Mädchen“ angebracht wurden, schließe die Knopfleiste und öffne sie vorsichtig wieder. Kontrolliere, dass keine Zacken der Krönchen herausschauen und ob die Druckknöpfe halten beim Öffnen.

JERSEYDRUCKKNÖPFE ENTFERNEN

Zum Entfernen des Druckknopfs nehme dir einen schmaleren Schlitzschraubendreher und gehe damit auf der gegenüberliegenden Seite von dem Krönchen, also dem Mädchen, einmal rundherum und hebe die Krone ein bisschen aus dem Gegenstück raus.

Hier vorsichtig sein, damit du mit dem Schraubendreher den Stoff nicht mit zerstörst und auch nicht einfach alles irgendwie aufbiegst, denn dann verbiegen die Zacken von der Krone zu sehr und hinterlassen hässliche Löcher im Stoff. Wenn du einmal rundherum bist, dann kannst du den Druckknopf einfach aus dem Stoff herauslösen und schon ist der Druckknopf wieder entfernt.

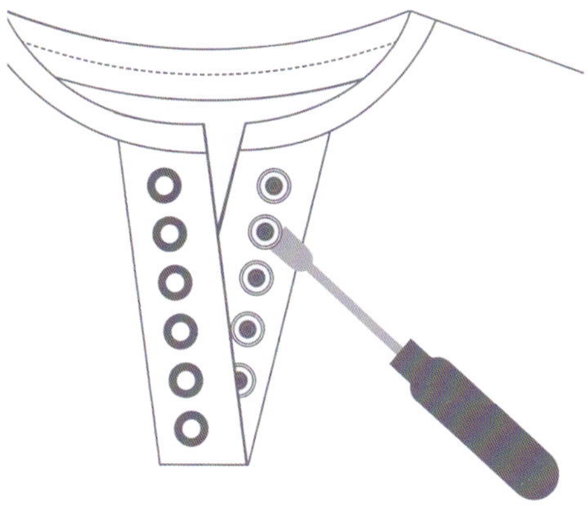

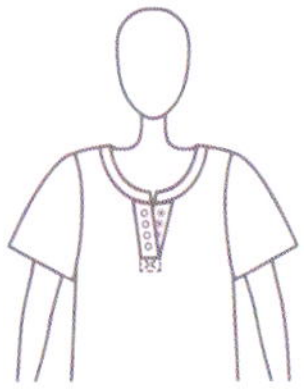

BELEG

Einen Beleg nutzt man immer dann, wenn man eine Stoffkante unsichtbar versäubern, hierfür aber kein Bündchen, Schrägband oder Jerseystreifen nutzen möchte.

HALSBELEG, ÄRMELBELEG, JACKENBELEG

Grob lassen sich drei verschiedene Belege unterscheiden: Halsbeleg, Ärmelbeleg und Jackenbeleg. Diese werden an die jeweiligen Stoffkanten genäht und dann verstürzt, also nach innen geschlagen. Optisch hört der Ausschnitt dann direkt an der Nahtlinie auf. Ohne einen Beleg wäre immer auch die Nahtzugabe oder die Stoffkante sichtbar.

AUSSCHNITT FÜR BELEG KOPIEREN

Ein Beleg ist nichts anderes als eine Kopie des jeweiligen Ausschnitts und ist in der Regel 4–5 cm breit.

Zeichne dir von dem gewünschten Ausschnitt eine Linie im Abstand von 4-5 cm und übertrage auch auf den Beleg sämtliche Markierungen, die am Ausschnitt zu finden sind.

BELEG FÜR EINEN HALSAUSSCHNITT

Um einen Halsausschnitt mit einem Beleg zu versäubern, kopierst du sowohl am Vorderteil als auch am Rückteil den jeweiligen Ausschnitt.

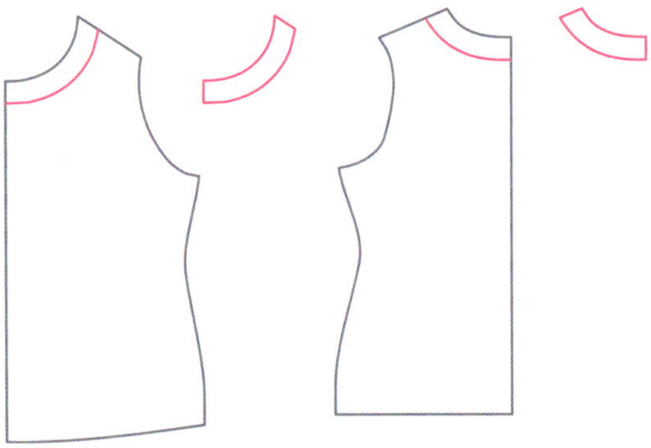

BELEG VERSTÄRKEN

Damit der Beleg später die Form hält und nicht aus dem Ausschnitt krabbelt, solltest du ihn mit einer geeigneten Bügeleinlage (z. B. Vlieseline H200) vor dem Zusammennähen verstärken.

BELEG ZUSAMMENNÄHEN

Die Belegteile von Vorder- und Rückteil werden zu einem kompletten Beleg zusammengenäht. Hierzu legst du das vordere und hintere Belegteil rechts auf rechts zusammen – die kurzen Enden müssen genau übereinanderliegen.

NAHTZUGABEN AUSEINANDERBÜGELN

Bügle die Nahtzugabe auseinander. So hast du eine schöne, flache Naht, die sich nicht so stark durchdrücken kann.

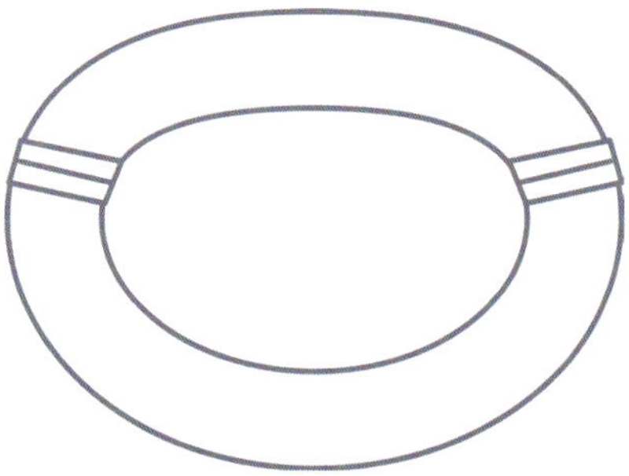

ÄUSSERE KANTE VERSÄUBERN

Bei einem Beleg aus Webware sollte die äußere Kante versäubert werden. Sie ist später innen im Kleidungsstück und würde sonst ausfransen.

Die innere Kante, die im nächsten Schritt an den Halsausschnitt genäht wird, wird nicht versäubert.

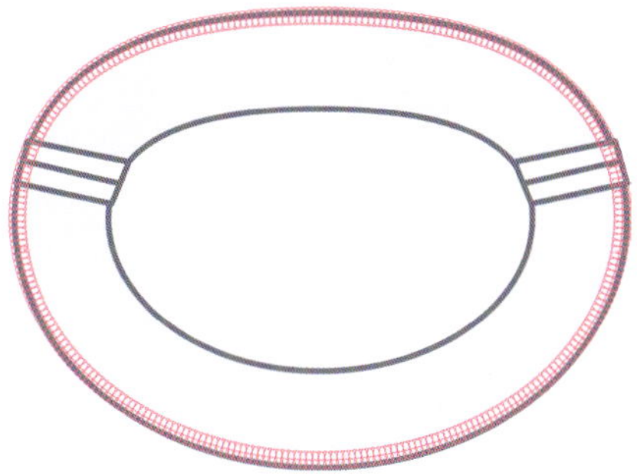

BELEG AN HALSAUSSCHNITT NÄHEN

Lege den zusammengenähten Beleg rechts auf rechts auf den Halsausschnitt und nähe ihn fest. Bei einem dehnbaren Stoff solltest du einen dehnbaren Stich verwenden, wenn der Ausschnitt beim An- und Ausziehen gedehnt werden muss. Ist der Ausschnitt groß genug, reicht auch ein Geradstich.

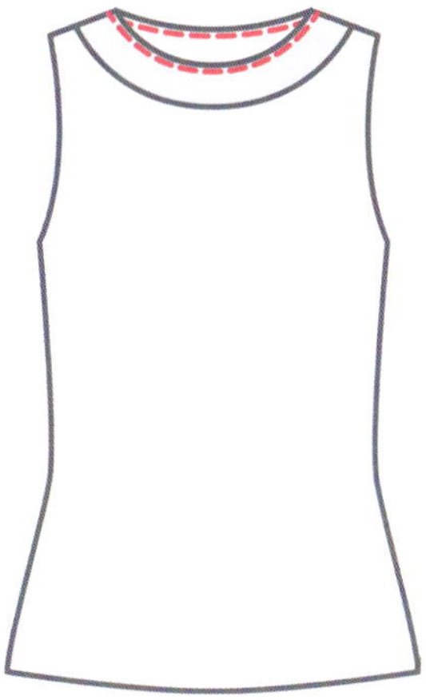

Bügle den Beleg im Anschluss so in den Ausschnitt, dass die Naht etwa 1 mm innen liegt und so von außen nicht sichtbar ist.

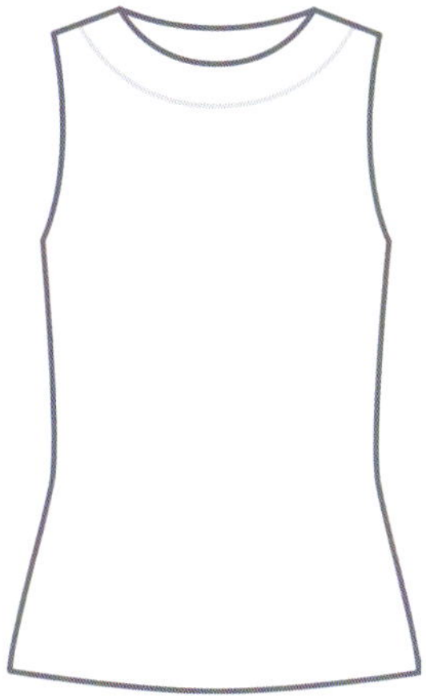

UNTERSTEPPNAHT

Um einen cleanen, eleganten Effekt beim Ausschnitt zu bekommen, sollte der Beleg nicht von außen mit einer Naht befestigt werden, sondern innen unsichtbar mit einer sogenannten Untersteppnaht.

Mit der Untersteppnaht wird der Beleg fixiert, sodass er nicht aus dem Ausschnitt krabbeln kann. Sie wird später nur von innen auf dem Beleg zu sehen sein.

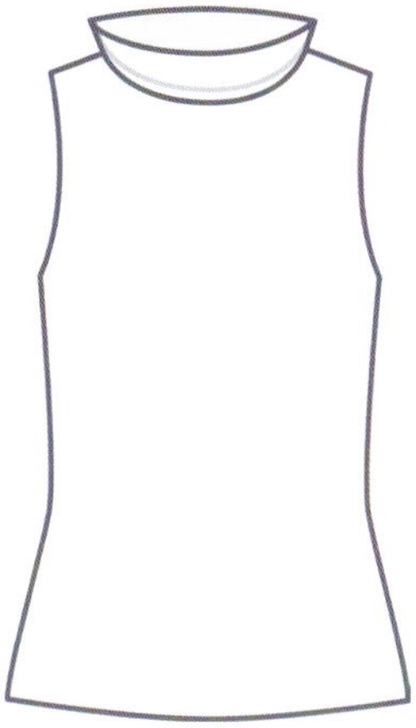

NAHTZUGABE AM BELEG FESTNÄHEN

Nähe auf dem Beleg die Nahtzugabe 2-3mm von der Naht entfernt fest.

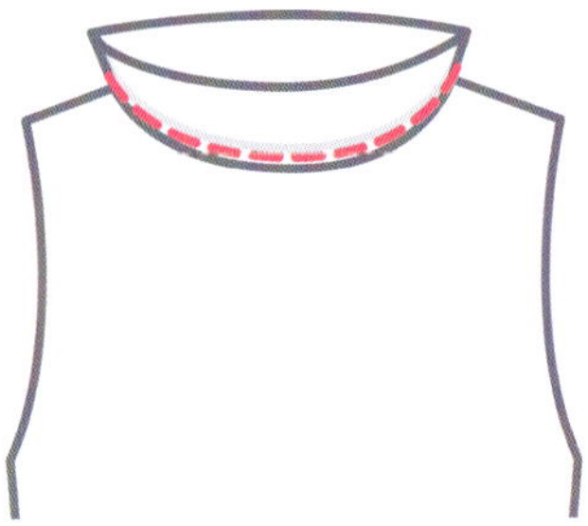

BELEG NACH INNEN SCHLAGEN UND GUT AUSBÜGELN

Das Ergebnis sieht so aus: Auf dem Beleg siehst du den Geradstich und auf der anderen Seite ist die Nahtzugabe knappkantig an den Beleg angenäht. Von außen ist nichts sichtbar.

Klappe den Beleg wieder ein, bügle alles in die richtige Richtung.

Nähe an den Schultern den Beleg mit ein paar Stichen von Hand an der Nahtzugabe fest. Oder nähe ihn mit der Nähmaschine im Nahtschatten von außen fest.

BELEG VON AUSSEN FESTNÄHEN

Falls dir der Beleg später trotz Untersteppnaht immer wieder aus dem Ausschnitt krabbelt, kannst du ihn auch von außen sichtbar festnähen.

NACKENNAHT VERDECKEN

Wenn dich die Naht hinten im Nacken kratzt oder das Shirt wie gekauft aussehen soll, kannst du sie mit einem Streifen verdecken.

JERSEYSTREIFEN ZUSCHNEIDEN

Schneide dir einen Jerseystreifen zu, welcher ca. 2,5 cm hoch und in etwa so lang ist, dass er von Schulternaht zu Schulternaht reicht.

JERSEYSTREIFEN IM NACKEN FIXIEREN

Bereite dein Oberteil so vor, als würdest du nur das Halsbündchen annähen und stecke dann zusätzlich den Jerseystreifen rechts auf rechts auf das rückwärtige Halsbündchen. Beginne an der einen Schulter und gehe über den rückwärtigen Ausschnitt bis zur gegenüberliegenden Schulter.

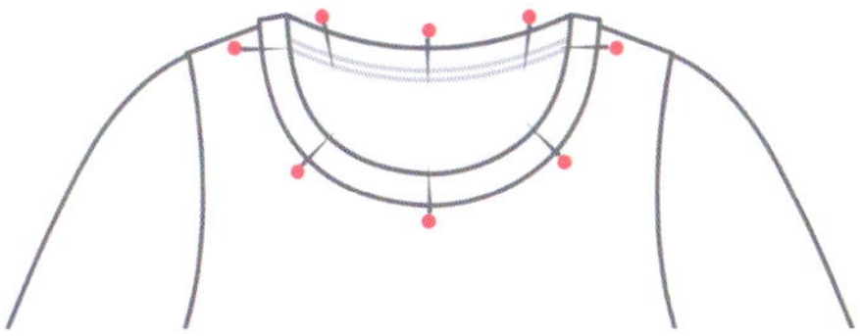

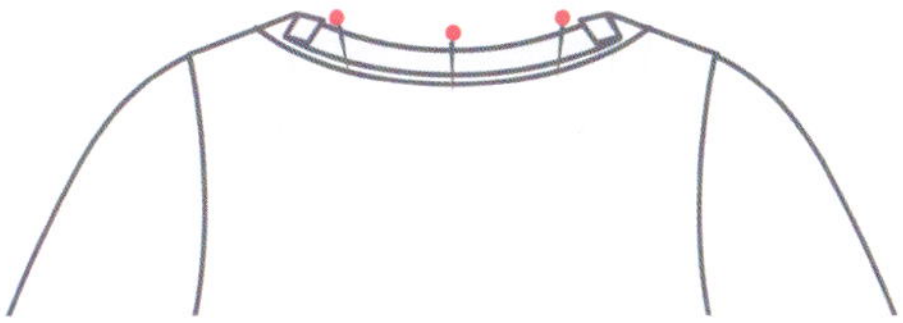

HALSBÜNDCHEN MIT STREIFEN ANNÄHEN

Nähe das Bündchen samt Stoffstreifen wie gewohnt an den Halsausschnitt. Klappe den Stoffstreifen anschließend einmal innen komplett um die Nahtzugabe und stecke alles gut von außen fest. Nähe den Stoffstreifen dann an der unteren Kante ganz knapp fest.

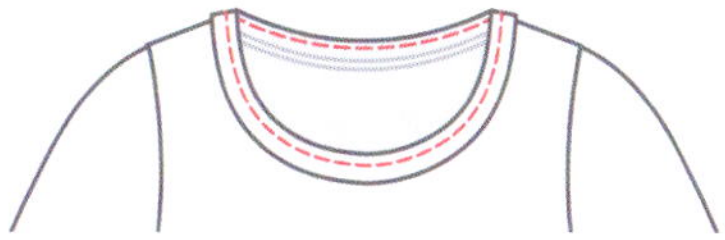

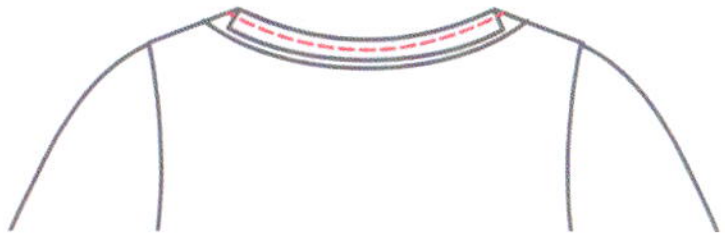

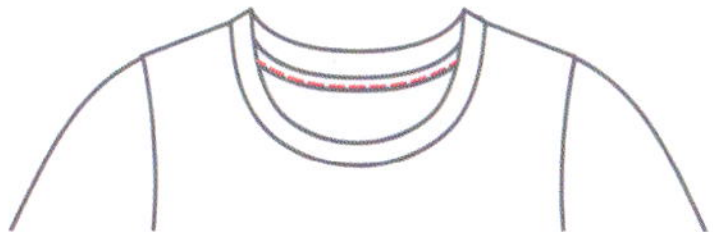

NACKENNAHT NACHTRÄGLICH MIT RIPSBAND VERSÄUBERN

Schneide dir einen Streifen aus Ripsband o.Ä. zu, welches in der Höhe die komplette Overlocknaht bzw. Nahtzugabe verdeckt und das in etwa so lang ist, dass es von Schulternaht zu Schulternaht reicht.

RIPSBAND KNAPP AUF NAHT AUFNÄHEN

Stecke das Band auf den sichtbaren Teil der rückwärtigen Overlocknaht bzw. Nahtzugabe und nähe es knapp neben der Bündchennaht fest.

RIPSBAND NACH UNTEN KLAPPEN UND FESTNÄHEN

Klappe das Ripsband über die Overlocknaht bzw. Nahtzugabe, stecke es von außen fest und nähe es knappkantig fest.

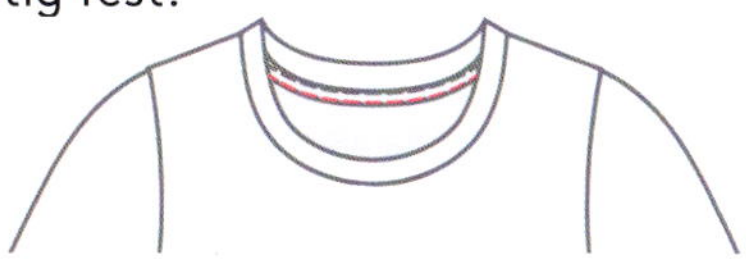

LÄNGEN KÜRZEN

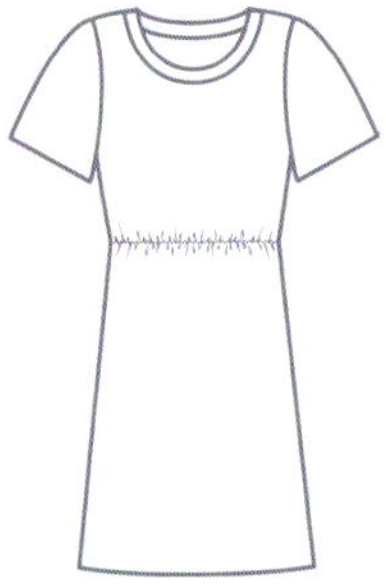

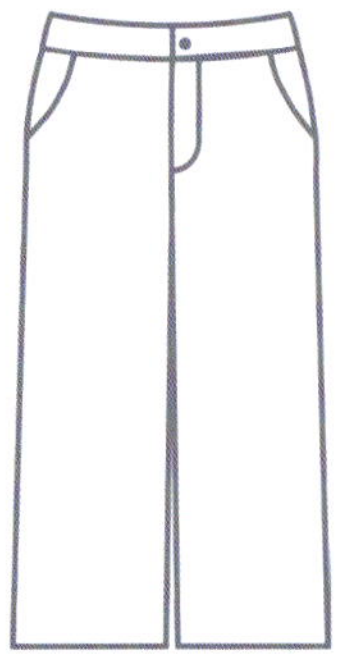

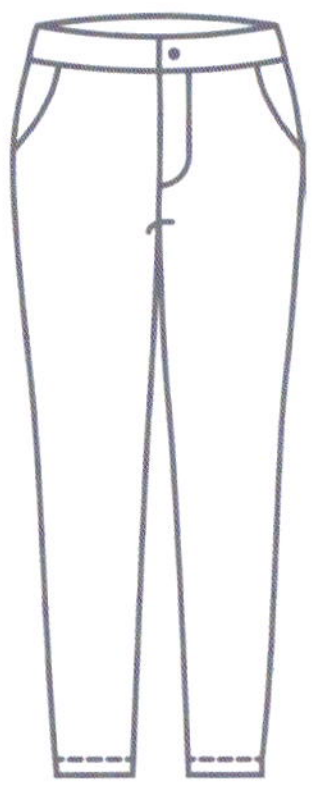

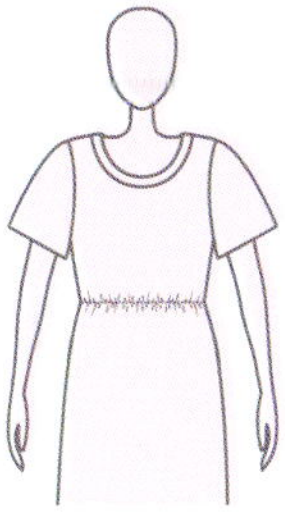

GUMMIZUG

Wenn du dein Kleid gerne weniger weit haben möchtest, kannst du mit einem Gummizug auf Taillenhöhe einen ganz neuen Look kreieren.

TAILLE AUSMESSEN

Miss deinen Taillenumfang und die Höhe, auf der später das Gummi angenäht werden soll.

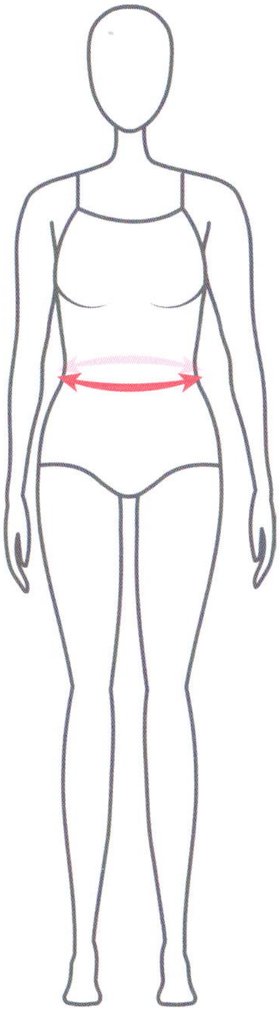

SCHMALES GUMMIBAND ZUSCHNEIDEN

Schneide ein schmales Gummiband mit der gewünschten Länge zu.

NAHTLINIE AUFZEICHNEN

Zeichne eine gerade Nahtlinie rundherum auf die gewünschte Höhe auf die linke Seite deines Kleides.

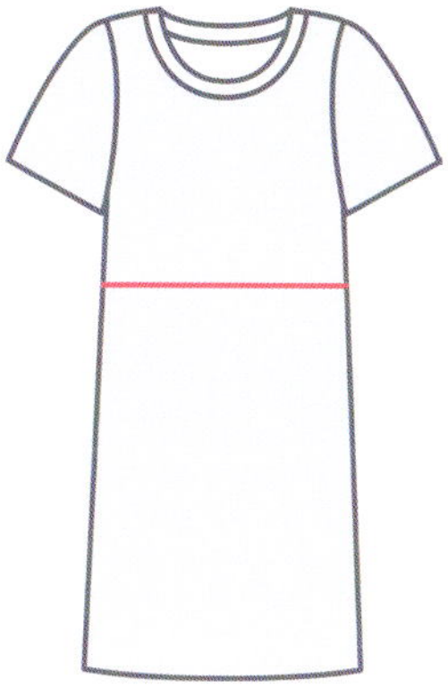

GUMMIBAND AUFNÄHEN

Nähe das Gummiband gleichmäßig gedehnt mit einem Zickzackstich rundherum auf die linke Seite deines Kleids. Verriegle Anfang und Ende gut.

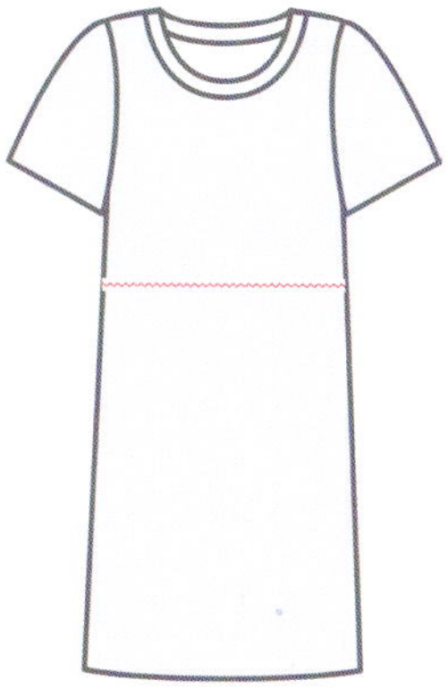

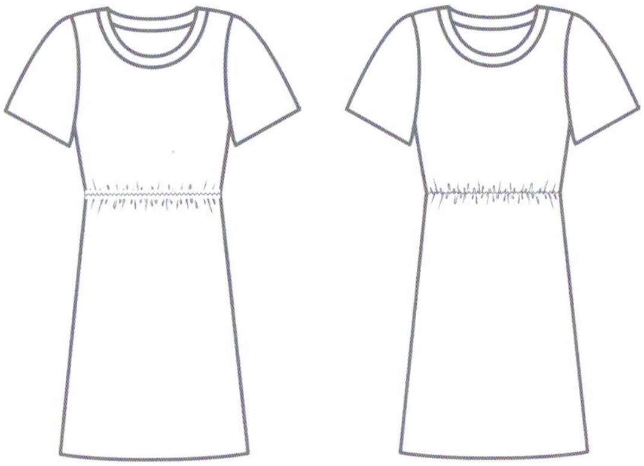

Alternativ kann das Gummi auch aufgenäht werden, bevor das Kleid fertiggestellt ist. Nähe das Kleid soweit fertig, bis du die Ärmel angenäht und die erste Seite geschlossen hast.

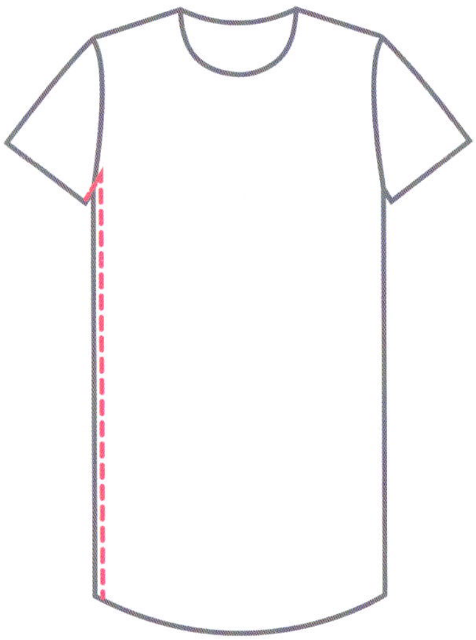

Ziehe das Kleid so auseinander, dass es mit der gesamten Breite vor dir liegt. Zeichne dann die Nahtlinie auf links ein und nähe das Gummiband gleichmäßig gedehnt von links an.

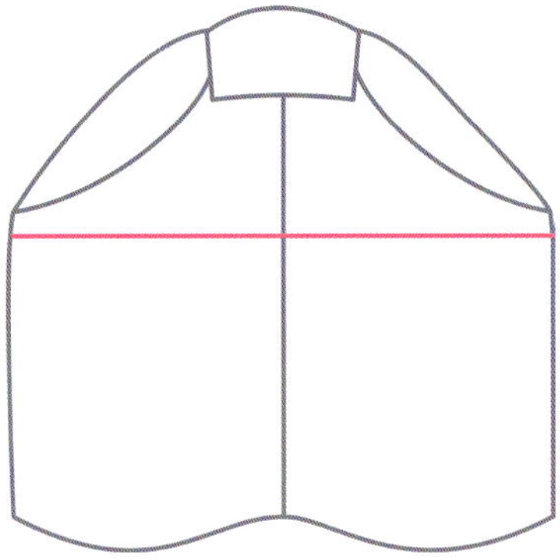

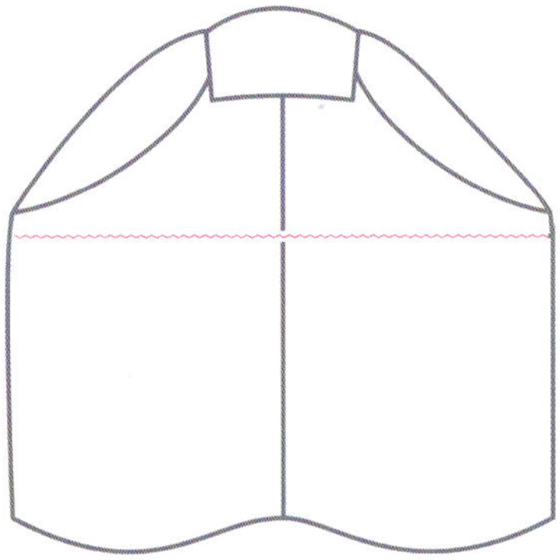

Schließe die zweite Seite des Kleides.

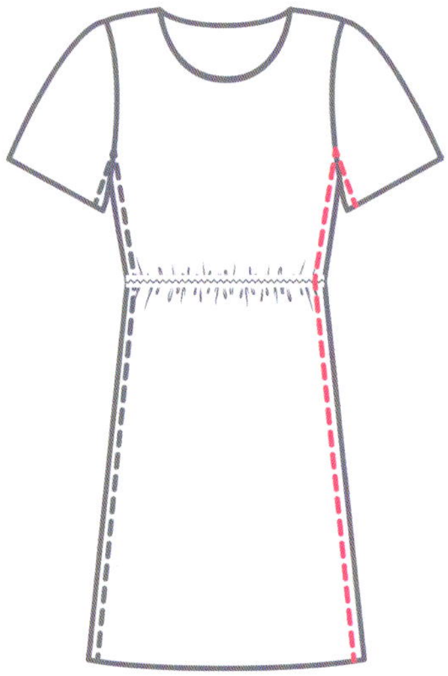

Nähe das Kleid anschließend wie gewohnt fertig.

KURZBLAZER & LONGBLAZER

Aus einem bestehenden Blazer-Schnitt lassen sich durch Kürzen und Verlängern verschiedenste Designs kreieren.

NEUE LÄNGE AUSMESSEN

Miss die Länge des Blazers von Schulter bis zum Saum und anschließend an deinem Körper die Länge von deiner Schulter bis zu dem Punkt, zu dem der Blazer reichen soll. Notiere dir deine Wunschlänge.

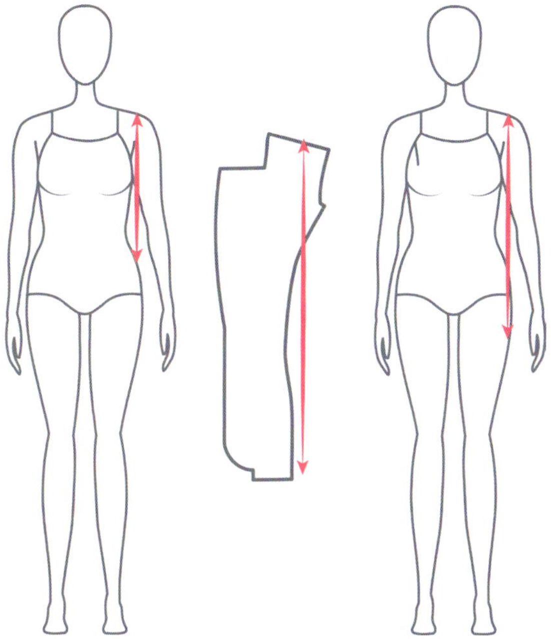

SCHNITTTEILE TRENNEN

Ziehe an allen Vorder- und Rückteilen des Blazers eine waagerechte Linie zwischen Taille und Hüfte und schneide sie an dieser Stelle durch.

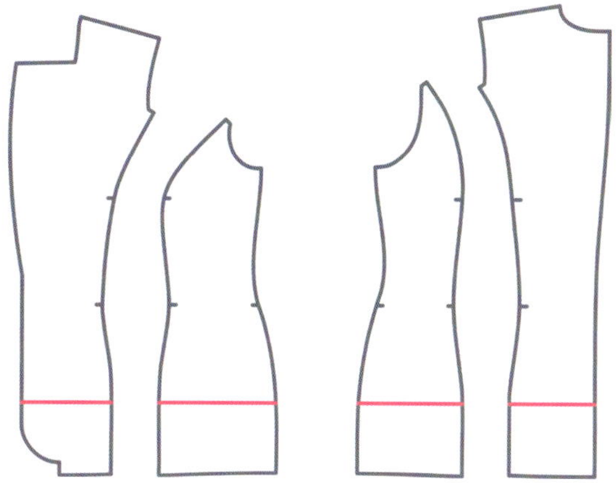

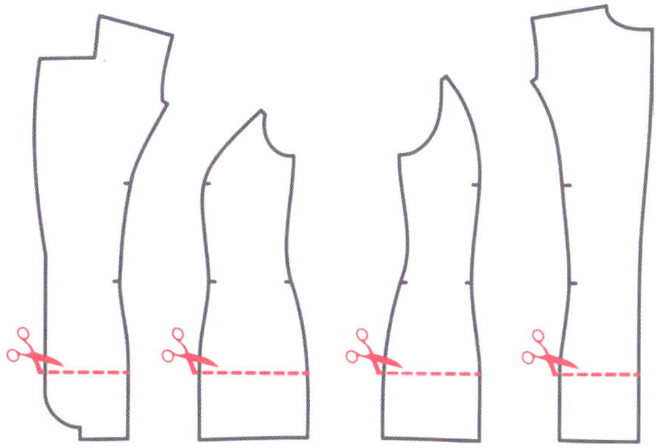

BLAZER KÜRZEN

Schiebe alle Schnittteile auf die gewünschte Länge zusammen und gleiche alle Seitenkanten in einem schönen Verlauf an.

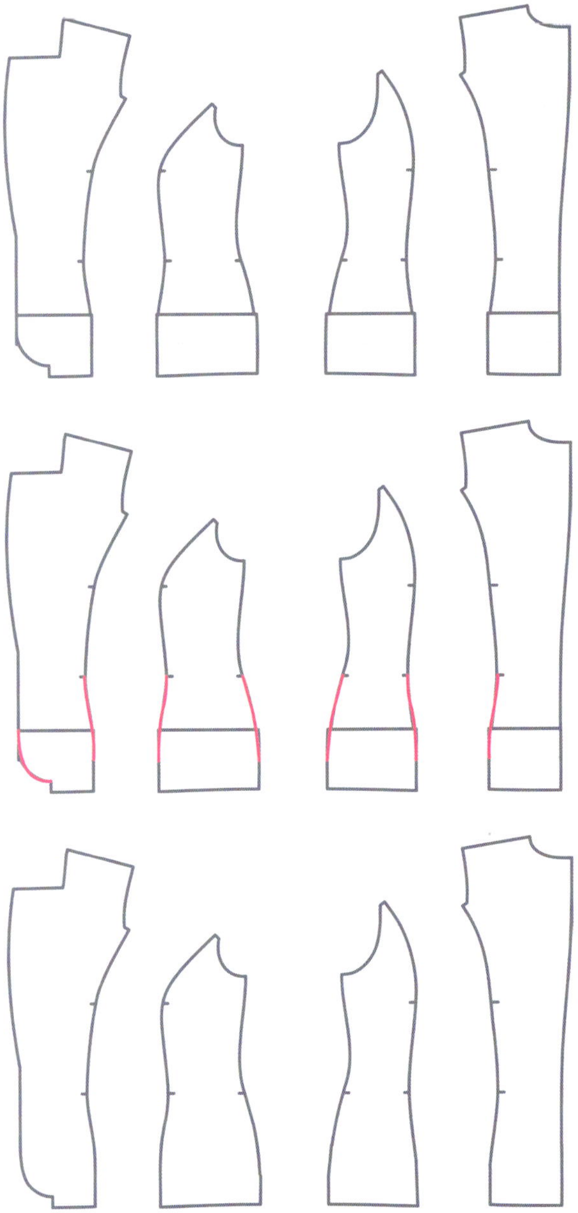

BLAZER VERLÄNGERN

Schiebe alle Schnittteile auf deine Wunschlänge auseinander und gleiche anschließend alle Seitenkanten in einem schönen Verlauf an.

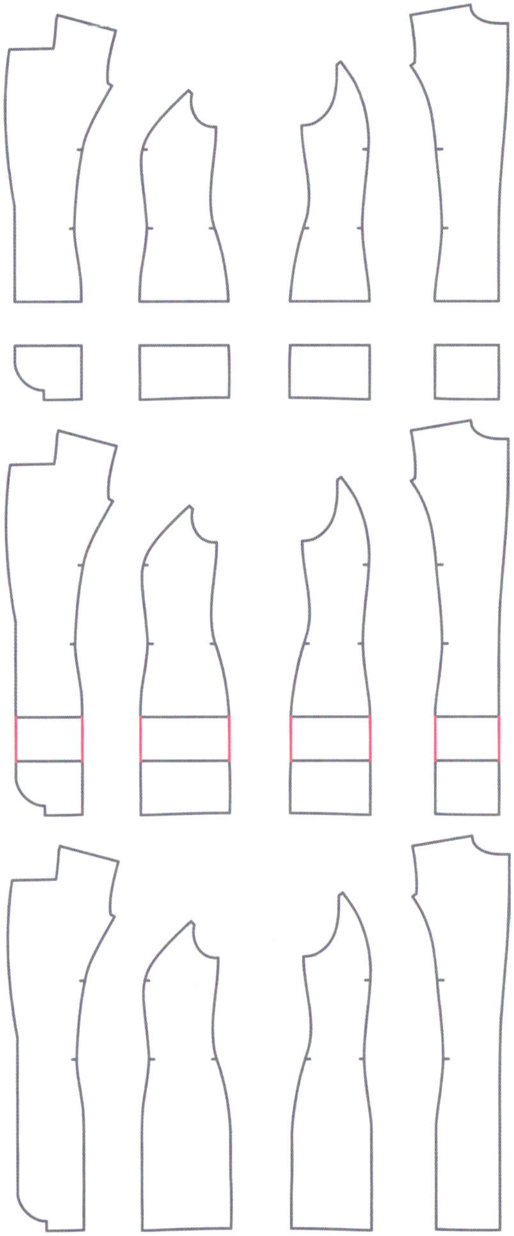

CULOTTE

Die Culotte lässt sich mit dem klassischen Hosenrock vergleichen. Die Hosenbeine sind weit geschnitten und reichen bis knapp unter das Knie, bei manchen Modellen auch bis Mitte der Wade.

HOSENLÄNGE FÜR CULOTTE EINKÜRZEN

Die Beine einer Culotte sind in der Regel etwas kürzer als bei einer normalen Hose. Sie enden zwischen Knie und Wade. Wo genau deine Culotte enden soll, kannst du frei bestimmen.

NEUE HOSENLÄNGE BESTIMMEN

Halte dir das Vorderhosen-Schnittteil an den Körper und markiere dir die gewünschte Hosenlänge.

NEUEN SAUM EINZEICHNEN

Zeichne dir eine Waagerechte an der von dir markierten Stelle der Vorderhose. Lege die Hinterhose neben die Vorderhose und zeichne auf der gleichen Höhe ebenfalls eine Waagerechte.

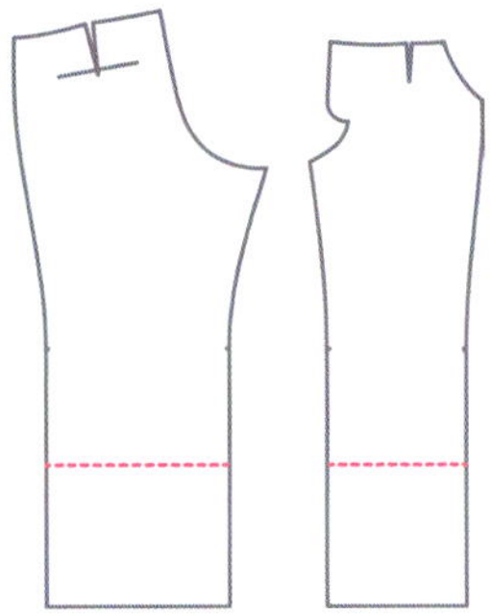

NEUE SAUMZUGABE

Füge eine Saumzugabe von ca. 3 cm für einen normalen Saum hinzu. Möchtest du einen Aufschlag am Hosensaum haben, gebe 2x die Höhe des gewünschten Aufschlages hinzu.

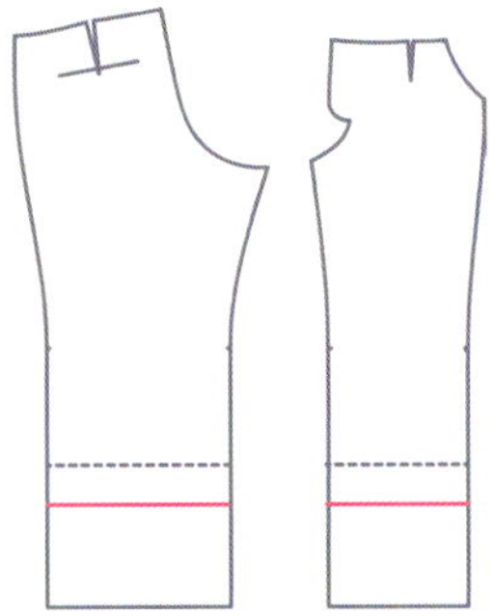

SCHNITT EINKÜRZEN

Schneide den unteren Teil des Hosenbeines ab (oder falte es nach oben).

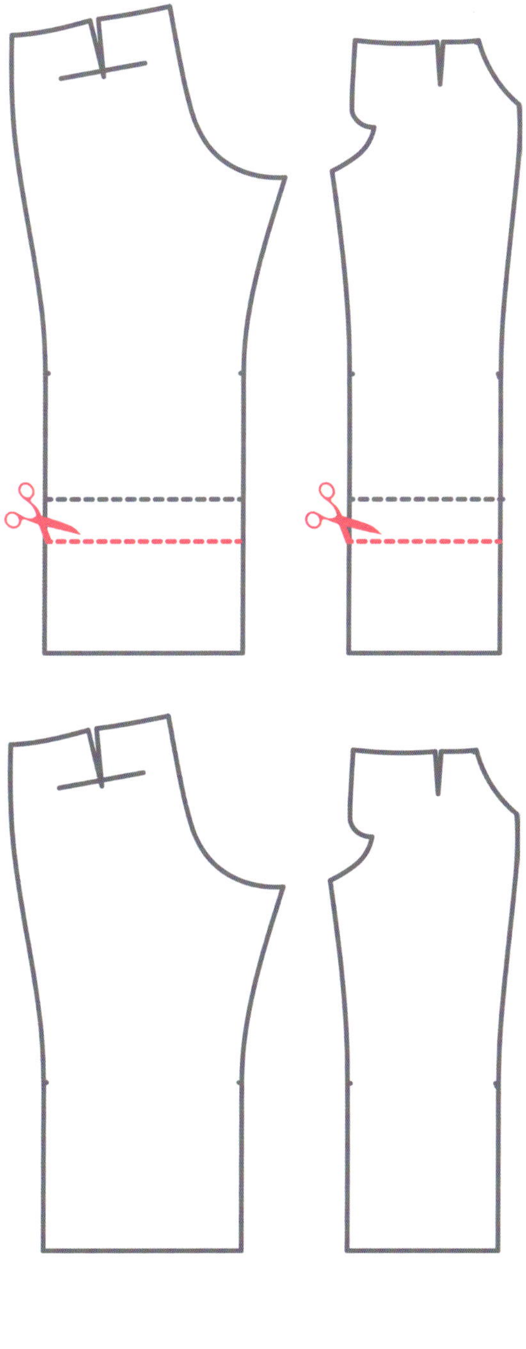

WEITE HINZUGEBEN

Möchtest du, dass die Beine deiner Culotte extra weit sind, begradige die Seiten an der Vorder- und Hinterhose jeweils ab der breitesten Stelle bis zum Saum.

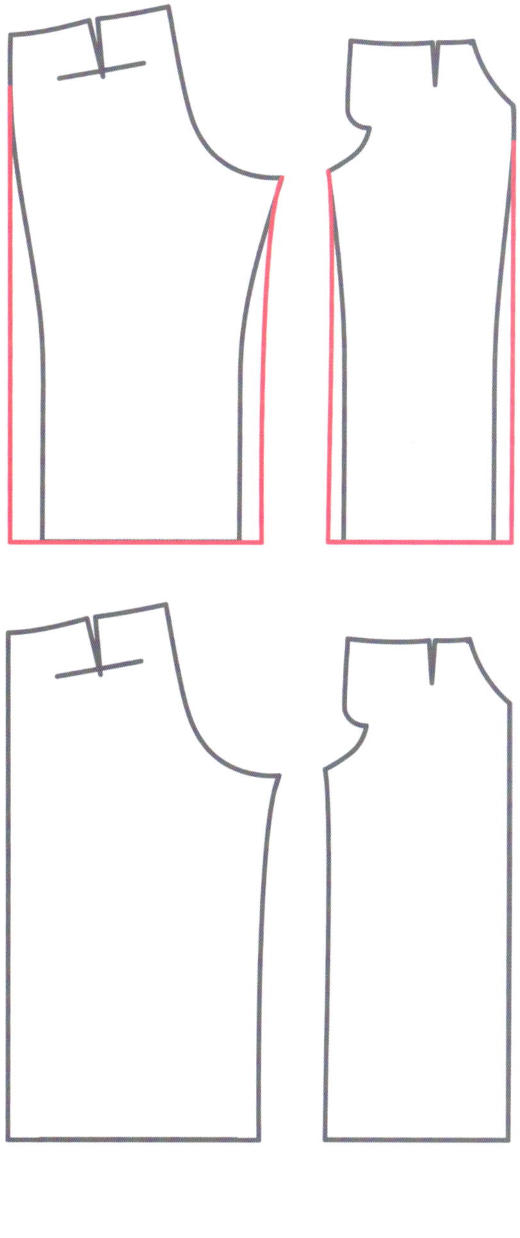

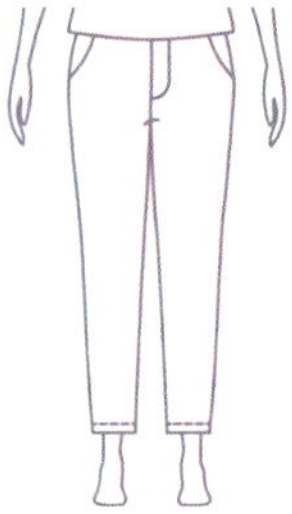

SCHMALE HOSE

Wenn dir die Hosenbeine zu weit sind, kannst du sie in wenigen Schritten schmaler machen.

HOSENBEIN VERSCHMÄLERN

Um das Hosenbein am Saum schmaler zu machen, misst du zuerst die Saumweite am Schnittmuster ab und vergleichst diese mit der Saumweite, die du gerne hättest. Teile die Differenz durch 4 und ziehe diesen Wert jeweils an beiden Seiten von Vorder- und Hinterhose ab.

Achte dabei darauf, den Saum nicht zu schmal zu machen, damit du noch mit dem Fuß durchpasst.

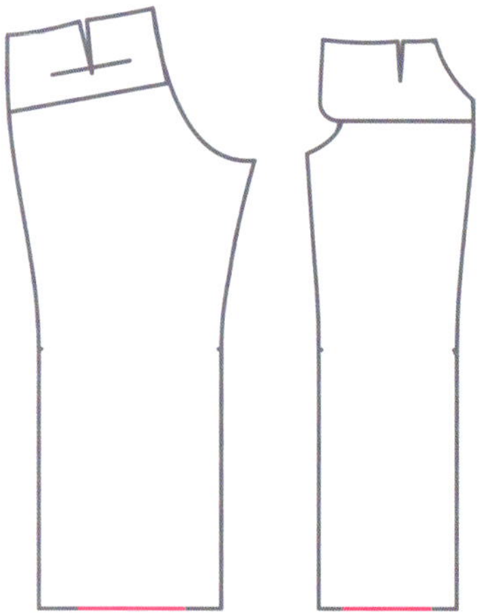

NEUE SEITENLINIEN EINZEICHNEN

Im nächsten Schritt verbindest du deinen neuen Saum harmonisch mit den Endpunkten der Seitenlinien.

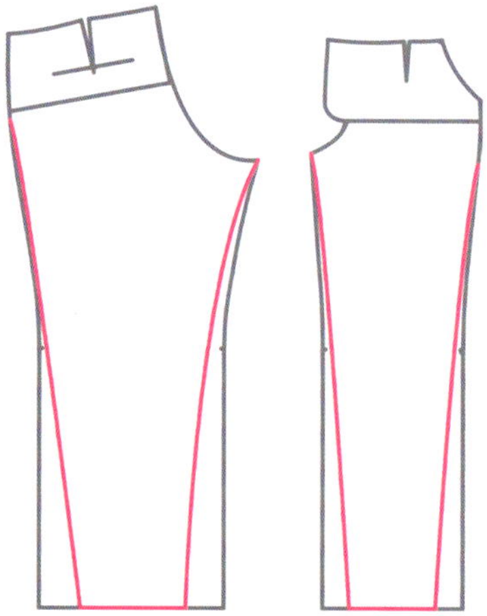

SCHRITTNAHT ERHÖHEN

Wenn du die Hosenbeine deutlich enger machen möchtest, dann solltest du auch die Schrittnaht etwa 2–3 cm höher setzen und um ca. 1–2 cm einkürzen. Zeichne dafür die neuen Punkte ein und verbinde sie harmonisch zu einer neuen Schrittnaht.

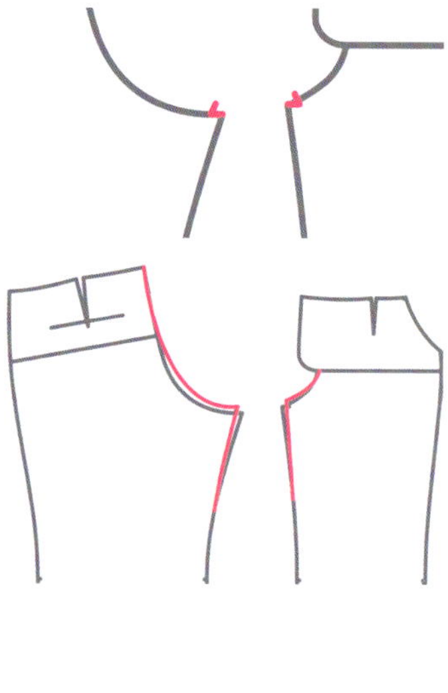

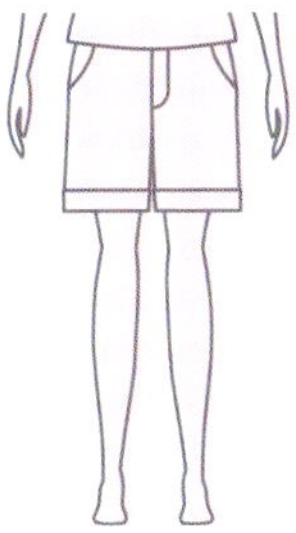

KURZE HOSE

Wenn du die Hose an deinen Körper angepasst hast, kannst du mit den Beinlängen variieren.

NEUE HOSENLÄNGE BESTIMMEN

Halte dir das Vorderhosen-Schnittteil an deinen Körper und markiere dir die gewünschte Hosenlänge.

NEUE SAUMWEITE BESTIMMEN

Möchtest du die Hose auf Kniehöhe oder noch weiter einkürzen, solltest du bei sehr engen Hosen die Saumweite etwas anpassen, damit dir die Hose nichts ins Bein schneidet, wenn du sitzt.

Beim Hosenschnitt in diesem Buch brauchst du die Weite nicht anpassen, die Beine sind weit genug.

NEUEN SAUM EINZEICHNEN

Zeichne dir eine Waagerechte an der von dir markierten Stelle der Vorderhose. Lege die Hinterhose neben die Vorderhose, sodass Schrittnaht an Schrittnaht liegt und zeichne auf der gleichen Höhe ebenfalls eine Waagerechte.

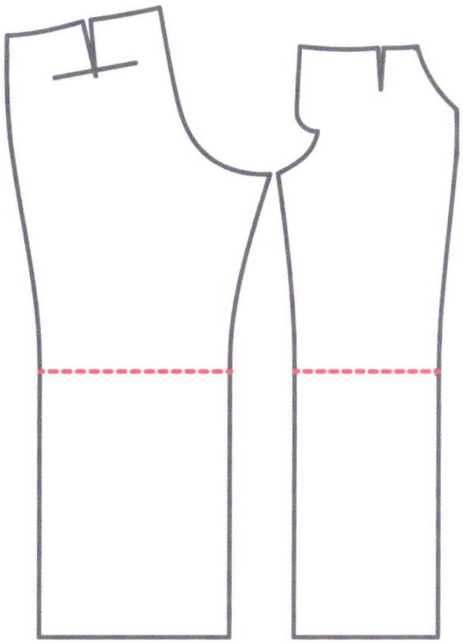

NEUE SAUMZUGABE

Füge eine Saumzugabe von ca. 3 cm für einen normalen Saum hinzu. Möchtest du einen Aufschlag am Hosensaum haben, gebe 2x die Höhe des gewünschten Aufschlags hinzu.

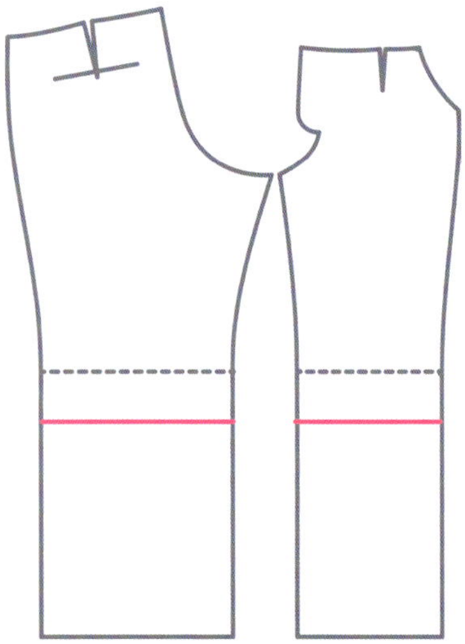

SCHNITT EINKÜRZEN

Schneide den unteren Teil des Hosenbeins ab oder falte es nach oben.

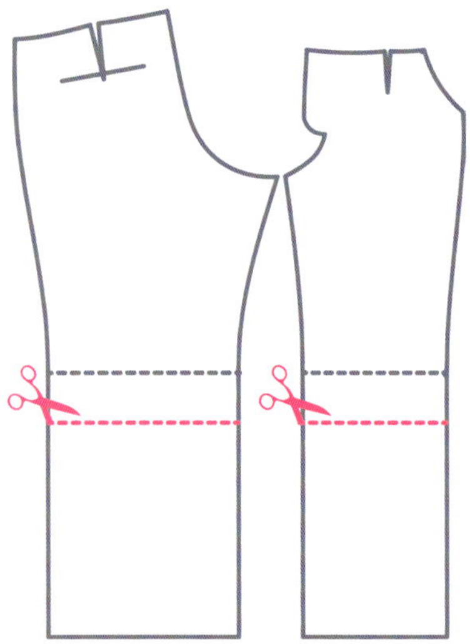

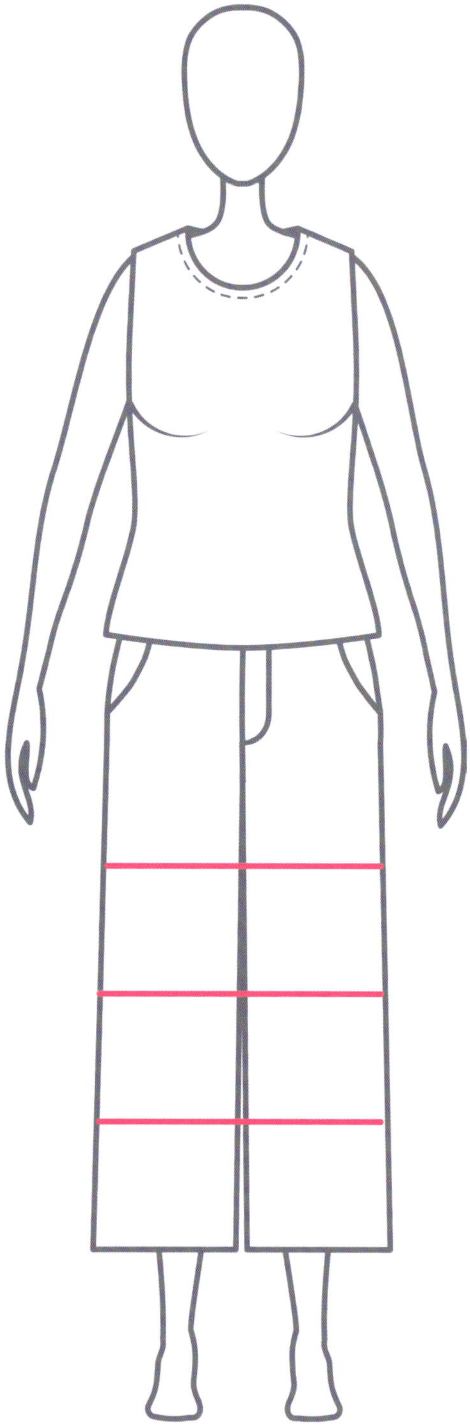

ÄRMELFORMEN

GUMMIZUG

Wenn du dein selbst genähtes Oberteil optisch ein wenig verändern möchtest, kannst du in wenigen Schritten aus einem ganz normalen, kurzen Ärmel einen Flügelärmel konstruieren.

ÄRMEL VERLÄNGERN

Um aus dem kurzen Ärmel einen Flügelärmel zu konstruieren, verlängere das Ärmel-Schnittteil um ca. 10 cm.

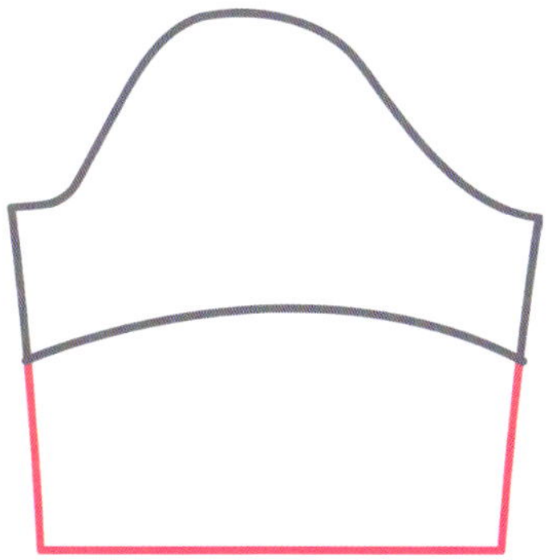

SENKRECHTE LINIEN EINZEICHNEN UND AUFSCHNEIDEN

Zeichne in das Ärmelschnittteil 3–5 senkrechte Linien ein und schneide sie vom Saum bis kurz vor die Armkugel ein.

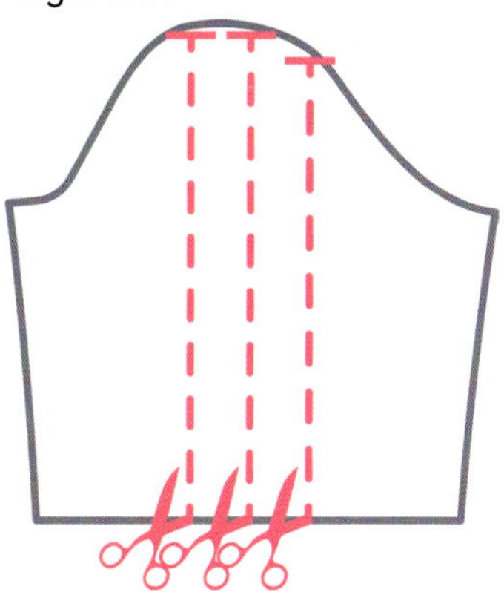

FLÜGELÄRMEL AUFFÄCHERN

Schnittteil zum Flügelärmel auffächern.

Ziehe die einzelnen Teile gleichmäßig auseinander und zeichne eine neue, harmonische Saumlinie ein.

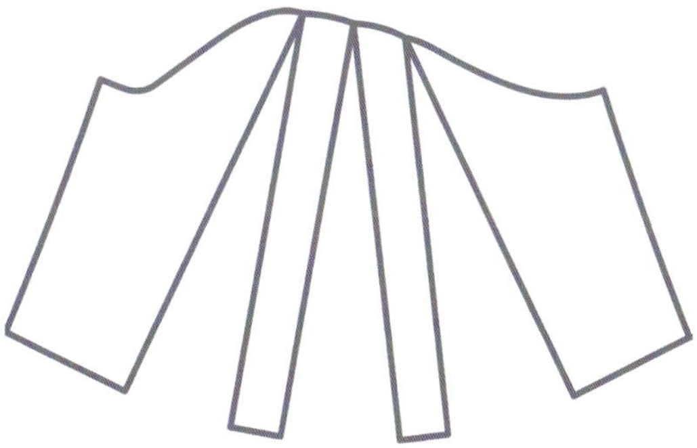

FLÜGELÄRMEL NÄHEN

Im Anschluss wird der Ärmel ganz normal genäht.

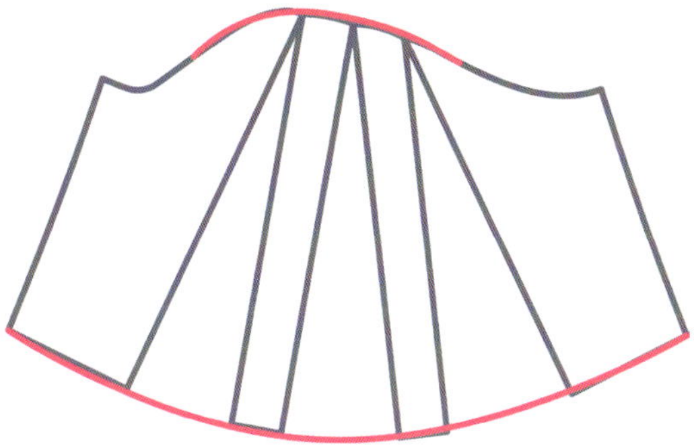

PUFFÄRMEL

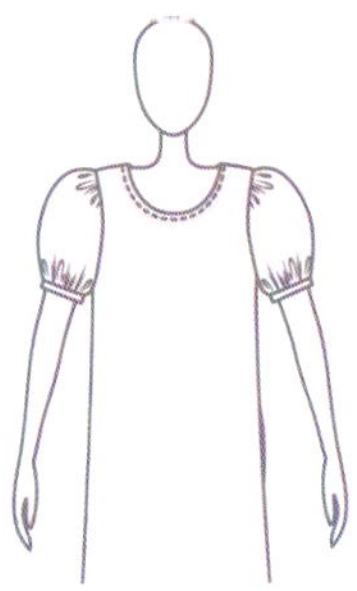

Puffärmel werden häufig eingesetzt, um Oberteile etwas verspielter aussehen zu lassen.

AUS NORMALEM ÄRMEL WIRD PUFFÄRMEL

Aus einen Ärmelschnittteil kannst du in wenigen Schritten einen Puffärmel zaubern. Der Puffärmel wird an der Schulter gerafft und „pufft" dadurch auf.

Zusätzlich kann der Ärmel auch am Bund gerafft werden.

SENKRECHTE LINIEN EINZEICHNEN

Zeichne dir senkrechte Linien in das Schnittteil ein. Je „puffiger" der Ärmel werden soll, desto mehr Linien sollten es sein. In der Regel reichen 3–5. Hast du einen langen Ärmel, den du zu einem Puffärmel umgestalten möchtest, dann zeichne zunächst eine waagerechte Linie im oberen Drittel und schneide dann den unteren Teil ab.

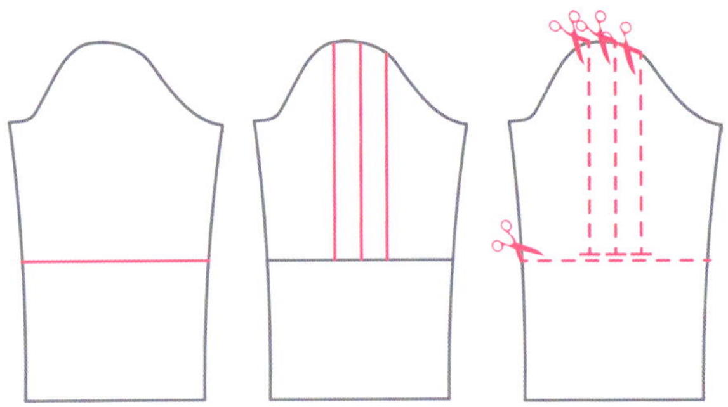

ÄRMEL NUR AN SCHULTER „PUFFEN": LINIEN EINSCHNEIDEN

Möchtest du, dass der Ärmel nur oben an der Schulter „gepufft" wird, dann schneide die eingezeichneten Linien von der Armkugel bis kurz vor den Saum ein (nicht durch).

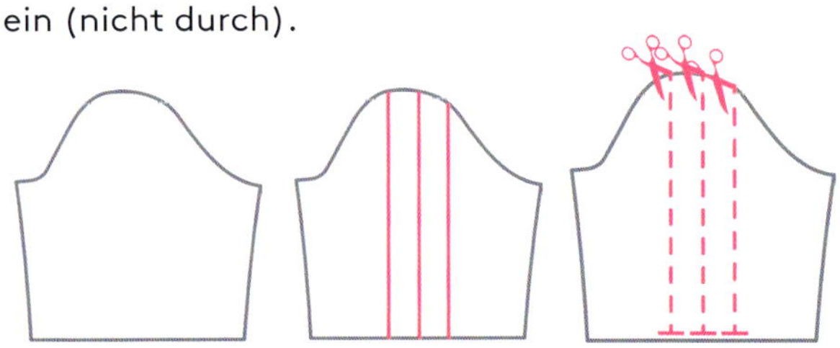

ÄRMEL BIS ZUM SAUM „PUFFEN": LINIEN DURCHSCHNEIDEN

Möchtest du, dass der Ärmel auch am Saum zusammengekräuselt wird, dann schneide die Linien komplett durch.

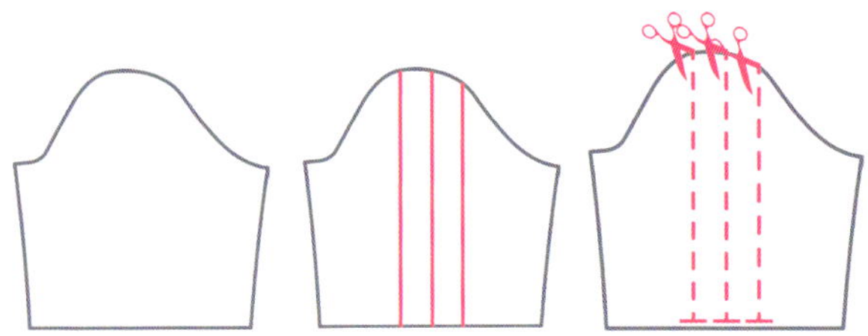

WEITE HINZUFÜGEN UND ARMKUGEL ERHÖHEN

Schiebe jetzt die einzelnen Teile entweder keilförmig oder komplett gleichmäßig auseinander.

Damit die Kräuselung später ausreichend Platz im Armloch findet, muss noch die Armkugel erhöht werden. Je mehr Kräuselung, desto mehr Höhe solltest du hinzufügen. Ziehe dafür eine Linie an der Markierung für die Schulternaht und zeichne eine neue Armkugel ein. Der höchste Punkt ist die Schultermarkierung.

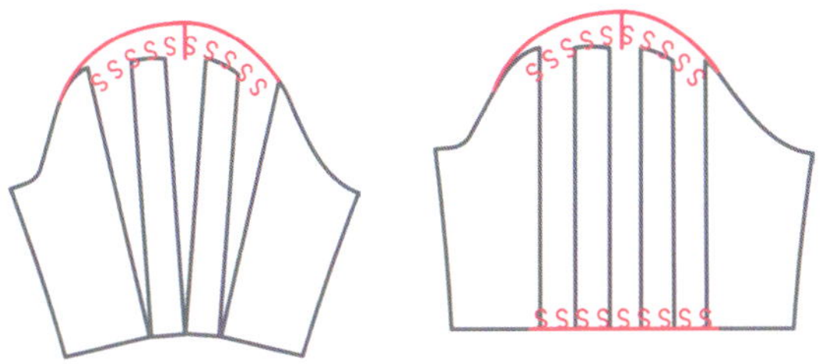

LANGEN ÄRMEL ZUSAMMENFÜGEN

Klebe bei einem langen Ärmel den unteren Teil wieder fest. Gleiche anschließend die Seiten in einem schönen Verlauf an.

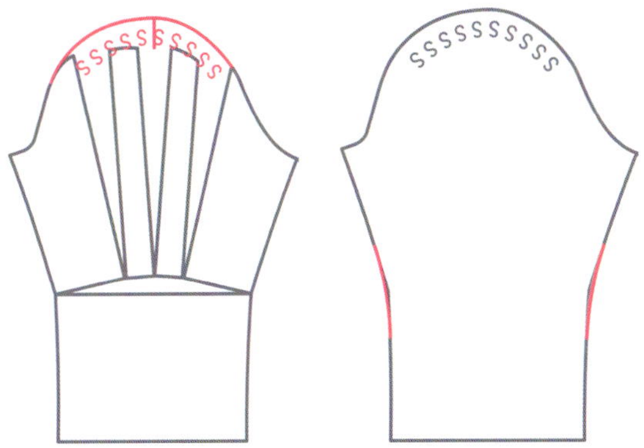

ÄRMEL EINKRÄUSELN

Damit der neue Ärmel in das Armloch passt, muss die neue Armkugel auf die ursprüngliche Länge eingekräuselt werden. Nähe hierfür in der Nahtzugabe 2 parallele Nähte mit maximaler Stichlänge. Verknote das eine Ende und ziehe am anderen Ende an den Unterfäden, sodass sich der Stoff zusammenzieht. Verteile die Kräuselung gleichmäßig.

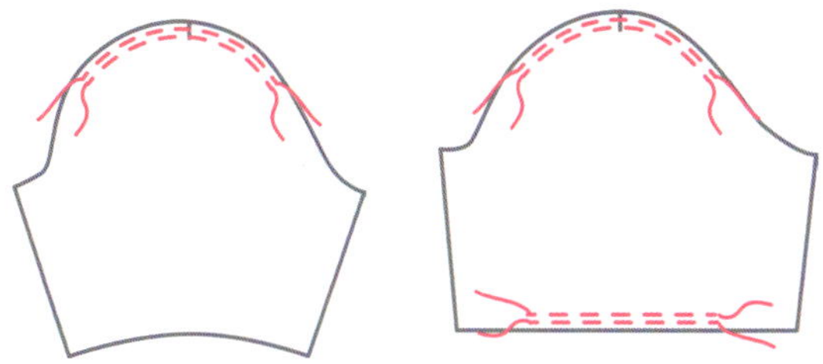

Am Saum kannst du alternativ auch ein schmales Gummiband einziehen oder aufnähen.

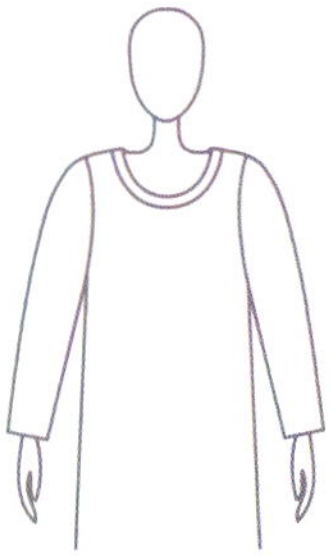

LANGER ÄRMEL

Gerade an kälteren Tagen möchte man lieber Langarm als Kurzarm tragen. Ändere hierfür das Ärmelschnittteil um die gewünschte Länge ab.

ÄRMELLÄNGE BESTIMMEN

Bestimme als Erstes, wie lang dein Ärmel final werden soll. Lege dafür das Maßband an deine Schulter an und miss bis zu dem Punkt, an dem der Ärmel später enden soll.

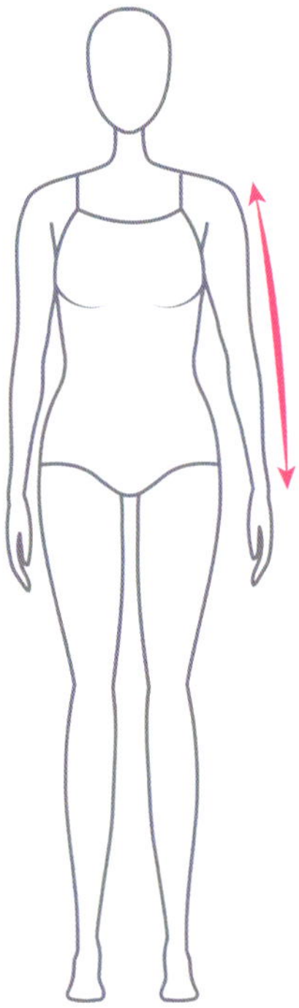

NEUE LÄNGE EINZEICHNEN

Miss am Schnittteil für den Ärmel aus, wie lang dieser aktuell ist. Lege dafür das Maßband an der höchsten Stelle der Rundung an und miss gerade bis zum Saum. Zeichne dir eine senkrechte Linie, die deiner Wunschlänge entspricht.

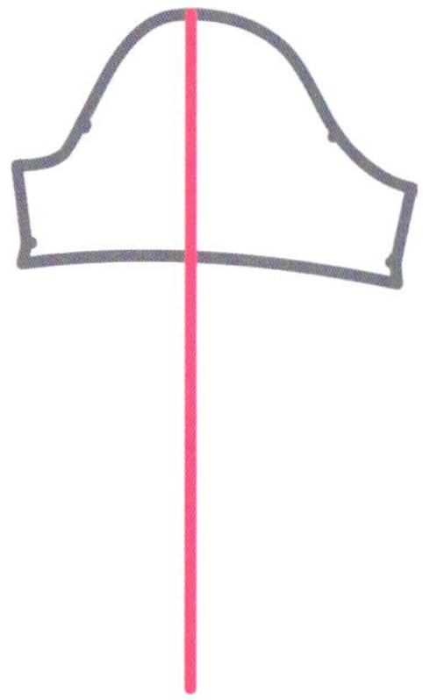

SAUMWEITE BESTIMMEN

Lege dir das Maßband an der Stelle um den Arm, an der der neue Ärmel enden soll. Der neue Saum muss mindestens so weit sein wie an der gemessenen Stelle. Soll der Saum weiter sein, füge entsprechend mehr Weite dazu.

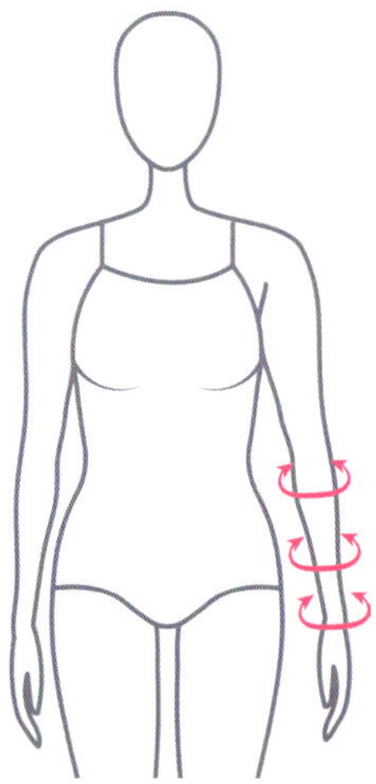

NEUEN SAUM EINZEICHNEN

Zeichne den neuen Saum ein in der von dir gewünschten Weite.

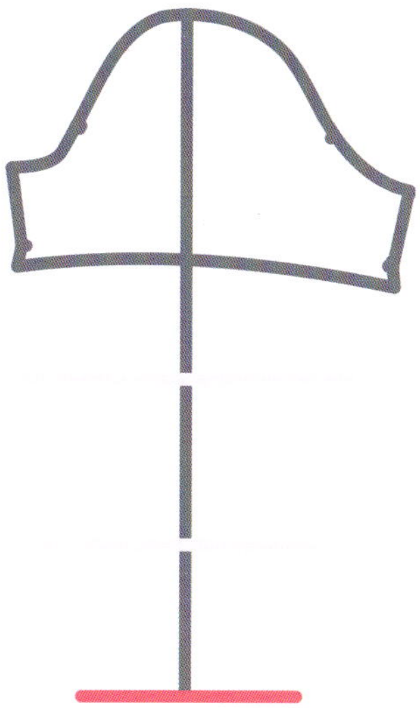

LINIEN VERBINDEN

Verbinde nun die Endpunkte deines neuen Ärmelsaums mit den Endpunkten deines Original-Schnittteils.

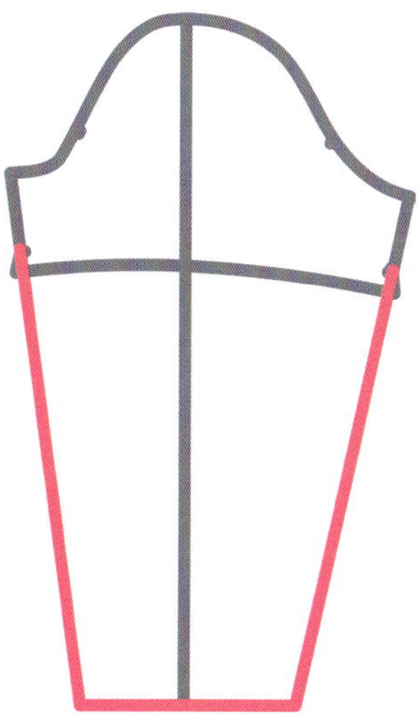

NEUE SAUMZUGABE

Füge zum Schluss unten noch eine Saumzugabe von ca. 3 cm hinzu.

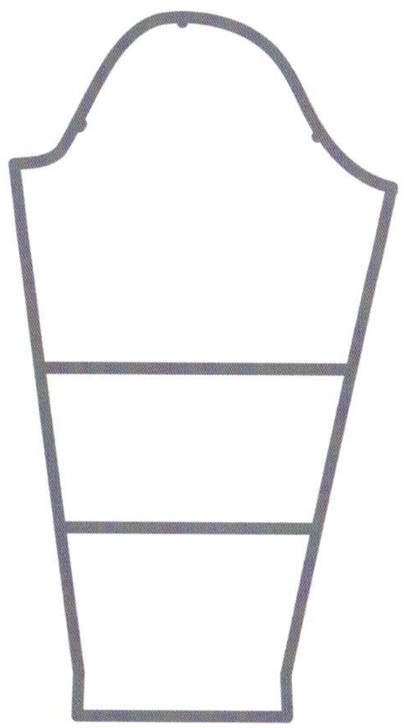

TROMPETENÄRMEL

Der Trompetenärmel zeichnet sich dadurch aus, dass er am Oberarm normal eng geschnitten ist und ab etwa dem Ellbogen zum Saum hin sehr weit fällt.

ÄRMEL IN HÖHE DES ELLBOGENS DURCHTRENNEN

Als Erstes wird das Schnittteil für den Ärmel ungefähr in Ellbogenhöhe auseinandergeschnitten.

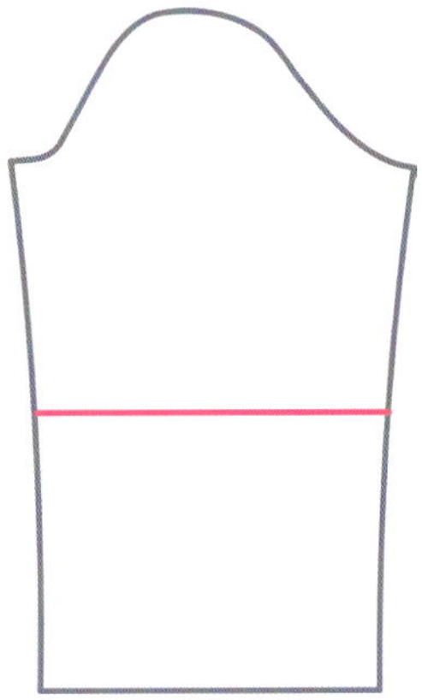

SENKRECHTE LINIEN EINZEICHNEN UND AUFSCHNEIDEN

Dann werden in das untere Ärmelschnittteil 3–5 senkrechte Linien eingezeichnet und diese vom Saum bis kurz vor die Kante eingeschnitten.

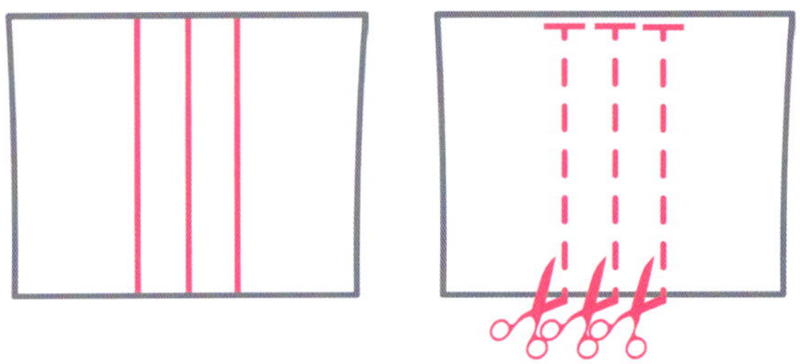

SCHNITTTEIL ZUM TROMPETENÄRMEL AUFFÄCHERN

Ziehe die einzelnen Teile gleichmäßig max. 4 cm fächerförmig auseinander.

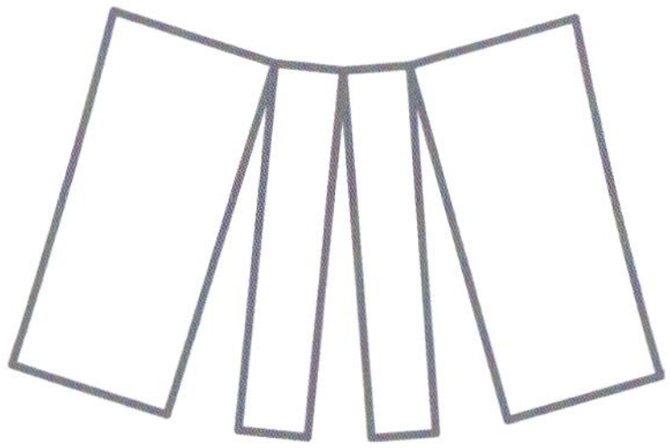

ÄRMEL WIEDER ZUSAMMENKLEBEN UND SEITENNÄHTE ANGLEICHEN

Zum Schluss werden die beiden Ärmelteile wieder aneinandergeklebt und die Seitenlinien sowie die Saumlinie harmonisch angeglichen. Der Ärmel wird dann wie gewohnt genäht.

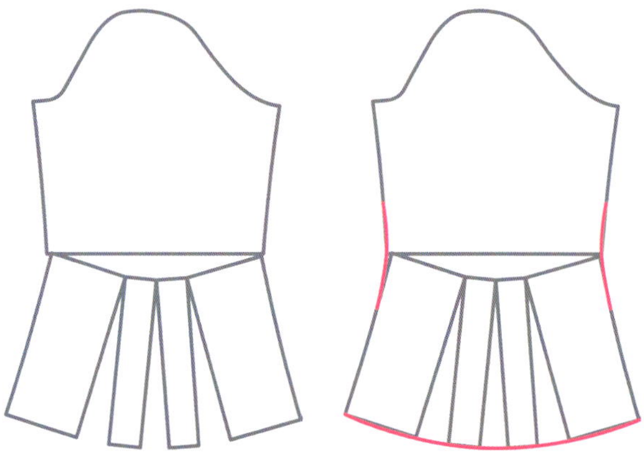

BISCHOFSÄRMEL

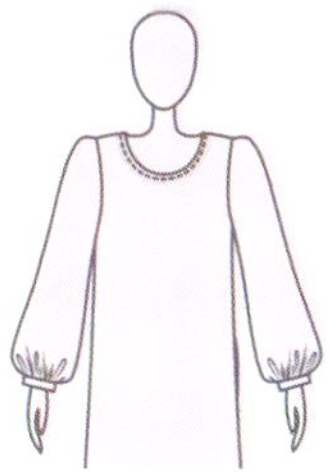

Diese Ärmelform verläuft nach unten hin immer weiter und wird dann mit einem schmalen Bündchen oder auch Gummiband wieder zusammengerafft. Der Bischofsärmel ist eine wundervolle Variante, um deinen Ärmel etwas verspielter zu gestalten.

LINIEN ANZEICHNEN UND AUFSCHNEIDEN

Um den Bischofsärmel zu konstruieren, zeichne vom Schulterpunkt eine senkrechte Linie bis nach unten zum Saum. Zeichne dann eine waagerechte Linie von Achsel zu Achsel. Nun kannst du die senkrechte Linie von unten bis kurz vor die waagerechte Linie aufschneiden. Von dort schneidest du dann von innen nach außen bis kurz vor Ende der Achsel auf.

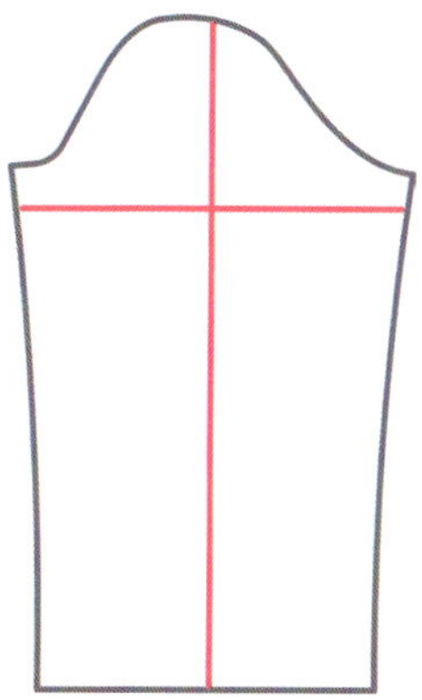

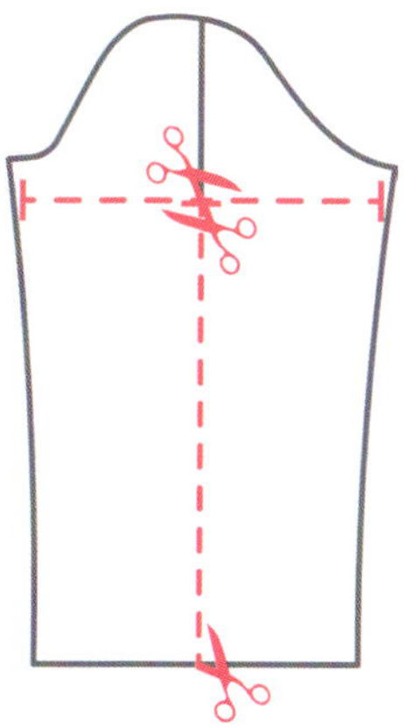

SCHNITT AUFSPERREN UND WEITE FÜR DEN BISCHOFSÄRMEL HINZUFÜGEN

Schiebe den Ärmel um die gewünschte Weite auseinander.

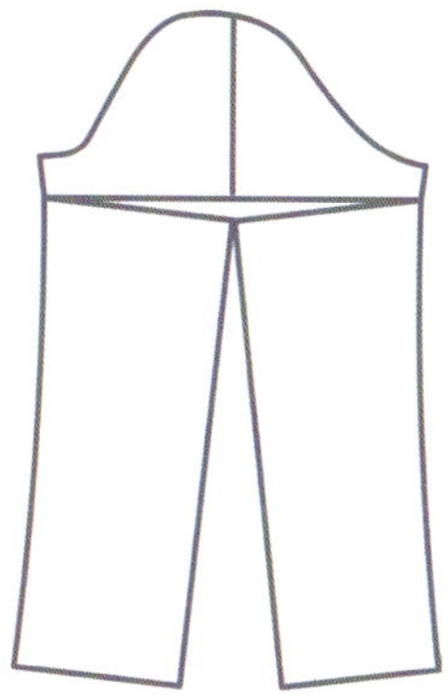

NEUE SAUMLINIE ZEICHNEN UND SEITENLINIE ANGLEICHEN

Zum Schluss wird noch eine schöne Saumlinie eingezeichnet und alles im Verlauf verbunden. Den Saum kannst du dann entweder einkräuseln, in Falten legen oder ein Gummiband einziehen.

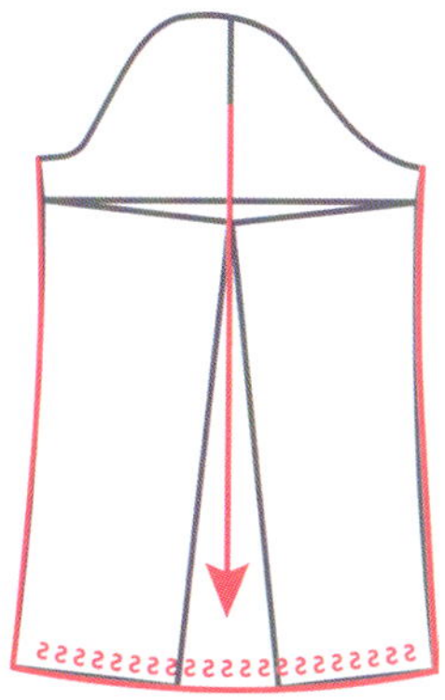

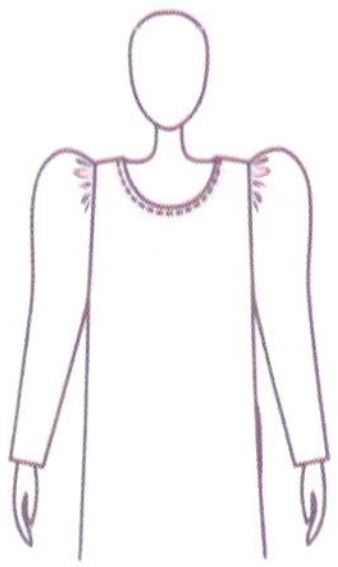

KEULENÄRMEL

Ein Keulenärmel zeichnet sich dadurch aus, dass er an der Armkugel eingereiht oder in Fältchen gelegt wird und sich zu den Handgelenken hin verengt. Diese Form des Ärmels wird auch Schinkenärmel oder Gigot (franz.) genannt.

WAAGERECHTE LINIEN EINZEICHNEN UND EINSCHNEIDEN

Zeichne waagerechte Linien in das Schnittteil ein. Je „puffiger" der Ärmel an der Schulter werden soll, desto mehr Linien sollten es sein. In der Regel reichen 3–5 Linien. Schneide die eingezeichneten Linien der Armkugel komplett durch.

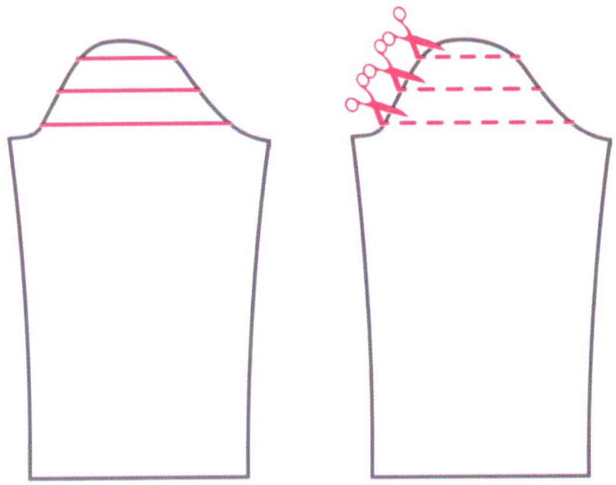

LÄNGE HINZUFÜGEN UND ARMKUGEL ERHÖHEN

Schiebe jetzt die einzelnen Teile maximal 4 cm gleichmäßig auseinander.

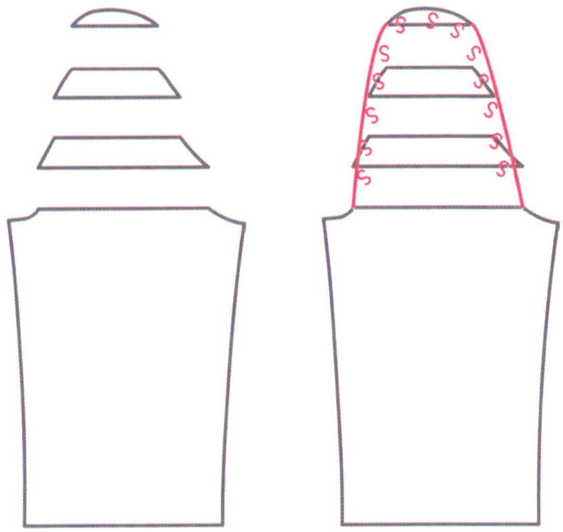

ÄRMEL EINKRÄUSELN

Damit der neue Ärmel in das Armloch passt, muss die neue Armkugel auf die ursprüngliche Länge eingekräuselt werden. Nähe hierfür in der Nahtzugabe 2 parallele Nähte mit maximaler Stichlänge. Verknote das eine Ende und ziehe am anderen Ende an den Unterfäden, sodass sich der Stoff zusammenzieht. Verteile die Kräuselung gleichmäßig.

Alternativ kannst du die Armkugel auch in gleichmäßige Kellerfalten legen.

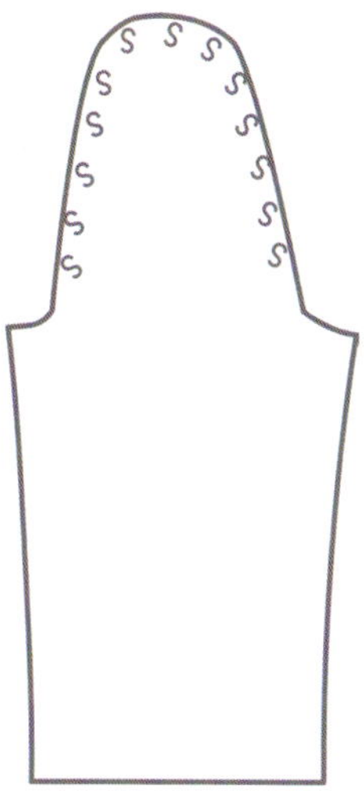

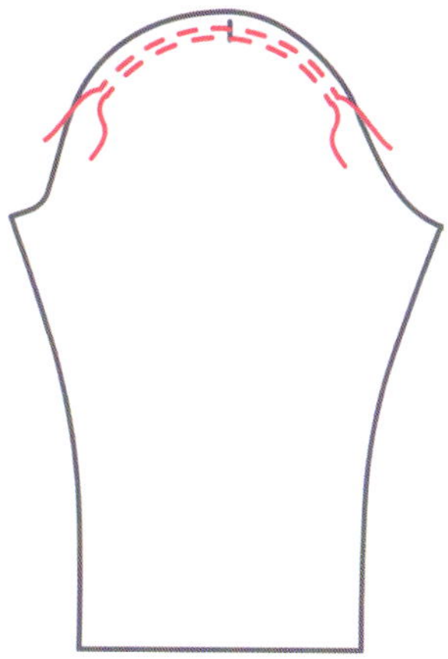

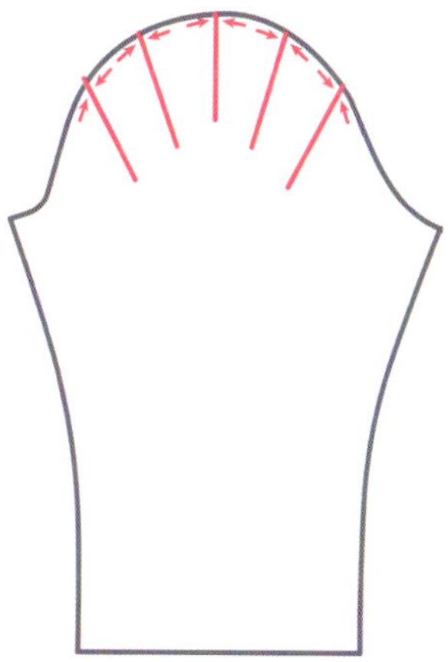

DETAILS

LEISTENTASCHE / EINSEITIGE PASPELTASCHE

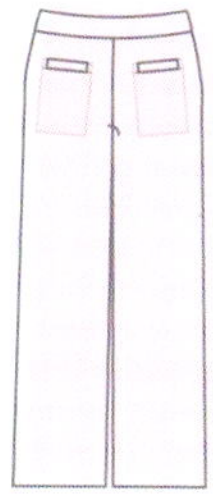

Die Leistentasche kannst du sowohl beim Blazer als auch an der Hose nähen.

TASCHENPOSITION MARKIEREN UND VERSTÄRKEN

Markiere dir die gewünschte Taschenposition. Die Länge der Markierung muss der fertigen Taschenbreite entsprechen. Verstärke außerdem den Bereich des Tascheneingriffs auf der linken Stoffseite mit Bügeleinlage.

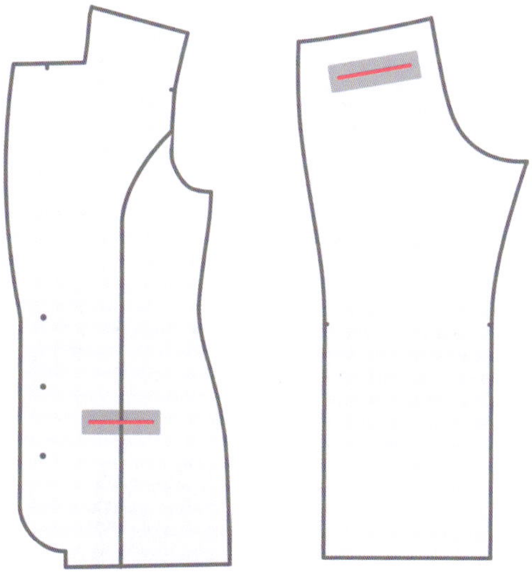

TASCHENTEILE

Schneide zwei große Rechtecke aus, die der späteren Größe des Taschenbeutels entsprechen. Gebe um das Rechteck jeweils ca. 4 cm dazu.

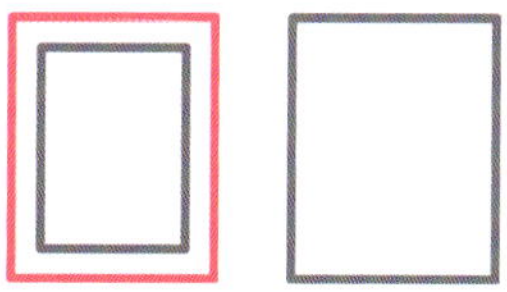

Schneide ein zusätzliches Rechteck aus, das so breit wie der Taschenbeutel und 6 cm hoch ist.

LEISTE & TASCHENBEUTEL FESTNÄHEN

Beginne mit einem der Taschenbeutel und lege ihn rechts auf rechts direkt an die Markierung. Der Beutel liegt nach „oben“. Platziere den Paspelstreifen dann mit der rechten Seite auf den Stoff direkt gegenüber entlang der Markierung. Der Streifen zeigt nach „unten“.

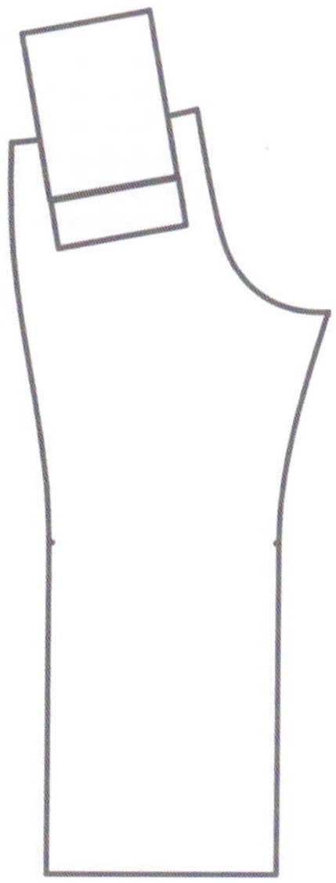

Fixiere beide Teile mit ein paar Nadeln und zeichne dir auf dem Taschenbeutel sowie dem Streifen Anfang und Ende des Tascheneingriffs ein.

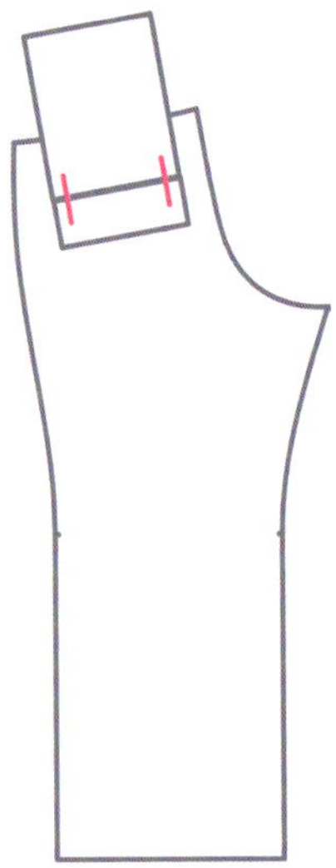

Nähe im Anschluss sowohl den Taschenbeutel als auch den Paspelstreifen fest. Beginne nicht direkt an der Kante, sondern lasse etwa einen Zentimeter frei und achte darauf, dass beide Nähte exakt gleich beginnen und enden. Verriegle Anfang und Ende gut.

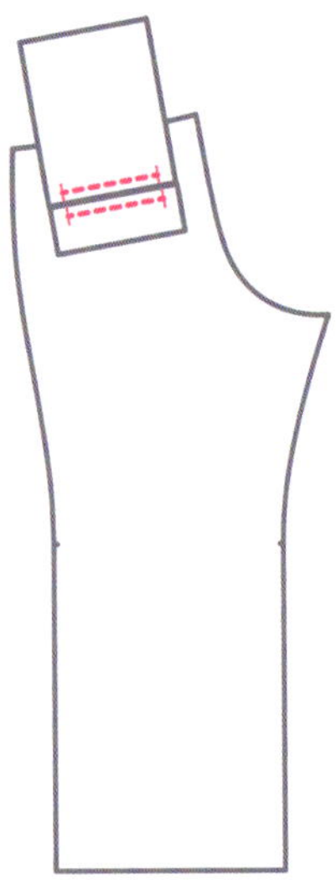

EINGRIFF EINSCHNEIDEN

Schneide mittig zwischen den Nähten den Stoff ein. Beginne und ende jeweils ca. 1,5 cm vom Tascheneingriff. Schneide dann von den Enden jeweils schräg bis zur Naht ein.

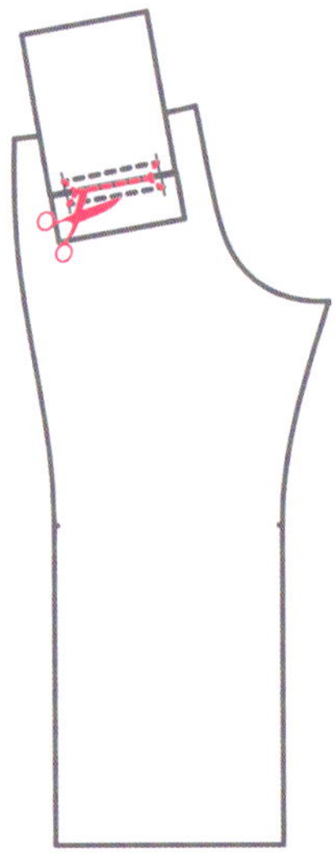

TASCHENEINGRIFF NÄHEN

Ziehe den Taschenbeutel durch die Öffnung und forme ihn schön aus. Schlage die Paspel einmal ein, sodass sie doppelt liegt und die Taschenöffnung vollständig bedeckt ist und stülpe die Seiten auf die linke Seite. Bügle das Ganze gut aus.

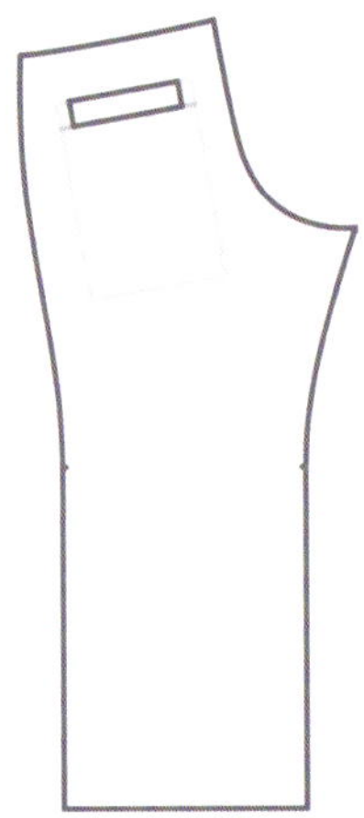

DESIGNÄNDERUNGEN DETAILS

Nähe die Paspel von der linken Seite an die kleinen Dreiecke, die links und rechts vom Eingriff durch den Einschnitt entstanden sind. Wichtig ist, dass wirklich nur die Paspel an das Dreieck genäht wird und nicht der Taschenbeutel dazwischenliegt.

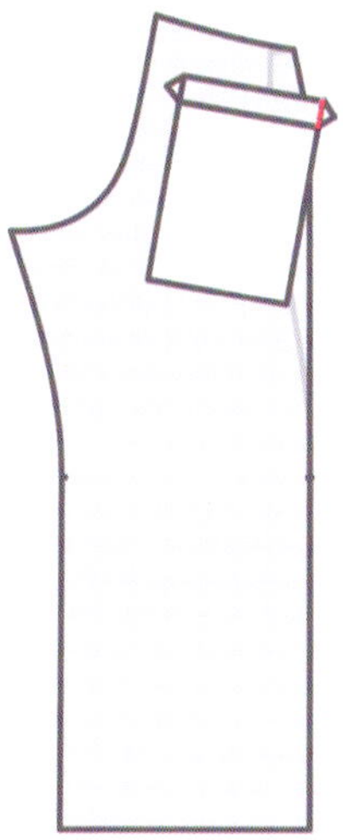

LEISTENTASCHE FERTIGSTELLEN

Nähe den zweiten Taschenbeutel nun rechts auf rechts an die Nahtzugabe der Paspel. Lege ihn auf den ersten Taschenbeutel, der etwas länger ist.

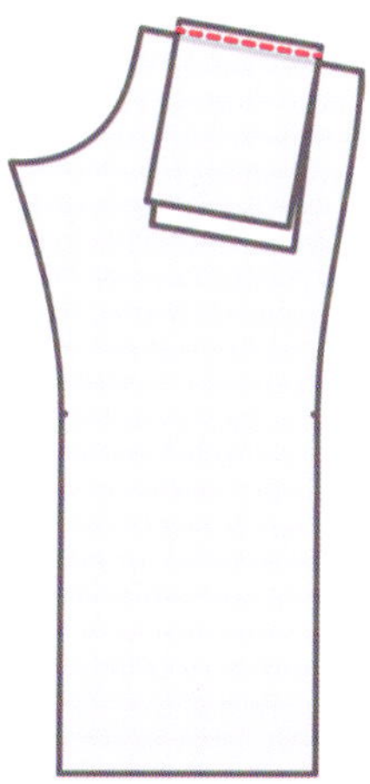

Schneide beide Taschenbeutel auf die gleiche Länge und nähe die Taschenbeutel rundherum an den Seiten und am Taschenboden zusammen.

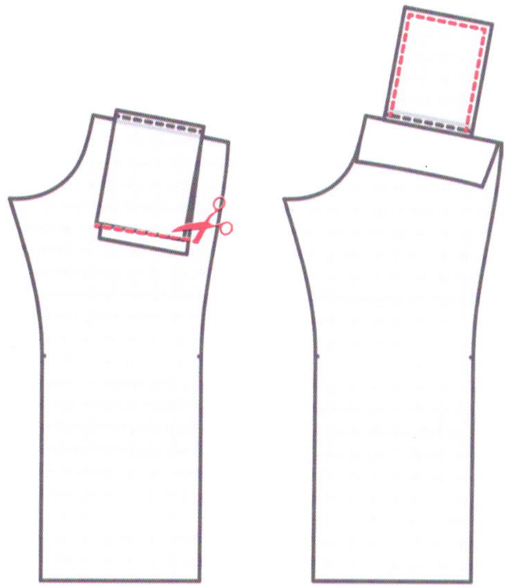

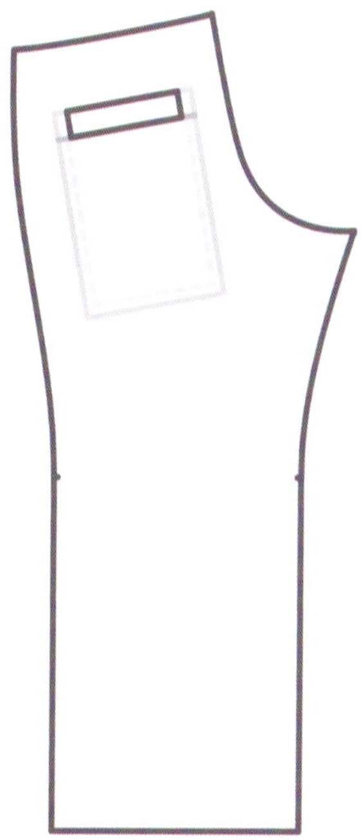

AUFGESETZTE TASCHE

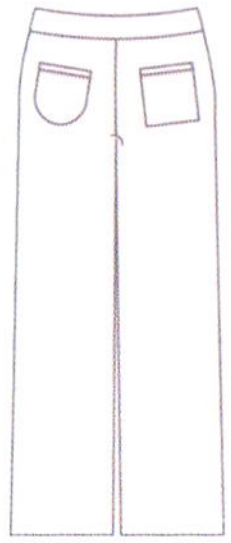

Taschen sind an jedem Kleidungsstück sehr praktisch. Die einfachste Art, eine Tasche zu einem Schnitt hinzuzufügen, sind aufgesetzte Taschen.

Bestimme die Größe und Form der aufgesetzten Tasche. Am einfachsten ist eine rechteckige Tasche. Es gibt aber auch Taschen mit schrägem Verlauf am Eingriff oder in halbrunder Form. Als Orientierung dient dir deine eigene Hand. Die Tasche sollte immer größer als deine Hand sein, damit deine Hand später auch in die Tasche passt.

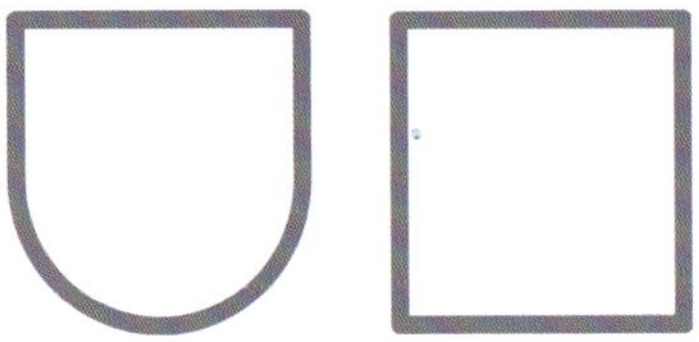

NAHTZUGABEN HINZUFÜGEN

Wenn du dich für eine Form entschieden hast, dann füge an den Seiten jeweils 1 cm Nahtzugabe hinzu. Füge am Eingriff ca. 4 cm hinzu.

NAHTZUGABEN EINBÜGELN

Bügle alle Nahtzugaben nach innen. Hierfür kann es hilfreich sein, sich eine Schablone aus Pappe zuzuschneiden in der Form, wie die Tasche später final aussehen soll. So kann du die Kanten der Tasche sauber und gleichmäßig umbügeln.

EINGRIFF EINSCHLAGEN

Schlage den Tascheneingriff ca. 4 cm nach innen ein und nähe den Umschlag von der rechten Seite fest.

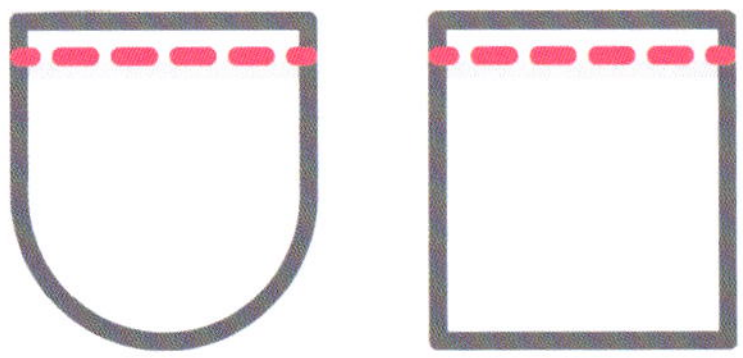

TASCHE AUFSTECKEN UND FESTNÄHEN

Suche dir die gewünschte Position für die Tasche und stecke sie mit Stecknadeln fest.

Nähe die Tasche links, rechts und unten knappkantig fest.

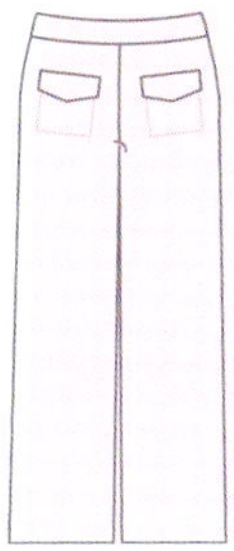

PATTENTASCHE

Die Pattentasche eignet sich besonders gut für Blazer, Jacken, Mäntel, Hosen und Röcke. Mit der folgenden Anleitung gelingt sie dir garantiert.

TASCHEN NÄHEN

Nähe als Erstes deine Wunschtasche, die unter der Patte, also der Taschenklappe, liegen soll.

TASCHENKLAPPEN NÄHEN

Nähe je zwei Taschenklappen rechts auf rechts zusammen, die obere Kante bleibt zum Wenden offen.

Schneide die Nahtzugaben an den Rundungen zickzackförmig zurück.

Wende dann die Taschenklappen, steppe die Klappen knappkantig ab und versäubere die obere Kanten jeweils mit der Overlock oder dem Zickzackstich.

Platziere je eine Taschenklappe rechts auf rechts auf die Hinterhosenbeine, die runden Ecken der Klappen zeigen dabei nach oben, und nähe sie fest.

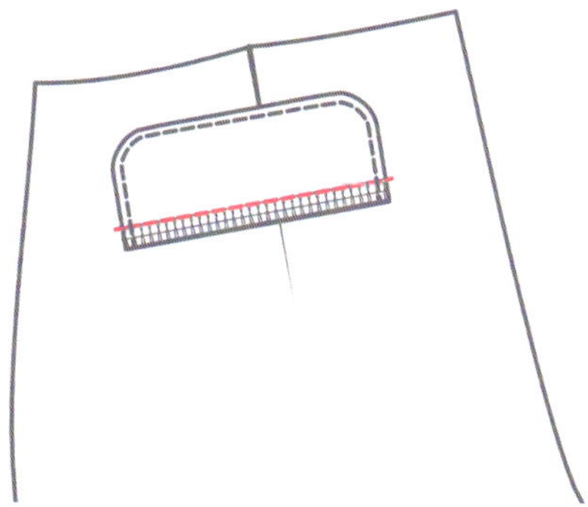

Klappe sie anschließend wieder nach unten und steppe sie an der oberen Kante von rechts knappkantig fest.

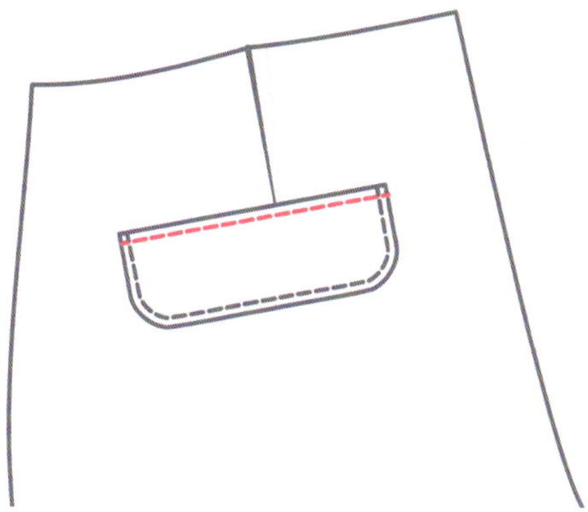

DANKE

Vielen lieben Dank an alle, die Teil der Entstehung dieses Buchs sind. Die *einfach nähen* wachsen lassen und der Nähcommunity eine Familie geben.

Insbesondere danken möchte ich:

JONAS, der Liebe meines Lebens, für die vielen Fragen und Ideen, die es mir möglich machen, *einfach nähen* immer wieder neu zu erfinden!

MEINEN KINDERN, die bei der Entstehung dieses Buchs das eine oder andere Mal hintenanstehen mussten und sich nie darüber beschwert haben. Ich liebe euch!

STEFFI, meinem wundervollen Curvy-Model, für jede freie Minute, die sie mir schenkt, um Frauen in großen Größen sichtbarer zu machen!

CHRISTINA, meiner fantastischen Grafikerin, die dieses Buch quasi unter Einsatz ihres Lebens optisch zum Leben erweckt hat.

KIRA UND DEM EMF VERLAG, für die Freiheit, meine digitalen Ideen zum Anfassen zu machen.

MAMA, für einfach alles!

NOCH MEHR BÜCHER

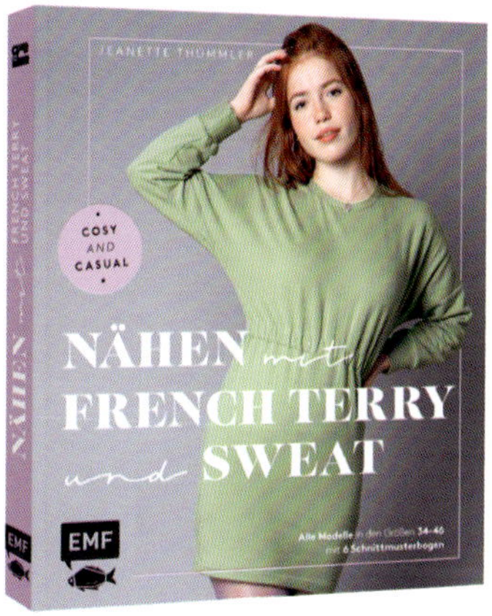

Nähen mit French Terry und Sweat – Cosy and Casual
ISBN: 978-3-7459-1559-4
28,00 € (D) / 28,80 € (A)

Unisex-Kleidung nähen
ISBN: 978-3-7459-1481-8
32,00 € (D) / 32,90 € (A)

simple NÄHEN – Sew for you! Praktische Alltagsmode in Größe 34–50
ISBN: 978-3-7459-2129-8
26,00 € (D) / 26,80 € (A)

Bauchtaschen nähen
ISBN: 978-3-7459-0950-0
12,00 € (D) / 12,40 € (A)

IMPRESSUM

Bibliografische Information der Deutschen Bibliothek.

Die Deutsche Bibliothek verzeichnet diese Publikation in der Deutschen Nationalbibliografie. Detaillierte bibliografische Daten sind im Internet über http://www.dnb.de/ abrufbar.

EIN BUCH DER EDITION MICHAEL FISCHER

1. Auflage 2024

Covergestaltung und Layout: Michaela Zander
Satz: Sabine Mayr
Fotos: © Anna Stallmeyer, Münster
Grafiken: © Christina Haseloff, Berlin
Projektleitung: Kira Weingarten
Lektorat: Saskia Reusch

ISBN 978-3-7459-2197-7
Gedruckt bei Polygraf Print, Čapajevova 44, 08001 Prešov, Slowakei
www.emf-verlag.de